Der Saunaführer

Region – Aachen, Köln, Düsseldorf, Bonn, Bergisches Land & Niederrhein Süd

Erleben & genießen Sie 59 Saunen mit Gutscheinen im Wert von über 900 Euro und 4 Wellnessanlagen mit Gutscheinen

Jetzt neu: Bäder & Thermen in Deutschland mit extra Gutscheinen

Druck- und Verlagshaus Wiege GmbH

Inhaltsverzeichnis

- **KAPITEL 1:** Eine Übersicht

Vorwort: Was uns am Herzen liegt	4
Karte: Der Saunaführer erscheint in folgenden Regionen	5
Die Saunen: Ihre Region auf einen Blick!	6
Ihre Meinung ist uns wichtig	8
Die Vorteile unseres Saunashops	9
Der Saunaführer im Internet – Social Media	10
Fragen und Antworten rund um die Sauna	11
Russische Banja, Caldarium & Co. – Sauna ist nicht gleich Sauna!	14
NEU: Corona schweißt uns zusammen	16
Wer bietet was? Überblick der Highlights jeder Anlage	18

- **KAPITEL 2:** Die Vielfalt des Saunierens

Die Gebäudearchitektur	20
Saunagebäude – eine Außenansicht	22
Saunagebäude – eine Innenansicht	24
Der Außenbereich	26
Wasserwelten – Das Abkühlen	28
Die Aufgüsse	30
Die Anwendungen	32
Das Ruhen nach der Sauna	34

- **KAPITEL 3:** Die Sauna-Beschreibungen

Saunen der Region	36 – 315

- **KAPITEL 4:** Wellness- und Hotelbeschreibungen

Verwöhntage in Wellnessanlagen und -hotels	316 – 335

Die Gutscheine für Ihren Saunabesuch finden Sie im Extra-Heft.

Vorwort
Was uns am Herzen liegt

VORWORT

Liebe Saunafreundin, lieber Saunafreund,

jede neue Auflage bringt für uns als Verlag auch neue Aufgaben mit sich: Passt die Region noch, ist sie zu groß oder zu klein? Welche Saunen werden in einem Buch präsentiert, unabhängig von Bundesland- oder Ländergrenzen? Wo sind die natürlichen Grenzen, die so häufig ungeschriebenen Gesetzen folgen, wie etwa Sprachgrenzen, Bergen, Flüssen, Straßen usw.? Die Ihnen vorliegende Ausgabe wurde unter diesen Gesichtspunkten gestaltet.

Auf Anregungen für neue Ausgaben freuen wir uns.

SIE BESTIMMEN MIT, WELCHE ANLAGE IM BUCH DABEI IST!

Die Gutscheine, oft von erheblichem Wert, sind ein Anreiz für Sie, die Saunen des Buchs zu besuchen, auch wenn z.B. ein längerer Anreiseweg zu bewältigen ist. Das kann jedoch dauerhaft nur funktionieren, wenn ein Nutzen für beide Seiten entsteht. Ob 1-Personen-, Vario©- oder Partner-Gutschein: Durch die Gutscheine erhalten Sie einen hohen Nutzen, der Ihren Buchkauf mehr als wettmacht.

Deshalb bitten wir Sie:
- Nutzen Sie die Angebote der Anlagen wie Massage, Wellness oder andere.
- Genießen Sie das sehr gute Angebot der Gastronomie der Saunen.
- Lesen Sie die Hinweise zur Nutzung der Gutscheine und informieren Sie sich vorher über aktuelle Öffnungszeiten und Besonderheiten.

So verhindern Sie kleinere Gutscheinwerte oder den kompletten Rückzug aus dem Buch. Das kann auch nur in Ihrem Sinne sein. Deswegen noch einmal ein Appell an die Vernunft:

Nur aus einem Geben und Nehmen entsteht ein Nutzen für alle!

HINWEISE ZUR NUTZUNG DES BUCHS

Informieren Sie sich bitte vor der Fahrt in die Sauna auf der jeweiligen Homepage aktuell über Preise, Öffnungszeiten etc. Natürlich kann sich während der Laufzeit der Gutscheine hier etwas verändern – vielleicht hat sich im Buch auch, trotz aller Sorgfalt, ein Fehler bei den Öffnungszeiten etc. eingeschlichen. Informieren Sie uns gerne bei Änderungen.

- **Gutscheinwerte:** Lesen Sie vor Ihrem Besuch genau die Informationen auf dem Gutschein. Es gibt hier und da Sonderregelungen.
- Die Gutscheine sind nur gültig, wenn Sie das beiligende Gutscheinheft an der Kasse vorlegen und der Gutschein vom Personal herausgetrennt wird
- Sauna-Events: Es ist möglich, dass die Gutscheine bei Sonderveranstaltungen in den Betrieben nicht eingelöst werden können.
- **Weitere Informationen finden Sie auch im Gutscheinheft.**

Der Saunaführer erscheint in folgenden Regionen

Weitere Informationen finden Sie unter www.der-saunafuehrer.de

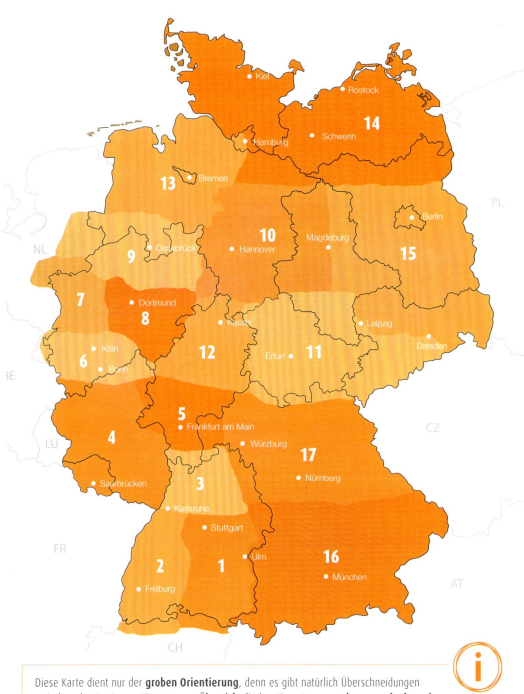

Diese Karte dient nur der **groben Orientierung**, denn es gibt natürlich Überschneidungen zwischen den Regionen. Eine **genaue Übersicht** finden Sie unter **www.der-saunafuehrer.de**. Die Einteilung der Regionen des Saunaführers ist so gestaltet, dass von der Mitte aus jede Sauna in ungefähr 1,5 Stunden erreicht werden kann.

6 Die Saunen
Eine Übersicht der teilnehmenden Betriebe

Alles auf einen Blick!

Sie planen ein entspanntes Wochenende in einer Sauna, wissen jedoch noch nicht, wohin die Reise gehen soll? Die folgende Übersicht soll Ihnen dabei eine nützliche Orientierungshilfe für die kommenden Seiten sein. Sie fasst alle wichtigen Angaben auf einen Blick zusammen, sodass Sie schnell und einfach zu jedem Betrieb die zugehörigen Einträge in diesem Buch finden können.

	ORT	ANLAGE	SEITE
1	Aachen	Carolus Thermen	36
2	Andernach	monte mare Andernach	42
3	Bad Breisig	Römer-Thermen	48
4	Bad Neuenahr-Ahrweiler	Ahr-Thermen Bad Neuenahr	52
5	Bedburg	monte mare Bedburg	56
6	Bergisch Gladbach-Bensberg	Mediterana	62
7	Bornheim	HallenFreizeitBad	72
8	Brüggen-Boerholz	Return Saunapark	76
9	Brühl	KarlsBad Brühl	80
10	Dierdorf	Aquafit Dierdorf	86
11	Duisburg | Gelsenkirchen Oberhausen | Witten	Freizeitgesellschaft Metropole Ruhr mbH	90
12	Düsseldorf	Münster-Therme	96
13	Düsseldorf	Strand-Sauna im Freizeitbad Düsselstrand	100
14	Düsseldorf	Suomi-Sauna im Familienbad Niederheid	104
15	Euskirchen	Thermen & Badewelt Euskirchen	108
16	Frechen	fresh open	116
17	Haan-Gruiten	Birkensauna	120
18	Hagen	WESTFALENBAD	126
19	Heiligenhaus	Heljensbad	132
20	Heinsberg-Himmerich	Wellness Sauna Waldesruh	136
21	Horn (NL)	Top Alivio Saunacentrum	140
22	Hückeswagen	Bürgerbad Hückeswagen	146
23	Kempen	Sauna und Wasserwelt AquaSol	150
24	Köln	Neptunbad	152
25	Köln	Aqualand Freizeitbad	156
26	Köln	Agrippabad	162
27	Köln	Stadionbad Köln	166
28	Köln	Lentpark	170
29	Köln-Ossendorf	Ossendorfbad	174

30	Köln-Zündorf	Zündorfbad	178
31	Königswinter-Oberpleis	Saunapark Siebengebirge	182
32	Korschenbroich	Asia Therme	188
33	Kreuzau	monte mare Kreuzau	194
34	Kürten	Splash!	198
35	Mechernich	Eifel-Therme-Zikkurat	202
36	Mettmann	Freizeitbad am Lavalplatz	208
37	Mönchengladbach	Return Active Spa	212
38	Mönchengladbach	Return Lady Spa	214
39	Monheim am Rhein	AKTIVITA	216
40	Mülheim/Ruhr	Parc Vitale Eichhöfer	220
41	Nettetal	Finlantis	224
42	Neuss	WELLNEUSS	230
43	Neuwied	Deichwelle	234
44	Odenthal-Blecher	Eifgen-Sauna	240
45	Pulheim	Aquarena Pulheim	244
46	Radevormwald	life-ness	248
47	Reichshof-Ekenhagen	monte mare Reichshof	254
48	Remscheid	H2O	258
49	Rheinbach	monte mare Rheinbach	266
50	Roermond (NL)	Dennenmarken Sauna & Beauty	272
51	Rötgen	Roetgen-Therme	276
52	Valkenburg aan de Geul (NL)	Thermae 2000	280
53	Wachtendonk	Art Spa	286
54	Windhagen	Vitalium	290
55	Wipperfürth	Walter-Leo-Schmitz-Bad	294
56	Wuppertal	Schwimmoper – Stadtbad Wuppertal	298
57	Wuppertal	Gartenhallenbad Langerfeld	302
58	Würselen	Aquana Sauna & Freizeitbad	306
59	Würselen	Saunapark Würselen	312

ÜBERREGIONALE HOTEL- UND WELLNESSANLAGEN

1	Geestland	Das Romantik Hotel Bösehof in Bad Bederkesa	318
2	Hörstel	HOTEL AKZENT Hotel Saltenhof	322
3	Kalkar	Landhaus Beckmann	326
4	Schmalkalden	AKZENT Aktiv & Vital Hotel Thüringen	330

Ihre Meinung ist uns wichtig

Qualitäts-Siegel für Saunen / Eure Wunschsauna im Saunaführer

Qualitäts-Siegel für Saunabetriebe: Empfohlen vom Saunaführer

Ihre Meinung ist uns wichtig und deshalb haben wir Sie in einer **großen Leserumfrage** gefragt, welche Saunen Sie gerne weiterempfehlen wollen. Als Zeichen unserer und Ihrer Anerkennung ist auf Grundlage dieser Umfrage das Siegel **"Empholen vom Saunaführer"** entstanden.

Die von Ihnen gewählten Saunen haben von uns eine Urkunde und einen der begehrten Aufkleber erhalten. Sie kleben nun in den Eingangsbereichen oder von außen an den Fenstern der Saunen. Auch die Urkunden werden oft präsentiert. Achten Sie doch mal beim nächsten Saunabesuch darauf und schicken uns gerne auch Fotos von Ihren Funden.

Deine Wunschsauna fehlt noch im Saunaführer?

Viele Hundert Saunen sind in unseren Regionalausgaben vertreten. Unsere Freunde in der Schweiz und in der Niederlande sind genauso vertreten wie der hohe Norden.

Bei der Planung der Neuausgaben versuchen wir auch jedes Jahr aufs Neue, unsere regionalen Saunaführer mit weiteren tollen Anlagen zu versehen. Das bedeutet viele, mühsame Stunden für uns – Arbeit und Zeit, die wir für Sie gerne investieren. Aber eine Arbeit, bei der uns auch mal eine tolle Sauna durch die Lappen geht.

Aber zum Glück sind unsere Leser stets aufmerksam! Daher unser Appell an dieser Stelle: Entdecken Sie eine Sauna, die sich wunderbar für unseren Saunaführer eignet, zögern Sie nicht, uns diese vorzustellen.

Wir nehmen jeden Tipp dankbar auf! Schicken Sie uns gerne eine eMail – und wir erledigen dann den Rest. Herzlichen Dank!

Kontakt: **service@der-saunafuehrer.de**

Die Vorteile unseres Saunashops

Besuche uns im Shop und bestelle den Saunaführer versandkostenfrei

Unser Online-Shop: der-saunafuehrer.de

➡ www.der-saunafuehrer.de

Bestelle Sie Ihren Saunaführer einfach und schnell direkt zu Ihnen nach Hause. Neuauflagen und Angebote erhalten Sie natürlich exklusiv bei uns als erstes. Außerdem helfen wir Ihnen sowohl telefonisch als auch über unseren Live-Chat jederzeit gerne weiter.

Vorteile unserer Internetseite:

+ versandkostenfreie, schnelle Lieferung inkl. Sendungsverfolgung
+ bequeme Bezahlung – Paypal, Sofortüberweisung, Kreditkarte
+ Alle Infos zu den Saunen (Preise, Öffnungszeiten, Anfahrt)
+ Sonderaktionen & Newsletter
+ Tolle Gewinnspiele
+ interaktive Karte mit allen Saunen in Ihrer Nähe
+ Neuauflagen und Restauflagen sind exklusiv bei uns erhältlich

Natürlich auch mobil

Wir beraten Sie gerne! Kompetente Beratung und alle Informationen erhalten Sie nur bei uns direkt und ohne Umwege. Auch spezielle Fragen zu deiner Region, dem Buch oder einzelnen Gutscheinen können wir Ihnen jederzeit beantworten.

Der Saunaführer im Internet

Besuche uns auf unseren Social-Media-Kanälen

Social-Media

Folge uns und profitiere von exklusiven Vorteilen:

Ihre Vorteile:

+ Alle Informationen zu den Neuauflagen
+ Exklusive Aktionen
+ Tolle Gewinnspiele
+ Schneller & einfacher Kontakt bei Fragen und Anregungen
+ Tipps & Tricks
+ Hintergrundinformationen
+ Alles rund ums Saunieren
+ Und vieles mehr ...

Wir freuen uns auf dich!

Hier findest du uns:

Whatsapp: 05459 80501912

Hey Leute!

Unser Maskottchen: Finja

Seit 2018 begleitet uns, Finja als offizielles Saunaführer-Maskottchen und führt euch durch unsere Social-Media-Welt.

Finja ist eine kleine Kegelrobbe, die 2015 geboren wurde. Aufgenommen wurde sie erstmals in der Seehundstation in Friedrichskoog. Um der Kleinen auch weiterhin Futter- und Tierarztkosten zu finanzieren, haben wir die Patenschaft für sie übernommen.

Zurzeit schwimmt Finja zusammen mit ihren Artgenossen durch die Weiten der Nordsee. Wer will, kann sie mit etwas Glück auf den Sandbänken der Region entdecken.

Steckbrief:

Geboren:	**2015**
Geburtsort:	**Helgoländer Düne**
Wohnort:	**Nordsee**
Gewicht:	**meistens ein wenig zuviel**
Hobbys:	**Saunen testen**
Leibspeise:	**Hering**
Buchtipp:	**Der Saunaführer**

Tipps zum Saunieren
Fragen und Antworten rund um das Thema Sauna

WARUM SOLLTE DIE SAUNA REGELMÄSSIG BESUCHT WERDEN?
In der Sauna wirkt die Wärme von außen auf den Körper. Um sich gegen diese zu schützen, fängt der Körper an zu schwitzen und durch Verdunstung des Schweißes wird der Körper gekühlt. Durch sich erweiternde Blutgefäße sinkt der Blutdruck und mit dem Schweiß werden Giftstoffe aus dem Körper abtransportiert. Der abwechselnd warme und kalte Einfluss auf die Blutgefäße stärkt das Immunsystem.

WIE OFT SOLLTE MAN DIE SAUNA BESUCHEN?
Wir empfehlen den Gang ins Schwitzbad einmal in der Woche, bei dem drei Saunagänge durchgeführt werden. Möchte man das Sauna-Erlebnis häufiger genießen, ist auch dieses möglich. In dem Fall sollte jedoch die Anzahl der Gänge reduziert werden.

WARUM GEHT MAN NACKT IN DIE SAUNA?
Der einzige Ort, an dem in der Sauna das Tragen von Textilstoff vermieden werden sollte, ist in der Saunakabine. Das Tragen von Badekleidung beeinträchtigt durch Schweißaufnahme dessen Verdunstung und somit auch die Abkühlung des Körpers – nicht der erwünschte Effekt!

AUF WELCHE BANK SETZT MAN SICH ALS ANFÄNGER?
Am besten eignet sich für Anfänger ein Platz auf der mittleren Bank. Damit die Ruhe in der Sauna nicht groß gestört wird, sollte der Platz höchstens einmal gewechselt werden. Je nachdem, wie die Hitze in der Mitte empfunden wird, kann man sich nach oben (wärmer) oder unten (kälter) umorientieren.

Tipps zum Saunieren
Fragen und Antworten rund um die Sauna

WIE RUHT MAN NACH DEM SAUNAGANG AM BESTEN?
Die Ruhephase nach den einzelnen Saunagängen ist wichtig: Schauen Sie sich die gebotenen Möglichkeiten an und entspannen Sie. Ruhen Sie zwischen den einzelnen Gängen ruhig eine halbe Stunde. Ihr Körper kann hat so die nötige Zeit um sich zu regenerieren.

SOLLTE MAN VOR DEM SAUNIEREN NOCH ETWAS ESSEN?
Damit Sie und Ihr Körper während des Saunabads wie gewünscht entspannen können, empfehlen wir ca. 2 Stunden vor dem Saunabesuch auf das Essen zu verzichten. Ein weiterer Tipp: Verzichten Sie vor jedem Saunabesuch auf intensiven Knoblauch- und Zwiebelgenuss.

WAS SOLLTE MAN FÜR DEN SAUNABESUCH EINPACKEN?
Wir empfehlen: Ein ausreichend großes Sauna-Handtuch, ein bis zwei weitere Handtücher zum Abtrocknen nach dem Duschen, einen Bademantel, Badesandalen, Shampoo, Duschgel und ggf. Pflegemittel zur Anwendung nach dem Saunieren, einen Kamm oder eine Bürste.

KANN MAN SCHWANGER IN DIE SAUNA GEHEN?
Saunieren ist auch in der Schwangerschaft gesund. Wer bereits vorher regelmäßig saunieren war, dem sollte dies auch weiterhin gut möglich sein. Dennoch empfehlen wir vorab immer ein kurzes Gespräch mit dem Arzt. Grundsätzlich empfehlen wir kurze Saunagänge von max. 10 – 12 Min. sowie Saunen mit zu hohen Temperaturen (max. 60 – 70 °C) zu vermeiden. Bei Unwohlsein oder Kreislaufproblemen sollten Sie die Sauna immer direkt verlassen.

SOLLTE MAN IM LIEGEN ODER SITZEN SAUNIEREN?
Wenn genug Platz in der Sauna ist, empfiehlt sich ein Schwitzgang im Liegen. Einerseits bekommt der Körper in der Waagerechten die Wärme gleichmäßiger ab, andererseits ist das Liegen ganz einfach entspannter.

NIMMT MAN IN DER SAUNA AB?
Richtiges Abnehmen funktioniert in der Sauna leider nicht. Zwar zeigt die Waage nach einem Saunabesuch meist 1 – 2 Kilogramm weniger an, jedoch liegt das am kurzzeitigen Wasserverlust durch das Schwitzen. Da der große Durst nicht lange auf sich warten lässt, ist der Wasserspeicher, und somit auch das Gewicht, schnell wieder aufgefüllt.

DARF MAN MIT MEDIKAMENTEN DIE SAUNA BESUCHEN?
Jeder, der aufgrund einer Krankheit oder auch aufgrund chronischer Beschwerden Medikamente zu sich nimmt, sollte vorher Rücksprache mit dem Hausarzt halten und sich erkundigen, ob mit den Medikamenten eine Wechselwirkung mit der Sauna besteht. Denn die Wärme sorgt dafür, dass sich die Adern erweitern und die Wirkstoffe schneller aufgenommen werden.

DARF ICH MIT EINER ERKÄLTUNG IN DIE SAUNA GEHEN?
Grundsätzlich sollte die Sauna nur dann besucht werden, wenn sich der Körper in gesundem Zustand befindet. Mit einer Erkältung kann der Kreislauf nicht stabil genug für das Saunabad sein. Der grippale Infekt sollte deshalb erst auskuriert und der Kreislauf wieder sicher stabil sein, bevor man wieder mit dem Saunieren beginnt.

WARUM IST DAS DUSCHEN VOR DER SAUNA WICHTIG?
Auf der Haut befindet sich in der Regel ein hauchdünner Fettfilm, der vor einem Saunagang abgewaschen werden sollte, da der Fettfilm das Schwitzen der Haut verhindert. Nach der Vorreinigung ist es dann ebenso wichtig, sich abzutrocknen, da die Feuchtigkeit auf der Haut den gleichen verzögernden Effekt hat, wie der Fettfilm.

Russische Banja, Caldarium & Co.
Sauna ist nicht gleich Sauna!

Sehr beliebt und hierzulande am bekanntesten, sind die Finnische Sauna und das Dampfbad. Es gibt jedoch zahlreiche andere Saunaarten, die sich teils mehr, teils weniger in ihrem Aufbau, dem vorherrschenden Klima und auch der Wirkung auf den Körper unterscheiden. Für einen kleinen Überblick über die verschiedenen Saunatypen und ihre individuellen Leistungen folgt eine übersichtliche Zusammenstellung der beliebtesten Saunavarianten.

Erdsauna

Sie ist die ursprünglichste und zugleich auch die heißeste aller Saunen. Denn die ersten Spuren lassen sich in das steinzeitliche Asien zurückführen, wo sich die Urmenschen Erdlöcher gruben, in die sie sich hineinsetzten, sie mit heißen Steinen füllten und durch deren Überguss mit Wasser heißen Dampf erzeugten. Die in die Erde eingelassene Sauna erreicht eine Temperatur zwischen 110 – 130 °C, die Feuchtigkeit der Luft ist sehr niedrig.

Finnische Sauna

Typischerweise in einem Holzhaus untergebracht ist sie die bekannteste Art der Sauna. Bei einer Temperatur zwischen 80 – 100 °C und einer Luftfeuchtigkeit von etwa 10 % herrscht in dieser ein sehr heißes und trockenes Klima. Die trockene Luft ist wichtig, da sich nur mit dieser die hohe Temperatur gut aushalten lässt. Die Sauna stärkt die körpereigene Abwehr, verbessert die Atmung und das Hautbild und steigert das Wohlbefinden.

Russische Banja

Warmes und sehr feuchtes Klima herrscht in der Russischen Banja. Übersetzt man dieses ins Deutsche, so bedeutet das Wort "Banja" nichts anderes als "Sauna". Was die Temperatur angeht, ist die russische Variante der finnischen sehr ähnlich: sie erreicht bis zu 100 °C. Der wesentliche Unterschied liegt hier in der Luftfeuchtigkeit, die ebenfalls etwa 100 % erreicht. In der Banja wird der Körper vorsichtig mit Birkenzweigen abgeschlagen. Dieses Ritual regt die Blutzirkulation an.

Hamam

Ebenfalls unter dem Namen Türkisches oder Orientalisches Bad bekannt ist das Hamam. Diese Saunaart stammt aus dem arabischen Kulturraum und ist einem Dampfbad sehr ähnlich. Ganz im Gegenteil nämlich zur klassisch Finnischen Sauna kommt das Hamam auf eine Temperatur von etwa 50 °C, die Luftfeuchtigkeit ist jedoch mit 100 % sehr hoch. Umgeben von Nebelschwaden wird auf dem typischen marmorierten Nabelstein in der Mitte des Raumes entspannt. Eine positive Wirkung hat es auf die Spannkraft der Haut, der Körper entschlackt und entgiftet und der Kreislauf wird geschont.

Caldarium

Das Caldarium entstammt der klassisch-römischen Thermenanlage. Bei einer Temperatur zwischen 40 – 55 °C und einer Luftfeuchtigkeit zwischen 80 – 100 % besitzt es ein warmes und sehr feuchtes Klima. Die Wärme erfährt man über beheizte Wände, Böden und Sitzbänke. Es eignet sich als Vorbereitung für den Gang in eine trocken-heiße Sauna, und bietet sich vor allem für Personen mit Kreislaufproblemen und Rheumaerkrankungen an. Zudem befreit es die Atemwege und sorgt für eine entspannte Muskulatur.

Biosauna

Ein sanfter Schwitzgang ist in der Biosauna bei 45 – 60 °C und einer relativen Luftfeuchtigkeit zwischen 40 – 55 % zu erleben – sie ist klimatisch eine Mischung aus Sauna und Dampfbad. Durch die ausgeglichene Temperatur mit der Feuchtigkeit ist ein längerer Aufenthalt in dieser Variante gegenüber der Finnischen Sauna möglich. Im Vordergrund steht das Ziel eines sanften Saunabades, das durch die niedere Temperatur den Kreislauf schont.

Corona schweißt uns zusammen
Allgemeine Informationen zur aktuellen Situation

Liebe Saunafreunde,

vielleicht haben Sie sich auch schon die Frage gestellt, ob man angesichts der Meldungen über die Ausbreitung des Corona-Virus (auch als SARS CoV-19 oder SARS CoV-2 bezeichnet) lieber auf einen Bad- oder Saunabesuch verzichten sollte? Bekanntermaßen stärken Baden und Saunieren die Abwehrkräfte – aber kann man sich hier auch anstecken?

Der Corona-Virus wird in erster Linie durch die sogenannte „Tröpfcheninfektion", also zum Beispiel beim Niesen, und durch direkten Hautkontakt übertragen, vermutlich jedoch nicht über das Badewasser. Daher gelten die gleichen Vorsichtsmaßnahmen wie bei einer Erkältung oder Grippe – wer krank ist, bleibt Zuhause. Wer sich wohlfühlt, kann weiterhin Bade- und Saunaspaß genießen.

Es kann aufgrund der allgemeinen Hygienebestimmungen zu Verzögerungen und Begrenzungen der Besucherzahlen beim Einlass kommen. Bitte haben Sie dafür Verständnis und achten Sie auf die Hygienekonzepte von den jeweiligen Betreibern.

Als reine Vorsichtsmaßnahme haben die meisten Bäder die Reinigungsintervalle verkürzt und die regelmäßigen Desinfektionsmaßnahmen intensiviert. Wir beobachten permanent die Entwicklung mit den Saunabetreibern, empfehlen Ihnen aber aufgrund der Dynamik sich zu den Angeboten vor dem Eintrittsbesuch über weitere Vorsichtsmaßnahmen, Öffnungszeiten und Preise zu informieren. Wir gehen in der aktuellen Saunaführer-Ausgabe vom Stand des Drucktermins aus, können aber eine mögliche weitere Corona-Welle in Deutschland nicht ausschließen und weisen darauf hin, dass die Gutscheine möglicherweise nicht in vollem Umfang nutzbar sind oder variieren können.

Zudem erschwerte sich coronabedingt dieses Jahr die Suche nach neuen Anlagen und die Zusammenarbeit mit unseren Bestandsaunen und -bädern, wodurch einige Betriebe leider in der Saunaführer Ausgabe nicht teilnehmen konnten. Dieses bitten wir uns nicht anzulasten, wir haben es uns auch anders gewünscht. Ihre Gesundheit und die Ihrer Mitmenschen liegt uns am Herzen. Wir wollen, dass Sie sich wohlfühlen und Ihre „Auszeit" mit dem Saunaführer in Saunen und Bädern genießen können! – Ihr Saunaführer-Team

> Bitte informieren Sie sich vor jedem Saunabesuch bei der jeweiligen Anlage über eventuelle Einschränkungen oder geänderte Öffnungszeiten.

Hygieneregeln & Tipps

Wir empfehlen Ihnen vorsichtshalber folgende Regeln vor dem und nach dem Besuch einzuhalten:

DESINFEKTION
Bitte desinfizieren Sie sich zum Start die Hände und geben Ihre Kontaktdaten unter Einhaltung des Datenschutzes ab.

KONTAKT
Bitte vermeiden Sie Händeschütteln und direkten Hautkontakt

MUNDSCHUTZ
Bitte tragen Sie einen Mundschutz im Gebäude

HANDHYGIENE
regelmäßige Handhygiene
(min. 30 Sekunden Hände gründlich waschen)

REINIGUNG
Gründlich Duschen vor dem Saunabesuch und bevor man in ein Becken einsteigt

ABSTAND
in der Sauna Abstand zum Sitznachbarn halten (mindestens ein Saunatuchbreite oder die vorgeschriebenen 1,5 m) – sollte eine Saunakabine bereits gut besucht sein, dann suchen Sie eine andere auf

GESICHT
Bitte die Hände aus dem Gesicht fernhalten

VERHALTEN
Geschützt husten/niesen (Armbeuge/einmal Gebrauch von Papiertaschentüchern)

18 Wer bietet was?
Ein Überblick über die Highlights Ihres Wellnesstempels

So finden Sie Ihre perfekte Sauna noch schneller

Um Ihnen eine direkte Übersicht über die Highlights jeder Wellnessanlage zu bieten, haben wir eine Auswahl an Piktogrammen speziell für Sie entwickelt. Falls Sie sich beim Entdecken neuer Saunen schon immer gefragt haben, ob diese eine Übernachtungsmöglichkeit, kostenlose Parkplätze oder ein Schwimmbad bieten – mit diesen Symbolen haben Sie nun alles im Blick.

Die in den Saunaeinträgen abgebildeten Piktogramme sind lediglich eine kleine Auswahl – die Saunaanlagen bieten mehr Angebote und Extras, als mit den Piktogrammen dargestellt.

MASSAGE

BEHINDERTENGERECHT
(nicht nach DIN 18040)

HOTEL

PARKPLÄTZE

FITNESS

SCHWIMMBECKEN

RESTAURANT

WOHNMOBILSTELLPLATZ

Die Zuordnungen basieren auf den Angaben der Betreiber (Stand 08.2020). Änderungen vorbehalten.

Helfen Sie uns gerne, besser zu werden! Gibt es Piktogramme oder Ausstattungshinweise, die Sie gerne im Saunaführer präsentiert hätten? Fehlen Ihnen grundsätzlich Themen oder Informationen bei den Saunavorstellungen? Schreiben Sie uns gerne eine E-Mail mit Ihren Wünschen an service@der-saunafuehrer.de

Die Gebäudearchitektur
Architektonische Meisterwerke

Bad Ems, Emser Therme

Bad Sulza, Toskana Therme

Sicher: Die Gebäudearchitektur sagt mitnichten immer etwas über die Qualität der Saunaanlage im Inneren des Gebäudes aus. Oftmals ist es sogar bei architektonisch gelungenen Entwürfen und Umsetzungen so, dass dem Architekten besser empfohlen worden wäre, vor Umsetzung des Auftrags selbst eine Zeit lang regelmäßig die Sauna zu besuchen, um die dortigen Abläufe wirklich kennenzulernen. Wir möchten Ihnen an dieser Stelle die Vielfältigkeit der Bädergestaltung näherbringen, Ihnen an einigen Beispielen zeigen, wie sich heute Bäder dem Besucher präsentieren. Der Bogen spannt sich von der Saunaanlage untergebracht in Privathäusern, traditionellen Schwimmbädern, über Jugendstilprachtbauten bis hin zu Glaspalästen. Wohl dem, der eine Reise tut, und sich die Zeit nimmt, auch die Architektur zu genießen. Die auf diesen Seiten gezeigten Bilder sind aus unterschiedlichen Regionen unseres Saunaführers zusammengestellt und sollen Ihnen einfach Lust machen, die einzelnen Berichte auch unter dem Aspekt der Architektur zu lesen.

Euskirchen, Thermen & Badewelt

Konstanz, Bodensee-Therme

Titisee Neustadt, Badeparadies Schwarzwald

Bad Homburg, Taunus Therme

Wijchen, Thermen Berendonck

Saunagebäude
Eine Außenansicht

Da hat sich eine ganz neue Architektur entwickelt: Im Schwarzwaldhaus-Stil, mit Grasdächern bewachsene Erdsaunen, Gebäuden, die verglast oder mit Titanzink verkleidet sind oder die inmitten eines Sees stehen, in Gewölbeform gemauerte Lehmsaunen oder die mobilen Saunen, in Form von Fässern.

Durchblättern Sie unsere Saunaführer, Sie werden Saunagebäude finden, bei denen sich die Reise schon wegen der abwechslungsreichen Bauwerke lohnt. Doch egal, wie schön die Gebäude auch sind, auf das Innere kommt es an: auf einen guten Saunaofen und ein top Saunaklima – eben auf alles, was einen erholsamen Saunagang ausmacht.

Biberach, Therme Jordanbach

Kaltenkirchen, Holsten Therme

Freiburg, Waldkurpark

Bad Karlshafen, Weser-Therme

Troisdorf, Aggua

Saunagebäude
Eine Innenansicht

Lüneburg, SaLü

Lange vorbei sind die Zeiten der mit Fichtenholz „verbretterten" Schwitzkabinen. Am häufigsten wird natürlich Holz verwendet, von rustikalen Brettern, edlen Massivhölzern, furnierten Paneelen bis hin zu massiven Blockbohlen, zunehmend aus edlem Kelo-Holz. Mitunter wird das Holz mit Natursteinen, Ziegeln aus Himalaya-Salz oder farbig verputzen Wänden kombiniert. Auch die Saunaöfen entpuppen sich als wahre Augenweiden. Sehr positiv zu bewerten ist auch, dass es immer häufiger freie Sicht nach außen in den schönen Außenbereich, gibt je nach Gegend auf einen Fluss, Berge, einen See oder sonst wo hin. Sie haben die Qual der Wahl: meditative Musik, Farblicht-Therapie, ein Aquarium oder einen Fernseher in der Sauna, oder aber einfach nur: Ruhe – auch die hat ihren Reiz.

Andernach, monte mare

Voorst, Thermen Bussloo

Rieste, Alfen Saunaland

Kaltenkirchen, Holsten Therme

Kempten, CamboMare

Titisee Neustadt, Badeparadies

Bad Karlshafen, Weser-Therme

Sinsheim, Badeparadies

Der Außenbereich
Wellness im Freien

Herford, H2O

Neusäß, Titania

Erfreulicherweise wird der Gestaltung und Nutzungsvielfalt der Außenbereiche immer mehr Raum und Liebe zum Detail gewidmet. Nach einem Saunagang ist zunächst einmal frische Luft angesagt – unter Saunagängern eine Binsenweisheit. Dazu reicht natürlich ein kleiner Bereich, sei es eine Terrasse oder ein ebenerdiger Frischluftbereich. Oft ist es baulich bedingt einfach nicht möglich, den Gästen einen großzügigen Saunagarten zu bieten. Insbesondere für die Freunde des Saunierens im Sommer ist der Saunagarten ein wichtiger und wohltuender Aufenthaltsort. Saunieren im Sommer, hierfür möchten wir in diesem Buch gleich mehrere Lanzen brechen und Ihnen dieses besondere Erlebnis ans Herz legen. Lassen Sie sich von den hier gezeigten Beispielen und den Berichten im Buch für den Sommer inspirieren.

Hagen, Westfalenbad

Dülmen, DIE SAUNA INSEL

Fulda, Sieben Welten Therme

Aachen, Carolus Therme

Erding, Therme Erding

Arnsberg, Nass

28 Wasserwelten
Wohltuendes Abkühlen nach der Sauna

Die Geister scheiden sich bei diesem Thema nicht, denn klar ist, dass die Kombination heiße Sauna und kaltes Wasser einfach für »alles« gut ist: das Immunsystem, Herz-Kreislauf-System, Gefäße etc. Wohl aber trennen sich an dieser Stelle die Wege so mancher Saunabesucher. **Wichtig ist:** Achten Sie auf Ihr persönliches Wohlbefinden, insbesondere, wenn Sie mit dem Kreislauf Probleme haben.

Die Möglichkeiten zum Abkühlen sind heute oft sehr vielfältig: verschiedenste Formen von Duschen, Tauchbecken, Bottichen, Eimerduschen oder Eis finden Sie für Ihre persönliche Wohlfühlanwendung. Oft schließen sich an den Saunabereich auch ganze Thermenlandschaften an, in welchen Sie nach dem Saunieren entspannen können.

Voorst, Thermen Bussloo

Berlin, Liquidrom

Bergisch-Gladbach, Mediterana

Bad Ems, Emser Therme

Erding, Therme Erding

Euskirchen, Thermen & Badewelt

Lomm, SPAWellness

Waging am See, Wellness Garten

Die Aufgüsse
Von traditionell bis exotisch – Für jeden etwas dabei

Karlsruhe, Europabad

Wenn Sie sich in einer für Sie neuen Anlage orientieren möchten, wo denn die Aufgusssaunen sind, so folgen Sie jeweils kurz vor der halben bzw. der vollen Stunde den Menschenmassen, sie pilgern garantiert in einen Aufguss.

Gute Aufgießer*innen sind die neuen Götter der Saunafreunde. Sie zelebrieren den Aufguss variantenreich, die eingesetzten Hilfsmittel sind grenzenlos: Handtuch, Fahne und Fächer gehören schon häufig zum Standard.

Hochwertige Aromen erfüllen die Saunakabine und machen Freude. Auch der Standardaufguss – dreimal aufgießen mit Wedeln und Abschlagen – bereitet schon viel Vergnügen. Wenn Sie die Möglichkeit haben, einem Klangschalenaufguss oder einer Wenik-Zeremonie beizuwohnen, sollten Sie dies tun, es sind Erlebnisse der besonderen Art.

Düsseldorf, Suomi-Sauna im Familienbad Niederheid

Bad Dürrheim, solemar

Bad Endbach, Lahn-Dill-Therme

Potsdam, Kiezbad am Stern

Schluchsee, Day Spa Hotel Vier Jahreszeiten

Waldbronn, Albtherme

32 Die Anwendungen
Von Massagen über Packungen bis hin zum türkischen Hamam

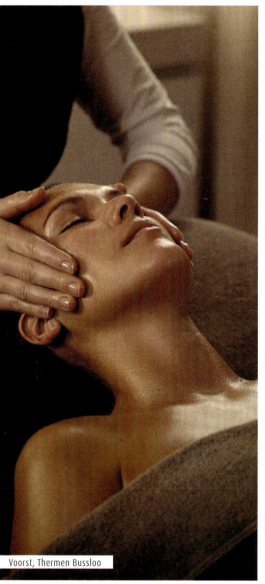
Voorst, Thermen Bussloo

Es wäre ein neues Buch, die angebotenen Anwendungen zu beschreiben. Lassen Sie sich von den Bildern inspirieren und probieren Sie es aus. Sie alle zu nennen, wäre in der Tat unmöglich.

Die Bandbreite geht von allerlei Massagen – klassische Ganzkörpermassagen, die berühmte Klangschalenmassage, die Hot-Stone-Massage – bis hin zu unterschiedlichen Packungen. Wohltuend warme Schokoladen-Packungen sind genauso empfehlenswert wie Packungen beispielsweise mit Aroma-Öl oder Ähnlichem. Fans von Fangopackungen kommen ebenfalls auf Ihre Kosten. Eine Reise in den Orient verspricht das türkische Hamam. Die Liste könnte nun noch viel, viel weiter führen. Ayurveda könnte man noch erwähnen oder auch die verschiedenen Peelings. Aber entdecken Sie am besten selbst für sich Ihre persönliche Lieblingsanwendung.

Oranienburg, TURM ErlebnisCity

Korschenbroich, Asia Therme

Hamm, Maximare

Lomm, SPAWellness

Oer-Erkenschwick, maritimo

Bad Pyrmont, Huferland Therme

Das Ruhen nach der Sauna
Lassen Sie Ihren Saunatag perfekt und entspannt ausklingen

Herford, H2O

Waging am See, Wellness Garten

Wohl dem, der die Zeit hat, einige Stunden in der Sauna zu verbringen und sich auch Ruhe gönnen kann.

Vom kleinen, schnuckeligen „Raum der Stille" bis hin zu innenarchitektonisch, häufig dem Gesamtthema der Saunalandschaft angepassten „Ruhetempeln", ist die Bandbreite phantastisch: Wasserbetten, gemütliche Liegen mit Blick in den Außenbereich, breite Sofas, dicke Teppiche auf dem Boden, thematisch gestaltete Ruhebereiche und selbst Hängematten.

Der Erholungsfaktor ist keine Frage der Größe, sondern der Liebe zum Detail, auch in kleinen Anlagen, verbunden mit der Einsicht, den Gästen ruhige Rückzugszonen anzubieten.

Dresden, Henricus Spa

Bad Salzuflen, VitaSol Therme

Erkrath, ESSENSIO

Magdeburg, NEMO

Langweiler, Kleine Klostertherme Marienhöh

Carolus Thermen
»WANN HABEN SIE DAS LETZTE MAL DIE WELT VERGESSEN?«

Stadtgarten/Passstraße 79, 52070 Aachen | 0241 18274-0 | www.carolus-thermen.de

GEBOTEN WIRD:

DAS RESÜMEE	Für das Wohlfühl-Paradies der Extraklasse sollten Sie viel Zeit mitbringen, wenn Sie alles in Ruhe angucken und vor allen Dingen erleben möchten. Die imposante Badehalle ist das Herzstück der Thermalwelt. Acht Innen- und Außenbecken sind gefüllt mit Bad Aachener Mineral-Thermalwasser und mit zahlreichen Wasserattraktionen wie Massagedüsen, Wasserpool, Whirlpool oder Strömungskanal versehen. Das Angebot an Massagen ist beträchtlich.
DER SAUNABEREICH	Die Saunawelt bietet seit Oktober 2017 ein völlig neues Saunaerlebnis: Ein neues Licht-, Farben- und Materialkonzept, zwei neue Dampfbäder, geräumigere Duschen und WCs sowie neu aufbereitete Saunen, viele davon mit Fußbodenkühlung, u.v.m. erwartet die Saunaliebhaber. Der Sauna-Innenbereich hat eine Größe von 1.800 qm, der Saunagarten umfasst 900 qm.
DER EMPFANG	Das Ausleihen von Bademänteln und -handtüchern sowie den Kauf von Bade- und Sauna-Utensilien erledigen Sie im »Carolus-Shop«, direkt am Empfang. (Öffnungszeiten: täglich 09:30 – 20:30 Uhr)
DIE ÖFFNUNGSZEITEN	Täglich von 9:00 – 23:00 Uhr.

DIE PREISE	Montag bis Freitag	Samstag, Sonntag & Feiertags
3,5-Stunden-Ticket	30,00 Euro	34,00 Euro
4,5-Stunden-Ticket	34,00 Euro	38,00 Euro
Tagesticket	38,00 Euro	42,00 Euro

Preise Stand 01/2020, Änderungen vorbehalten.

Carolus Thermen

»WANN HABEN SIE DAS LETZTE MAL DIE WELT VERGESSEN?«

Stadtgarten/Passstraße 79, 52070 Aachen | 0241 18274-0 | www.carolus-thermen.de

AACHEN
GUTSCHEINHEFT S. 3

Männer und Frauen ziehen sich in Einzel- oder Sammelkabinen um. Geduscht wird getrennt. Über eine Treppe erreichen Sie die Saunalandschaft.	UMKLEIDEN | DUSCHEN
Die Baltische Saunalandschaft und der Saunagarten bieten eine Auswahl von fünf Saunen, 3 Saunarien und einem Pool, dem Saunasee. Halbstündlich stattfindende Aufgüsse, Backaktionen, Peelings und Pflegerituale – allesamt kostenlos – sorgen für Ihr Wohlbefinden. Die Orientalische Badewelt mit angenehmen Düften in drei Dampfbädern erreichen Sie über eine Treppe in der Saunalandschaft. Das Feminarium, ein Saunabereich nur für Frauen, ist mit einer Finnischen Sauna und einem Dampfbad ausgestattet.	**DIE SAUNEN**
20 – 25 Personen finden Platz in dem holzvertäfelten Schwitzraum mit gemauertem Elektro-Ofen und Sauna-Steinen. Der Raum hat eine Temperatur von 60 °C und eine Luftfeuchtigkeit von 50 %. Vier farbchangierende Lampen strahlen von der Decke.	BALTISCHE SAUNA-LANDSCHAFT: FARBLICHT-SAUNARIUM® 60 °C | 50 %
Der spärlich beleuchtete Schwitzraum ist für gut 20 Personen konzipiert. Seitlich steht ein gemauerter Ofen mit Sauna-Steinen und einem Kübel mit Kräutersud. Ein angenehmer Duft verbreitet sich bei 70 °C.	KRÄUTER-SAUNARIUM® 70 °C
Die größte Sauna im Innenbereich kann 35 – 40 Personen aufnehmen. Sie ist mit 85 – 100 °C temperiert. Ein enormer, runder, gemauerter Ofen mit Sauna-Steinen befindet sich im Zentrum der holzvertäfelten, recht rustikalen Trocken-Sauna. Durch ein großes Fenster blicken Sie auf den Sauna-See und die Liegeterrasse.	AUFGUSS-SAUNA 85 – 100 °C
Sie ist der »Clou« im Saunabereich. Dieser Schwitzraum gleicht durch seine Ausbauart mit originalen Backsteinen von innen einem alten Backofen. Die Backsteine sorgen nicht nur für eine einzigartige Atmosphäre sondern auch für ein gutes Klima. Ein automatischer Aufguss sorgt in regelmäßigen Abständen für Abwechslung und Luftbefeuchtung der ansonsten trockenen Sauna-Luft. Die Backstube ist von der Temperatur her sehr angenehm und eignet sich insofern sehr gut für den richtigen Saunaeinstieg. Hier wird mehrmals täglich frisch gebacken.	SAUNA-GARTEN: BACKSTUBE

38 Carolus Thermen
AACHEN »WANN HABEN SIE DAS LETZTE MAL DIE WELT VERGESSEN?«

📍 Stadtgarten/Passstraße 79, 52070 Aachen | ☎ 0241 18274-0 | 🌐 www.carolus-thermen.de

---

AUFGUSS-SAUNA
90 °C

In einem Blockhaus aus Rundstämmen finden Sie die mit 90 °C temperierte Trocken-Sauna. 30 – 35 Personen sitzen in rustikaler Umgebung und können durch Fenster auf den schön gestalteten Saunagarten blicken. Der massive, gemauerte Ofen mit Sauna-Steinen befeuert den dezent beleuchteten Raum. Wie alle Saunen im Außenbereich ist auch die Aufgusssauna seit dem Umbau mit einer Fußbodenkühlung ausgestattet.

SEE-SAUNA
95 °C

Die in einem Blockhaus aus Rundstämmen befindliche Trocken-Sauna liegt idyllisch direkt am Sauna-See. Während Sie und weitere 24 Personen bei 95 °C so richtig ins Schwitzen kommen, können Sie dank eines großen Fensters den Ausblick auf den See genießen. Im Spitzdach herrscht sogar eine Deckentemperatur von 115 °C! Für diese enormen Temperaturen sorgt ein großer, gemauerter Ofen mit Sauna-Steinen.

STOLLEN-SAUNA
100 °C

Eine als Ofen dienende alte Lore mit Sauna-Steinen beheizt die Trocken-Sauna mit 100 °C. 15 Personen fühlen sich wie in einem unterirdischen Stollengang, der mit vier »Öllampen« ausgeleuchtet wird.

KELO-SAUNA
95 °C

Die Stollen- und die Kelo-Sauna sind beide in einem Blockhaus aus Rundstämmen untergebracht. Das Dach ist begrünt. Die urige und rustikale Trocken-Sauna aus »Kelo«-Holz lädt gut 20 Personen zum gemütlichen Verweilen an einem gasbetriebenen Kamin ein. Auf 95 °C ist die dunkle, erdige Sauna erwärmt.

ORIENTALISCHE BADEWELT: TEPIDARIUM
27 °C

10 bis 15 Personen ruhen in dem runden, wunderschön gefliesten Raum mit Kuppeldecke. Mittig thront ein mit Aromastoffen versehener Brunnen. Die Sitzflächen und die Wände sind mit 37 °C beheizt, die Luft jedoch nur mit 27 °C. So bleibt Ihre körperliche Leistungsfähigkeit erhalten und ein Hitzestau wird vermieden. Per Knopfdruck haben Sie die Möglichkeit, eine Infrarotbestrahlung Ihres Sitzplatzes für ca. 10 Minuten zu aktivieren.

Carolus Thermen
»WANN HABEN SIE DAS LETZTE MAL DIE WELT VERGESSEN?«

Stadtgarten/Passstraße 79, 52070 Aachen | 0241 18274-0 | www.carolus-thermen.de

»ODORIUM«

In diesem Ruheraum können Sie Raum und Zeit vergessen. Ausgewählte ätherische Öle und Kräuteressenzen schaffen ein angenehmes Raumklima. Der beheizte Fußboden ist gefliest. Leise plätschert ein Brunnen. Langsam dösen Sie ein, während Sie auf einer von acht Liegen ruhen. Träumen Sie sich durch die schier endlosen Weiten der Wüste.

»BALNEUM«

Das historisch angehauchte Ambiente lässt die römische Badekultur wieder aufleben. Hier kann man die belebende Wechselwirkung von kaltem und heißem Wasser erleben. Zwei gegenüberliegende Kaltbecken mit Frischwasserzufluss laden bei 18 °C nur zu einer kurzen Stippvisite ein. Im mit 38 °C temperierten Sitzbecken jedoch lässt es sich mit Leichtigkeit auch länger verweilen. In den Himmel sind farbchangierende Kugellämpchen eingearbeitet.

»HAMAM«

Als Ort der Reinigung und Pflege von Körper und Seele, bezaubert das Hamam bereits im Eingangsbereich mit einer nach orientalischen Vorlagen gestalteten Badehalle. Wohltuende Wärme, fein-aromatische Düfte und gedämpftes Licht entführen Sie in die geheimnisvolle Welt der orientalischen Badekultur.

Strecken Sie sich in aller Ruhe auf dem „Nabelstein" – dem achteckigen, beheizten Stein in der Raummitte – aus: Die Tiefenwärme des Steins entspannt die Muskulatur. Drei verschiedene, angrenzende Aroma-Dampfbäder laden zum angenehmen Schwitzen ein.

»BINGÜL«

Das kleinere der beiden Dampfbäder in der orientalischen Badewelt ist ein angenehmes Schwitz- und Inhalationsbad mit idealer Kombination von Wärme und Feuchtigkeit. In Abgrenzung zum klassischen Dampfbad wird das Bingül mit etwas niedrigerer Temperatur gefahren. Die wunderschönen handgefertigten Keramiken geben dem Raum eine ruhige und angenehme Ausstrahlung. Das Bingül bietet Platz für max. 15 Personen.

40 Carolus Thermen
AACHEN »WANN HABEN SIE DAS LETZTE MAL DIE WELT VERGESSEN?«

📍 Stadtgarten/Passstraße 79, 52070 Aachen | ☎ 0241 18274-0 | 🌐 www.carolus-thermen.de

---

»HALVET« Entspannen Sie in warmem Licht und genießen Sie den Blick in die Wüste durch die hinterleuchteten Fenster. In die Ferne blicken können Sie auch beim anschließenden duschen: Die Ornamentfenster über der Erlebnisdusche simulieren einen traumhaften Blick in den Himmel. Das Halvet ist ein reines Schwitzbad und bietet maximal 30 Personen Platz. Hier finden mehrmals täglich kostenlose Hautpflegeanwendungen statt.

DAS ABKÜHLEN Jede der drei Landschaften ist mit ausreichenden Abkühlmöglichkeiten ausgestattet. Es erwarten Sie Regendruckduschen, Kübelduschen, Schwallbrausen, Erlebnisduschen und Kneippschläuche. Ein Tauchbecken finden Sie in der Duschgrotte in der Baltischen Saunalandschaft neben der Kräuter-Sauna sowie im Saunagarten neben der Seesauna. Die Eis-Schnee-Wasser Welt vor der Aufgusssauna im Saunagarten beinhaltet unter anderem einen Crushed-Ice-Brunnen.

DAS KNEIPPEN Acht Fußwärmebecken an beheizten Sitzbänken, vor dem Ausgang zum Saunagarten, laden zum Kneippen ein.

DAS SCHWIMMBECKEN Der mit 34 °C beheizte runde Pool bildet das Herzzentrum der Orientalischen Badewelt. Sollten Sie zufällig einmal untertauchen, dann trauen Sie Ihrer Wahrnehmung. Es erklingt tatsächlich Unterwassermusik. Ein weiterer Clou ist sicherlich das Farbspiel am »Firmament«. Drei im Pool untergebrachte, farbchangierende Strahler beleuchten die riesige Deckenkuppel, die sich bis in die Baltische Saunalandschaft erstreckt.

DER SAUNA-SEE Der Sauna-See ist ein großes, mit 33 °C erwärmtes Thermalwasser-Außenbecken mit Wasserfall.

DIE AUSSENANLAGE Über einen brückenartigen Steinweg, der den Bioteich mit kleinen Fischen unterteilt, gelangen Sie in den Saunagarten. Der Hauptweg im Garten ist komplett mit Holz überdacht. Die gesamte Anlage ist mit Grünpflanzen ausgestattet. Hoch gewachsene Bäume des angrenzenden Kurparks umsäumen den Saunagarten. Ein kleiner Rundlauf führt Sie an einem Bioteich mit Seeanemonen vorbei.

Carolus Thermen
»WANN HABEN SIE DAS LETZTE MAL DIE WELT VERGESSEN?«

Stadtgarten/Passstraße 79, 52070 Aachen | 0241 18274-0 | www.carolus-thermen.de

RUHEMÖGLICHKEITEN

In der Baltischen Saunalandschaft liegt der Ruheraum mit Kamin. 14 Holzliegestühle mit Auflagen stehen für Gäste in dem holzvertäfelten, dezent beleuchteten Raum bereit. Ein künstliches Feuer lodert im offenen Kamin in der Ecke. Der Wintergarten bietet weitere 15 Ruhemöglichkeiten. Durch eine breite Fensterfront blicken Sie auf den Saunagarten.

In der Orientalischen Badewelt können Sie sich im Odorium sowie in einem offenen Bereich mit beheiztem Boden auf diversen Liegen ausruhen. Die Sonnenterrassen warten mit gut 40 Liegen mit gemütlichen Auflagen auf. Sie liegen direkt am Sauna-See und oberhalb des Saunagartens.

MASSAGEN

Im CAROLUS spa, das seit Herbst 2019 im komplett neugestalteten Ambiente erstrahlt, eröffnet sich die ganze Welt der Wellness. Gönnen Sie Ihrem Körper Entspannung oder Belebung und Vitalität. Schenken Sie Ihrer Haut neue Frische, mehr Feuchtigkeit, Durchblutung und Glätte. Steigern Sie Ihr Wohlbefinden durch Massagen oder Bäder – alleine oder mit Ihrem Partner. Weitere Informationen bitte an der Infotheke erfragen, an der Sie auch Behandlungstermine reservieren können.

GASTRONOMIE

Das SaunaBistro »AUSZEIT« hat ebenfalls einen neuen Anstrich erhalten, der ins Konzept passt, u.a. mit einem neuen, großen Wintergarten. Die Karte bietet einen Mix aus Klassikern, Wok-Gerichten, leichteren Speisen sowie saisonal inspirierten Tagesgerichten. Das Bistro ist freundlich und hell gestaltet.

ZAHLUNGSVERKEHR

Alle in Anspruch genommenen Leistungen sowie der Eintritt werden am Ausgang bezahlt.

PARKMÖGLICHKEITEN

Im hauseigenen Parkhaus parken Sie für 6,00 Euro/Pkw den ganzen Tag lang. Lassen Sie Ihr Parkticket beim Betreten der Anlage am Empfang entwerten. Das Entgelt wird zum Eintritt saldiert.

42 monte mare Andernach »MEINE PAUSE VOM ALLTAG«

ANDERNACH
GUTSCHEINHEFT S. 3

📍 Klingelswiese 1, 56626 Andernach
☎ 02632 987221-0 | 📠 02632 987221-11 | 🌐 www.monte-mare.de/andernach

GEBOTEN WIRD:

DAS RESÜMEE
Das Fitness- und Wellnesscenter »monte mare« liegt auf einer Anhöhe am Stadtrand. Das exklusive Sport- und Wellnesszentrum in mediterraner Urlaubsatmosphäre wurde im April 2012 neu eröffnet und bietet ein Sauna-Erlebnis der gehobenen Kategorie. Am 28. April 2018 eröffnet das erste monte mare Wellness- und Business-Hotel, ein viergeschossiger Neubau im modernen Landhausstil und einer hochwertigen Ausstattung. Das 4-Sterne-Hotel ist räumlich mit der bestehenden Saunaanlage verbunden. Eine einzigartige touristische Infrastruktur bietet das monte mare übrigens für Radfahrer und Wanderer mit einem Fahrradverleih, einer Fahrrad-Werkstatt und einer Waschstation. Der Besuch der Saunalandschaft ist für Kinder nicht gestattet, die Altersgrenze liegt bei 16 Jahren.

DER SAUNABEREICH
In einem Mix aus mediterranem Stil und einheimischen Elementen wurde die Saunalandschaft gestaltet. Der Saunagarten erstreckt sich über 6.000 qm, insgesamt beträgt die Fläche der Anlage mehr als 12.500 qm. Neun Schwitzräume verschiedenster Art warten auf Ihre Erkundung.

DER EMPFANG
Im Foyer können Sie nicht nur einchecken, sondern auch gemütlich einkehren. Sollten Sie Bademantel oder Saunatuch vergessen haben, so stellt das kein Problem dar. Beides können Sie an der Kasse ausleihen. Außerdem finden Sie im Shop ein interessantes Angebot an Wellness-Produkten wie Salze, Öle und Bademäntel.

DIE ÖFFNUNGSZEITEN
Montags bis donnerstags: 9:00 – 23:00 Uhr | Freitag und Samstag: 9:00 – 24:00 Uhr | Sonntags: 9:00 – 21:00 Uhr. Die Saunazeit endet jeweils 30 Minuten vorher. Es herrscht täglich gemischter Betrieb.

monte mare Andernach »MEINE PAUSE VOM ALLTAG«

ANDERNACH

Klingelswiese 1, 56626 Andernach
02632 987221-0 | 02632 987221-11 | www.monte-mare.de/andernach

---

Der Schnuppertarif (zwei Stunden) kostet 19,50 Euro. Jede weitere angefangene, halbe Stunde wird mit 2,50 Euro berechnet. Der Maximaltarif beträgt 34,50 Euro für die Tageskarte. Am Wochenende und an Feiertagen werden 3,00 Euro Zuschlag fällig. Sonderpreise für Frühtarif (Mo – Fr 9:00 – 15:00 Uhr für 23,50 Euro). Bitte beachten Sie die aktuellen Aktionen im Internet.

DIE PREISE

Der Sauna-Umkleidebereich besteht aus einem großen, in einzelne Segmente unterteilten Raum mit hohen Schränken. Damen und Herren kleiden sich gemeinsam um. An die Umkleiden schließen sich der Beauty-Raum und die Toiletten an. Zum Duschen benutzen Sie bitte die oberen Räumlichkeiten.

UMKLEIDEN | DUSCHEN

Wie es der Name schon sagt, werden in dieser finnischen Sauna Aufguss-Zeremonien durchgeführt. Dabei herrschen etwa 85 °C, wobei man unter drei Sitzhöhen wählen kann. Besonders beliebt bei den bis zu 25 Teilnehmern sind die „Natur pur"-Aufgüsse aus eigener Herstellung.

DIE SAUNEN
DIE CEREMONIA-SAUNA
85 °C

Nach mallorquinischem Vorbild wurde die Ofenwand dieser Trockensauna mit hellen Steinplatten verkleidet. Hier finden elf Gäste auf drei Stufen Platz. Die Raumtemperatur beträgt 80 °C.

DIE FINCA-SAUNA
80 °C

Fünf Einzel-Sitzplätze bietet das hell gekachelte Dampfbad. Hier herrschen bis zu 50 °C bei voll dampfgesättigter Luft. Farbwechsel-Spotlights sorgen für stets neue Stimmungen.

DAS CATALANISCHE
KRÄUTERBAD, 50 °C

Gleich gegenüber befindet sich das zweite Dampfbad mit sechs Einzelplätzen. Es herrschen etwa 50 °C bei 100 % Luftfeuchte und es gibt Farbwechsel-Spiele. Im andalusischen Bad werden regelmäßig Honig-Einreibungen angeboten.

DAS ANDALUSISCHE
AROMABAD, 50 °C

44 monte mare Andernach »MEINE PAUSE VOM ALLTAG«

ANDERNACH

📍 Klingelswiese 1, 56626 Andernach
☎ 02632 987221-0 | 📠 02632 987221-11 | 🌐 www.monte-mare.de/andernach

DIE FEUER-SAUNA
90 °C

Die Erdsauna ist halb in den Boden eingelassen. Hier werden die etwa 90 °C Raumtemperatur als sehr angenehm empfunden. Bis zu 30 Gäste finden auf drei, sich gegenüberliegenden, breiten Stufen Platz. Ein mittig an der Stirnseite installierter, holzbefeuerter Kaminofen sorgt für eine gemütliche Stimmung. Besonders heiß geht es bei den Wenik-Aufgüssen nach russischer Art zu, die regelmäßig zelebriert werden.

DIE GEYSIR-SAUNA
75 °C

In der größten Sauna des Andernacher monte mare finden mindestens 65 Schwitzfreunde gleichzeitig Platz. Auf dem riesigen Aufgussofen werden regelmäßig Erlebnis-Aufgüsse durchgeführt. Dabei herrschen rund 90 °C in dem großen Raum. Eine breite Fensterfront erlaubt den Ausblick in den Garten und zwei Farbwechsel-Wassersäulen ziehen die Blicke auf sich. Die größte Attraktion ist jedoch der Geysir, der in unregelmäßigen Abständen aus einem tiefen Loch in der Mitte des Raumes nach oben schießt. Alleine dieses Spektakel ist schon den Besuch wert.

QUASSELSAUNA
90 °C

Vielen Saunabesuchern ist die Stille besonders wichtig, andere wiederum unterhalten sich gerne. Das monte mare in Andernach hat dafür einen guten Kompromiss gefunden und die erste Quasselsauna der Region eröffnet. Sie bietet nun Raum für lebhafte Unterhaltungen und angeregtes Schwitzen. So findet in Andernach garantiert jeder seinen Lieblingsplatz. In der neuen Sauna im Andernacher Saunagarten können die Gäste ab sofort plaudern, erzählen und sich angeregt austauschen – und ganz nebenbei bei 90 °C schwitzen.

DIE PANORAMA-SAUNA
50 °C

In einem hellen Pavillon ist die Panorama-Sauna untergebracht. Hier genießen die Gäste einen fantastischen Ausblick in den Saunagarten. Bei moderaten 50 °C können sich bis zu 28 Besucher an mit Salz angereicherter Luft und Farbwechsel-Leuchten erfreuen. Aufgrund der schonenden Erwärmung ist die Anwendung auch für Sauna-Anfänger oder Menschen mit Kreislaufbeschwerden geeignet.

monte mare Andernach »MEINE PAUSE VOM ALLTAG«

Klingelswiese 1, 56626 Andernach
02632 987221-0 | 02632 987221-11 | www.monte-mare.de/andernach

ANDERNACH

DIE SALZWELTEN

Rund zehn Tonnen hochwertiges jordanisches Meersalz bedecken in der **Salzlounge** den Boden. Bei einer Luftfeuchtigkeit von etwa 50 % und einer Temperatur von 19 – 21 °C entsteht ein besonderes Mikroklima und die gesundheitsfördernde Wirkung des Salzes kann sich bei der SALZINHALATION bestmöglich entfalten. Für Saunagäste ist die Teilnahme an der rund 45-min. Salzinhalation in der Salzlounge kostenfrei. In der Stollensauna reiben sich die Saunabesucher bei Aufgüssen mit hochwertigem Meersalz ein. Die Sole-Infrarotkabine ist eine sehr wohltuende und wirkungsvolle Kombination aus Sole und Infrarotwärme. Die Salzwelten sind täglich ab 11:00 Uhr geöffnet.

DIE WARMBECKEN

In einer abgetrennten Halle können Sie im großen Solebecken baden. Die mindestens 28 °C Wassertemperatur laden zum Schwimmen bei wechselnder Beleuchtung ein. Anschließend entspannt man sich bei 34 °C im etwas höher gelegen Whirlpool. Für warme Füße sorgen zudem vier Wechselbecken.

DIE AUSSENANLAGE

Ausgiebige Spaziergänge können Sie im wirklich abwechslungsreichen Saunagarten unternehmen. Auf einer Fläche von mehr als 6.000 qm kann man sich nicht nur auf der Wiese und etlichen Liegestühlen sonnen. Es stehen auch Liegedecks, Schaukelliegen, Hängematten und Kuschelinseln dafür bereit. Ein alter Baumbestand mit Ahorn, Fichten und Birken sorgt nebst Sonnenschirmen für die Beschattung. Außerdem gibt es einen großen Naturteich sowie sogar einen echten Weingarten an den Südhängen der Parklandschaft. Der Duft- und Kräutergarten, Weinreben, Lavendelbeete und ein Sinnespfad für die Fußreflexzonen machen den Aufenthalt draußen zum Genuss für alle Sinne.

RUHEMÖGLICHKEITEN

Mannigfaltig ist auch die Auswahl an Ruheplätzen. Im Obergeschoss finden Sie beispielsweise sechs abgeschottete Kemenaten mit Schlafliegen, einen Ruheraum mit acht Wasserbetten sowie zwei gemütliche Sitz-Ecken. Weitere bequeme Liegen

monte mare Andernach »MEINE PAUSE VOM ALLTAG«

ANDERNACH

📍 Klingelswiese 1, 56626 Andernach
☎ 02632 987221-0 | 📠 02632 987221-11 | 🌐 www.monte-mare.de/andernach

mit Auflagen finden Sie auf den beiden Galerien, im Panorama-Schlafraum oder in der Ruhezone mit Blick auf den Garten. Auch eine Lounge mit sechs einladenden Klubsesseln und prasselndem Kaminfeuer lädt zum Ausruhen zwischen den Saunagängen ein. Aus dem neuen, gemütlich eingerichteten Ruhehaus genießen Sie einen tollen Ausblick in den idyllischen Saunagarten.

WELLNESS
Zu einem gelungenen Wellnesstag gehört natürlich auch eine gute Massage. Im Spa-Bereich können Sie sich beispielsweise Aromaöl- oder Hot-Chocolate-Massagen gönnen. Oder Sie lassen sich wie ein Maharadscha mit einem Shirodara-Stirnölguss mit anschließender Abhyanga-Behandlung verwöhnen. Ebenfalls im Angebot sind Massagen mit heißen Steinen und die hawaiianische Tempelmassage Lomi-Lomi-Nui. Zudem können Sie pflegende Dampfbad-Zeremonien wie das Serailbad oder Kaffee-Gewürzpeeling buchen. Kosmetikanwendungen sowie eine Vielzahl von Wellness-Arrangements vervollständigen das Programm.

ZUSATZANGEBOTE
Sie können sich an Ihrem Urlaubstag im monte mare nicht nur nach Strich und Faden verwöhnen lassen, sondern auch aktiv etwas für Ihre Gesundheit tun. Das hauseigene Fitness-Studio „la vida SPORTS" definiert mit seinen modernsten Geräten und hochqualifizierten, empathischen Mitarbeitern einen neuen Standard. Es wurde an nichts gespart, um Ihnen ein Trainings- und Kursprogramm vom Feinsten bieten zu können.

EVENTS
Das Veranstaltungs-Programm umfasst, lange Saunanächte zu verschiedenen Themen.

DAS HOTEL
Das neue monte mare 4-Sterne-Hotel ist ein Wellness- und Businesshotel und liegt ruhig am Rande vom Andernach. Egal ob romantisch zu zweit, aktiv mit Freunden oder entspannt im Wellness-Wochenende: Im monte mare in Andernach dreht sich alles um Wohlbefinden und Regeneration von Körper, Geist und Seele. In den unterschiedlich eingerichteten Doppelzimmern und Suiten findet jeder „sein" Zimmer, passend auf die persönlichen Bedürfnisse abgestimmt. Für die Extraportion

monte mare Andernach »MEINE PAUSE VOM ALLTAG«

Klingelswiese 1, 56626 Andernach
02632 987221-0 | 02632 987221-11 | www.monte-mare.de/andernach

Wohlfühlmomente sind die Doppelzimmer und Suiten liebevoll bis ins kleinste Detail eingerichtet und bieten modernen Komfort für alle Ansprüche. Die vier Luxus-Suiten im Obergeschoss sind das Aushängeschild des Hotels und bieten zum Teil einen einmaligen Blick über das Mittelrheintal.

Sie sind thematisch an die vier Elemente Feuer, Wasser, Luft und Erde angelehnt und überzeugen auf jeweils rund 50 qm durch Einzigartigkeit in Komfort und Funktionalität sowie liebevolle Details in der Gestaltung. Das Hotel ist räumlich mit dem bestehenden Komplex verbunden. Somit können die Hotelgäste das umfangreiche Angebot des Sauna- und Fitnessbereichs des monte mare SAUNA – SPA – SPORTS nutzen, ohne die Anlage zu verlassen.

GASTRONOMIE

Eine besondere Empfehlung verdient auch das Restaurant im monte mare. Es besticht nicht nur durch seine vielen Sitzgelegenheiten im Innenbereich und auf der Sonnen-Terrasse, sondern vor allem durch die abwechslungsreiche Speise- und Getränkekarte. Im mediterran geprägten Ambiente können Sie stets unter mehreren Tagesgerichten, Salat-Variationen, Suppen, Pasta, Ofenkartoffeln und herzhaften Fleischgerichten wählen.

Ergänzt wird die Karte durch spezielle Frühstücks- und Kaffeezeit-Angebote sowie leckere Eisbecher. Hier noch ein Goethe-Zitat aus der Speisekarte: „Kein Genuss ist vorübergehend, denn der Eindruck, den er zurücklässt, ist bleibend. Dem ist nichts hinzuzufügen.

ZAHLUNGSVERKEHR

Während Ihres Aufenthalts bei monte mare benötigen Sie kein Bargeld. Sämtliche in Anspruch genommenen Leistungen werden auf Ihren Transponder-Chip gebucht und erst beim Austritt beglichen.

PARKMÖGLICHKEITEN

Direkt vor dem Haus können Sie kostenfrei parken. Auch für die Wohnmobilisten ist gesorgt. Etwa ein Dutzend großer Stellplätze ist mit Anschlüssen für die Ver- und Entsorgung versehen.

48 Römer-Thermen »LASSEN SIE SICH ÜBERRASCHEN!«

BAD BREISIG

Albert-Mertés-Straße 11, 53498 Bad Breisig
02633 48071-0 | 02633 48071-18 | www.roemerthermen.de/info@roemerthermen.de

GEBOTEN WIRD:

DAS RESÜMEE	Die »Römer-Thermen« bieten Gesundheit und Fitness im Thermalbad, im Fitness-Studio und in der Sauna-Landschaft auf 25.000 qm. Das Thermalwasser kommt aus dem »Geiersprudel« mit einer Tiefe von 605 m. Die Gäste können sich im kristall-klaren Wasser tummeln. Das zentrale, 280 qm große Innenbecken unter dem Kuppeldach ist angenehm warm mit 31 °C beheizt. Zwei Außenbecken, ein Hot-Whirlpool mit 34 °C und Kneippbecken erweitern das Angebot an sprudelndem, gesundem Thermalwasser. Die »Braune Grotte« lässt Sie bei 38 °C naturbelassenes Thermalwasser erleben.
DER SAUNABEREICH	Eine Dachkuppel aus Glas spendet viel Licht im zentralen Innenbereich. Die Schichtung der Steine in den Wänden und die Rundsäulen erinnern an römischen Baustil. Der Innenbereich umfasst etwa 500 qm, der Sauna-Garten stattliche 1.200 qm.
DER EMPFANG	Hier werden Bademäntel und -tücher verliehen. Badeutensilien können gekauft werden.
DIE ÖFFNUNGSZEITEN	Montags: geschlossen	Dienstag bis Freitag von 10:00 – 20:00 Uhr	Samstag, Sonntag und feiertags von 10:00 – 20:00 Uhr. Mittwochs von 15:00 – 20:00 Uhr ist Damen-Sauna.
DIE PREISE	Sauna & Thermalbad Tageskarte 20,00 Euro. Weitere Tarife finden Sie auf der Homepage.
UMKLEIDEN	DUSCHEN	Einzelkabinen stehen im Badebereich zum Umziehen zur Verfügung. Geduscht wird geschlechtlich getrennt im Saunabereich.

Römer-Thermen »LASSEN SIE SICH ÜBERRASCHEN!«

Albert-Mertés-Straße 11, 53498 Bad Breisig
02633 48071-0 | 02633 48071-18 | www.roemerthermen.de/info@roemerthermen.de

BAD BREISIG

Die Finn-Sauna, das Bionarium, die Euka-Sauna und das Römische Dampfbad umrunden einen zentralen Brunnen im Innenbereich. Die Blockhaus-Sauna liegt im Sauna-Garten, hier finden auch die Aufgüsse statt.

DIE SAUNEN

Die mit schönem Holz verkleidete Trocken-Sauna ist mit 90 °C temperiert. Da kommen bis zu 20 Personen ganz gut ins Schwitzen. Ein größeres, rundes Fenster ermöglicht den Blick zur Gastronomie. Der Sauna-Ofen inklusive Sauna-Steinen verbirgt sich hinter einem Holzverschlag.

DIE FINN-SAUNA
90 °C

Dem Spiel der Farblichter und seiner positiven Auswirkung auf den Organismus können sich etwa 20 Personen hingeben. Milde 60 °C lassen Sie durchaus etwas länger in dem holzverkleideten Raum verweilen.

DAS BIONARIUM
60 °C

Intensiver Eukalyptus-Duft steigt Ihnen in die Nase, sobald Sie den mit 80 °C beheizten Raum betreten. Maximal 25 Personen können sich der wohltuenden, reinigenden Wirkung aussetzen.

DIE EUKA-SAUNA
80 °C

50
BAD BREISIG

Römer-Thermen »LASSEN SIE SICH ÜBERRASCHEN!«

📍 Albert-Mertés-Straße 11, 53498 Bad Breisig
📞 02633 48071-0 | 🖨 02633 48071-18 | 🌐 www.roemerthermen.de/info@roemerthermen.de

DIE GARTENSAUNA	In der Gartensauna wird im wöchentlichen Wechsel ein unterschiedliches Aufgussprogramm geboten.
DAS RÖMISCHE DAMPFBAD 45 °C	Nebelschwaden steigen unaufhörlich empor. Aromatisierte Luft verbreitet sich in dem gefliesten Raum mit Marmorsitzbänken für maximal zehn Personen. Wohlige 45 °C laden Sie zum längeren Aufenthalt ein. Salz- und Honiganwendungen können Sie kostenlos genießen, für weitere Genüsse ist ein geringer Aufpreis zu leisten – erkundigen Sie sich beim Personal.
DAS ABKÜHLEN	Zwei Schwallduschen, eine Kaltbrause und ein Kneipp-Schlauch sorgen für hinreichende Abkühlung. Ein Tauchbecken im Inneren und ein rundes, von Rundsäulen eingerahmtes Tauchbecken im Sauna-Garten bringen zusätzliche Erfrischung.
DAS KNEIPPEN	Die acht Fußwärmebecken umrunden den zentralen, gefliesten Brunnen im Innenbereich.

DER AUSSENBEREICH	Platz zum Ausruhen finden Sie oder auf der umliegenden Liegewiese auf zahlreichen Liegen. Hochgewachsene Bäume umzäunen den Sauna-Garten; Pflanzen und Bäume zieren ihn. Ein kleinerer Liegebereich ist überdacht.
DER WHIRLPOOL	Ein runder, sprudelnder Hot-Whirlpool befindet sich im Innenbereich.

Römer-Thermen »LASSEN SIE SICH ÜBERRASCHEN!«

Albert-Mertés-Straße 11, 53498 Bad Breisig
02633 48071-0 | 02633 48071-18 | www.roemerthermen.de/info@roemerthermen.de

BAD BREISIG

Zwei große Ruheräume mit breiter Fensterfront und Ausblick auf den schönen Sauna-Garten sind mit knapp 40 Liegen und Auflagen und gut 20 Liegestühlen bestückt.	RUHEMÖGLICHKEITEN
Im Saunabereich werden an einer halbrunden Theke mit Barhockern Getränke gereicht. Auf diversen Sitzgelegenheiten haben Sie den freien Blick zum Sauna-Garten. Die Wände bestehen aus Lavasteinen. Speisen können Sie im Gastronomiebereich des Bades. Salate, Nudeln, wechselnde Tages- und Mittagsgerichte sowie vegetarisches und Schnitzel stehen auf der Karte.	GASTRONOMIE
Der Eintritt wird sofort fällig. Getränke im Saunabereich werden bar bezahlt.	ZAHLUNGSVERKEHR
Unmittelbar an der Anlage parken Sie kostenlos.	PARKMÖGLICHKEITEN

52 Ahr-Thermen Bad Neuenahr »Wiederaufleben«

BAD NEUENAHR
GUTSCHEINHEFT S. 3

Felix-Rütten-Straße 3, 53474 Bad Neuenahr-Ahrweiler
02641 91 176 -0 | 02641 91 176 -260 | www.ahr-thermen.de

GEBOTEN WIRD:

DAS RESÜMEE

Die »Ahr-Thermen« warten mit einer vielfältigen Wasser- und Sauna-Landschaft auf. Die Badelandschaft mit Süßwasserbecken 30 °C, Thermalbecken 31 °C, Thermal- Liegebecken 31 °C, Thermalbewegungsbecken 32 °C und vier 37 °C warmen Whirlpools liegt unter einer riesigen, hellen Dachkuppel, die abends schön beleuchtet wird. Über eine Ausschwimmschleuse gelangen Sie in das ganzjährig mit 31 °C beheizte Außenbecken mit Strömungskanal, Nackenduschen und Sitzbank-Luftsprudler. Eine große Liegewiese umrundet das Außenbecken. Fit halten können Sie sich mit Wassergymnastik und Aqua-Fitness.

Die Ahr-Thermen der großen Sauna-Landschaft mit acht Saunen, beide jeweils mit großen Freigeländen und Mineralwasser-Pools, werden mit dem Angebot an Massagen und Kosmetikanwendungen ergänzt. Regionale Küche mit korrespondierenden Weinen des Ahrtals runden das kulinarische Angebot ab.

DER EMPFANG

In der Boutique können Sie Bademäntel, Handtücher, Badeschuhe sowie Badeutensilien käuflich erwerben. An der Sauna-Bar im Innenbereich der Sauna-Anlage können Bademäntel und -tücher ausgeliehen werden.

DIE ÖFFNUNGSZEITEN

Sonntag – Donnerstag	09:00 – 22:00 Uhr
Freitag, Samstag & vor Feiertagen	09:00 – 23:00 Uhr

24.12. geschlossen.

Ahr-Thermen Bad Neuenahr »WIEDERAUFLEBEN«

Felix-Rütten-Straße 3, 53474 Bad Neuenahr-Ahrweiler
02641 91 176 -0 | 02641 91 176 -260 | www.ahr-thermen.de

BAD NEUENAHR

Therme	2 Stunden	3 Stunden	4 Stunden	Tageskarte
	12,00 Euro	14,00 Euro	15,00 Euro	17,00 Euro
Einmaliger Saunazuschlag	7,00 Euro			
After-Work-Sauna*	14,00 Euro			

*Montag bis Freitag ab 16:30 Uhr.

DIE PREISE

Einzelkabinen stehen als Umkleidemöglichkeit zur Verfügung. Im Eingangsbereich zur Sauna duschen Sie getrennt geschlechtlich.

UMKLEIDEN | DUSCHEN

Die einfachen Aufgüsse finden täglich um 10:00, 11:00, 13:00, 14:00, 16:00, 17:00, 19:00 und 21:00 Uhr statt. Freitag, Samstag und vor Feiertagen zusätzlich um 22:00 Uhr. Diese dauern ca. 10 Minuten und sind kostenlos.

DIE AUFGÜSSE

Die zweifachen Aufgüsse finden täglich um 12:00, 15:00, 18:00 und 20:00 Uhr statt und dauern ca. 30 Minuten. Je nach Aufguss wird ein passendes Peeling und eine Hautpflege gereicht. Zum Abschluss gibt es einen kleinen Snack oder ein Getränk. Kosten: 3,00 Euro.

DIE SAUNA-ERLEBNISSE

Jede Zeremonie dauert ca. 1,5 bis 2 Stunden und besteht aus 3 Runden. In den ersten Runden gibt es in der Regel eine Pflege für Gesicht oder Haare, die zweite Runde besteht aus einem Körperpeeling und in der dritten Runde erfolgt eine Hautpflege für den ganzen Körper. In jeder Runde erfolgen jeweils 3 Aroma-Aufgüsse, als Abschluss werden immer einen kleinen Snack und ein Getränk gereicht. Zusätzlich werden thematische bzw. jahreszeitliche Zeremonien angeboten. Preis pro Person 12,50 Euro Täglich um 14:00 und 19:00 Uhr | Mindestteilnehmer 3 Personen.

DIE SAUNA-ZEREMONIEN EINZIGARTIG

Pflegende Körperlotionen und Peelings werden hier nach eigenen Rezepturen angemischt. Hier wird in der Basis ganz einfache und gute Öle aus Oliven- oder Traubenkernen verwendet. Je nach Saison werden Lavendel-, Rosenblüten,

54 Ahr-Thermen Bad Neuenahr »WIEDERAUFLEBEN«

BAD NEUENAHR

Felix-Rütten-Straße 3, 53474 Bad Neuenahr-Ahrweiler
02641 91 176 -0 | 02641 91 176 -260 | www.ahr-thermen.de

Zitronen-, und Orangenschalen genutzt um den Ölen ein jahreszeitliches Aroma zu geben. Auch Rotwein, Maisgries, Meersalz und Kaffee sind perfekte und dazu natürliche Schönheitslieferanten.

DAS SANARIUM®
52 °C

Das 52 °C warme, schön holzverkleidete Sanarium® bietet bis zu 25 Personen Platz unter farbchangierenden Deckenleuchten. Ein angenehmes Aroma liegt in der Luft. Ein guter Start in einen erholsamen Tag.

DIE TROCKEN-SAUNA
80 °C

Die dezent beleuchtete Trocken-Sauna mit Ausblick auf den Innenbereich der Sauna-Anlage wird mit 80 °C Temperatur betrieben. Gut 20 Personen werden somit ordentlich erhitzt.

DIE STERNEN-SAUNA
90 °C

90 °C herrschen in der Sternen-Sauna, die ihren Namen einem Sternenhimmel mit wechselnder Lichtintensität verdankt. Hinter dem seitlich aufgestellten Ofen mit Sauna-Steinen ist eine große Granitplatte angebracht.

DIE FINNISCHE SAUNA | BLOCK-SAUNA
100 °C

Dezentes Licht fällt in die Finnische Sauna, die für gut 25 Personen konzipiert ist, auf die rustikale Vertäfelung. 100 °C lassen Sie ordentlich ins Schwitzen kommen. Aufgüsse mit wechselnden Aromen werden mehrmals täglich zelebriert.

DAS RÖMISCHE DAMPFBAD
42 °C

Ein sehr feuchtes Klima herrscht in dem aromatisierten, 42 °C warmen Römischen Dampfbad. Kombi-Aufgüsse starten im Dampfbad und werden dann in der Block-Sauna vollendet.

DIE GALERIE-SAUNA
90 °C

Bis zu 30 Personen umrunden auf einer Empore den mittigen, ebenerdigen, großen, gemauerten Sauna-Ofen mit Sauna-Steinen in der Galerie-Sauna. Die spärliche Beleuchtung trägt neben der rustikalen Holzverkleidung zu der sehr urigen Atmosphäre dieser 90 °C warmen Blockhaus-Sauna aus massiven Rundstämmen bei.

Ahr-Thermen Bad Neuenahr »WIEDERAUFLEBEN«

Felix-Rütten-Straße 3, 53474 Bad Neuenahr-Ahrweiler
02641 91 176 -0 | 02641 91 176 -260 | www.ahr-thermen.de

Die gegenüberliegende Aroma-Sauna mit begrüntem Dach erlaubt einen wunderschönen Ausblick in den Sauna-Garten. Aromatisiertes Wasser in einer Kupferschale verbreitet seinen Duft in der aus massiven Rundstämmen gebauten 80 °C warmen Sauna.

DIE AROMA-SAUNA
80 °C

Die Event-Sauna kann bis zu 50 Personen mit 95 °C ordentlich einheizen. Die rustikale Holzverkleidung erinnert an ursprüngliches Saunieren.

DIE EVENT-SAUNA
95 °C

Im Innenbereich der Anlage finden Sie neben dem großen, runden Tauchbecken mehrere Warm-Kalt-Brausen, Kneippschläuche und eine Schwalldusche. Die Duschnische im Sauna-Garten wartet mit weiteren Abkühlmöglichkeiten auf.

DAS ABKÜHLEN

Hochgewachsene Bäume und schöne Hügellandschaften säumen den großen, weitläufigen und idyllischen Sauna-Garten. Sportlich betätigen können Sie sich im Vita-Parcours, der mit sechs Attraktionen bestückt ist. Über einen überdachten Fußweg gelangen Sie vorbei an einem üppig bepflanzten Biotop und diversen grünen Ruheinseln zum hinteren Teil des Sauna-Gartens, wo die drei Außen-Saunen und das Außenbecken bereit stehen. Viele bequeme Liegen verteilen sich über den Sauna-Garten.

DER AUSSENBEREICH

Das auf 26 °C erwärmte Außenbecken liegt zentral zwischen den Außen-Saunen im hinteren Teil des Sauna-Gartens. Thermalwasser und eine Gegenstromanlage machen die nasse Erholung zum puren Erlebnis.

DAS SCHWIMMBAD

Der innenliegende große, rundliche Ruheraum mit an die 30 Liegen gestaltet sich dank vieler Fenster hell und freundlich. Die Entspannungs-Oase im Sauna-Garten beinhaltet einen regional gestalteten Ruheraum über zwei Ebenen mit gemütlichen Liegen und Auflagen sowie herrlichem Ausblick in die äußere Sauna-Landschaft.

RUHEMÖGLICHKEITEN

Lassen Sie sich mit Kosmetikanwendungen, Entspannungsmassagen, Teilkörpermassagen und erfrischenden Massagen mit Aroma-Ölen so richtig verwöhnen.

WELLNESS L KOSMETIK

Eine Sauna-Bar bietet Ihnen Salate sowie kalte Kleinigkeiten. Das Restaurant im Badebereich mit einladendem Biergarten beköstigt Sie darüber hinaus mit einer wechselnden Monatskarte, Tagesgerichten mit saisonalen und regionalen Produkten.

GASTRONOMIE

Alle in Anspruch genommenen Leistungen inklusive des Eintritts werden auf einen Chip gebongt und im Nachhinein beglichen.

ZAHLUNGSVERKEHR

Direkt an der Anlage finden Sie ein großes Parkhaus, in dem Sie für 2,50 Euro als Sondertarif parken können. Parktickets können in den Ahr-Thermen eingetauscht werden.

PARKMÖGLICHKEITEN

56 monte mare Bedburg »MEINE PAUSE VOM ALLTAG!«

BEDBURG
GUTSCHEINHEFT S. 3

Monte-Mare-Weg 1, 50181 Bedburg
02272 906800 | www.monte-mare.de/bedburg

GEBOTEN WIRD:

DAS RESÜMEE

Bali ist für die meisten eine Trauminsel, die unerreichbar weit entfernt in der Südsee liegt. Im Rheinland können Sie sich seit Frühjahr 2010 diesen Urlaubstraum täglich ein Stück weit erfüllen. Das monte mare in Bedburg bietet erholsame Stunden in fernöstlichem Ambiente zu erschwinglichen Preisen. Dabei entspricht das Sauna- und WellnessResort gehobenen Ansprüchen. Alles ist großzügig ausgelegt, selbst bei starkem Besucherandrang kommt niemals ein Gefühl von Enge auf. Für Sportler und Familien steht eine lichtdurchflutete Schwimmhalle bereit, die nicht nur Bahnen schwimmen erlaubt, sondern auch einen Sprungturm, ein warmes Lehrschwimm- und Entspannungsbecken sowie ein kleinkindgerechtes Planschbecken beherbergt. Das Hauptaugenmerk wurde auf die Sauna- und Wellnesslandschaft gelegt, die an Gemütlichkeit und Exklusivität im weiten Umkreis ihresgleichen sucht. Hier wird Entspannung wirklich groß geschrieben und jeder Besucher findet sein Plätzchen zur ungestörten Erholung. Neun verschiedene Schwitzräume lassen das Herz eines jeden Saunafans höher schlagen. Alles ist behindertengerecht und barrierefrei eingerichtet. Kinder unter 16 Jahren haben in den Saunabereich keinen Zutritt.

DER SAUNABEREICH

In der weitläufigen Anlage finden Sie sich schnell zurecht. In der Anlage befinden sich ein Übersichtsplan zur besseren Orientierung sowie eine Saunatafel mit allen Aufgüssen. So haben Sie es leicht, die Ihrem Geschmack entsprechenden Aufgüsse auszuwählen.

DER EMPFANG

Hier beginnt Ihr Kurz-Urlaub auf Bali. Auf Wunsch erhalten Sie hier leihweise Bademäntel und Handtücher. Zudem bietet der Ambiente-Shop eine reichhaltige Auswahl an Dekorationsartikeln.

monte mare Bedburg »MEINE PAUSE VOM ALLTAG!«

Monte-Mare-Weg 1, 50181 Bedburg
02272 906800 | www.monte-mare.de/bedburg

BEDBURG

Montag bis Donnerstag von 9:00 – 23:00 Uhr | Freitag und Samstag von 9:00 – 24:00 Uhr | Sonntags von 9:00 – 21:00 Uhr.

DIE ÖFFNUNGSZEITEN

2 Stunden 19,50 Euro | 4 Stunden 27,50 Euro | Tageskarte 33,00 Euro. | Zuschlag für Wochenende/Feiertage 3,00 Euro. Frühstarter-Tarif (werktags von Mo. – Fr. zwischen 9:00 – 15:00 Uhr) 24,50 Euro. Der Besuch des Hallenbades ist stets im Preis inbegriffen.

DIE PREISE

Der Umkleidebereich für die Saunagäste weist über 300 große Schränke auf. Die Schrankwahl ist frei, Pfand ist nicht zu hinterlegen. Damen und Herren kleiden sich gemeinsam um. Weitere 500 Umkleideschränke finden sich im Sportbad. Die Duschen sind für Männer und Frauen getrennt.

UMKLEIDEN | DUSCHEN

Rund 50 Saunafreunde finden in der Zeremonien-Sauna Platz. Mehrmals täglich erfolgen Erlebnis-Aufgüsse bei 85 °C. Der Doppelofen bietet dafür ausreichend Energie. Eine Sammlung steinerner Portrait-Köpfe in einer Wandnische unterstreicht das anspruchsvolle Ambiente.

DIE SAUNEN

DIE ZEREMONIEN-SAUNA
85 °C

Auch automatische Aufgüsse können ein Erlebnis sein. Auf vier Sitzstufen vermögen dies über 50 Besucher in der Savannen-Sauna gemeinsam festzustellen. Bei 90 °C und 20 % Luftfeuchtigkeit begießt eine Automatik alle 30 Minuten beide nebeneinander stehenden Öfen wechselseitig. Die heißen Ofensteine quittieren dies mit heftigem Dampfausbruch.

DIE SAVANNEN-SAUNA
90 °C | 20 %

monte mare Bedburg »MEINE PAUSE VOM ALLTAG!«

Monte-Mare-Weg 1, 50181 Bedburg
02272 906800 | www.monte-mare.de/bedburg

DIE MEDITATIONS-SAUNA
60 °C | 40 %

Kommen Sie in der großzügigen Sauna ins Schwitzen und haben Sie durch ein großes Fenster freien Blick auf den schönen Garten. Hier herrschen 60 – 80 °C bei 40 % Luftfeuchtigkeit. Etwa 40 Gäste können sich entspannt auf den breiten Sitzreihen ausstrecken und die Ruhe genießen. Eine Farbwechsel-Deckenleuchte und vier farblich schillernde Wandleuchten sorgen für immer neue Eindrücke.

DAS TROPISCHE REGENBAD

Ein zweites Dampfbad für maximal sechs Personen bietet als Highlight eine Regendusche und Farbwechsel-Spotlights.

DAS BALINESISCHE SCHWITZBAD, 50 °C

Ein Buddha wacht in der Raummitte über das Wohl seiner Gäste in der Infrarotsauna. Im roten Licht kommen bis zu 20 Gäste bei 50 °C sanft ins Schwitzen.

DIE FEUER-SAUNA
100 °C

Heiß her geht es in der mit »Kelo«-Hölzern und gemauertem Naturstein ausgestatteten Feuer-Sauna. Hier finden bei 100 °C auch regelmäßig Aufgüsse statt. Rund 50 Plätze auf drei Sitzstufen stehen den Gästen im Schein des holzbefeuerten Kaminofens zur Verfügung.

DIE GARTEN-SAUNA
80 °C | 25 %

In der größten Aufguss-Sauna werden die Zeremonien bei 80 °C und 25 % Luftfeuchtigkeit durchgeführt. Hier finden über 120 Gäste in drei Sitzhöhen um den großen Zentralofen herum Platz.

DIE WASSER-SAUNA
70 °C | 30 %

Auf dem See, über einen langen Holzsteg erreichbar, befindet sich die Wasser- Sauna, die an eine balinesische Hütte erinnert. Bei angenehmen 70 °C und 30 % Luftfeuchtigkeit fällt es Ihnen leicht, hier ausgiebig zu verweilen. Den bis zu 40 Gästen

monte mare Bedburg »MEINE PAUSE VOM ALLTAG!«

Monte-Mare-Weg 1, 50181 Bedburg
02272 906800 | www.monte-mare.de/bedburg

bietet sich nicht nur der Blick auf einen gemauerten Riesenofen mit Verdampfer-Kessel, sondern auch über den See und den Garten. Nach dem Schwitzen treffen Sie sich auf der umlaufenden Terrasse zum Abdampfen und Relaxen. Wie auch die beiden anderen Außen-Saunen verfügt die Wasser-Sauna über einen großen Vorraum, wo Sie Ihren Bademantel wettergeschützt aufhängen können.

An die Zeremonien-Sauna grenzt die große Duschgrotte mit einem Dutzend regelbarer Duschen, zwei Schwallduschen sowie einer Kübeldusche und einem Kneippschlauch. Danach geht es ins kühle Entspannungsbecken oder Sie reiben sich mit Eisschnee aus dem Brunnen ein. Im Saunagarten finden sich weitere 15 regelbare Brausen sowie ein Duschhaus mit noch einmal jeweils fünf Duschgelegenheiten.

DAS ABKÜHLEN

Der weitläufige, von hohen Bäumen gesäumte Saunagarten bietet mit über 15.000 qm Fläche genügend Gelegenheit für einen ausgiebigen Spaziergang. Dabei umrunden Sie einen 2.700 qm großen Natursee. Gemütliche Liegen, Pavillons und Kuschel-Inseln laden zum Verweilen ein.

DIE AUSSENANLAGE

60 monte mare Bedburg »MEINE PAUSE VOM ALLTAG!«

BEDBURG

Monte-Mare-Weg 1, 50181 Bedburg
02272 906800 | www.monte-mare.de/bedburg

WARMWASSERBECKEN | FUSSBÄDER

Zwei warme, etwas erhöht installierte Whirlpools mit schönem Ausblick finden sich im Garten. Ebenso gemütlich und zudem noch gesundheitsfördernd ist der Aufenthalt im 100 qm großen Sole-Außenbecken bei 32 °C Wassertemperatur. Jeweils zwei Sprudelliegen in jeder Ecke des Beckens laden vor allem abends zum Träumen ein. Fußwechselbäder genießen Sie im Innenbereich am Kalttauchbecken.

RUHEMÖGLICHKEITEN

Ebenso vielfältig wie die Schwitzgelegenheiten sind auch die Ruhemöglichkeiten im monte mare. Sowohl im Erdgeschoss als auch in der ersten Etage finden Sie gemütliche Lounges mit flackerndem Kaminofen und unzähligen bequemen Sesseln sowie Dutzende von Liegen. Ein großes Liegepodest für mind. acht Personen lädt neben dem Restaurant zum Träumen ein. Wer es noch ruhiger mag, fühlt sich in der ersten Etage in vier Schlafräumen, die jedem Sultan zur Ehre gereichen würden, wohl. Hier gehören auch Doppel-Wasserbetten und Kuschel-Inseln zum Inventar. Im Garten finden Sie zudem eine große, allseitig verglaste Ruhehalle mit 40 weiteren Liegen. Im Sommer sind die bequemen Plätze auf der Terrasse am Begehrtesten.

monte mare Bedburg »MEINE PAUSE VOM ALLTAG!«

Monte-Mare-Weg 1, 50181 Bedburg
02272 906800 | www.monte-mare.de/bedburg

BEDBURG

Wirklich entspannende Stunden erleben Sie in der Wellness-Abteilung im Obergeschoss. Schon der Empfang mit gemütlicher Teebar vermittelt ein Gefühl der Geborgenheit. Architektonische Highlights sind hier der balinesische Hamam-Tempel sowie das im gleichen Stil gestaltete Schlammbad. Das Verwöhn-Programm umfasst unter anderem Lotus- und Pijat-Massage, Rituale wie Rajawatu oder Jumanah, Rasul-Peeling und verschiedene Ayurveda-Anwendungen. Besonders empfehlenswert ist die von zwei Masseurinnen gleichzeitig ausgeführte Synchron-Massage, neben den Hamam-Massagen und dem Serailbad schon fast ein Muss. Exotische Peelings mit Kaffee, Gewürzen und Zitrusfrüchten sowie Verwöhnbäder gehören ebenfalls zum Angebot. Verschiedene Wellness-Arrangements machen den Urlaubstag im monte mare zum unvergesslichen Erlebnis.

MASSAGEN | WELLNESS

Gleich nebenan sorgen zwei moderne Solarien für Wohlbefinden und Urlaubs-Bräune.

SOLARIEN

Das großzügig angelegte Saunarestaurant mit 100 Plätzen innen und großer Sommerterrasse bietet ein vielfältiges Angebot an Speisen und Getränken. Hier wird nicht nur der Gaumen verwöhnt, sondern auch das Auge isst mit. Die Nutzung des Restaurants ist nur im Bademantel gestattet.

GASTRONOMIE

Alle Zusatzleistungen können bargeldlos auf den Chipcoin gebucht und erst beim Austritt beglichen werden.

ZAHLUNGSVERKEHR

Eine große, kostenlose Parkfläche mit 300 Stellplätzen ist direkt am Bad vorhanden. Hier finden auch Wohnmobile genügend Platz.

PARKMÖGLICHKEITEN

Mediterana
»IHRE URLAUBS- UND ENTSPANNUNGSWELTEN IN BERGISCH GLADBACH«

📍 Saaler Mühle 1, 51429 Bergisch Gladbach-Bensberg | ☎ 02204 2020 | 🌐 www.mediterana.de

EINGANG

GEBOTEN WIRD:

DAS RESÜMEE — Entspannung und Luxus pur in Europas schönster Wellness- und Urlaubsoase. Das Mediterana in Bergisch Gladbach setzt mit seiner 5-Säulen-Philosophie, basierend auf Sport, Wellness, Thermal- & Vitalquellen, Massage & Beauty sowie Gastronomie, höchsten Standard und bietet puren Luxus. Ob gesundes Baden in den Thermal- und Vitalquellen, individuell angepasste Bewegungsprogramme im Sportbereich oder SPA- und Sauna-Anwendungen – auf insgesamt 52.000 qm finden Sie eine Thermen-, Sport- und Wellness-Landschaft ganz nach Ihren Wünschen. Das Mediterana macht jeden Aufenthalt zu einem Erlebnis für Körper, Geist, Herz und Seele – berauscht von den Farben, Formen und Düften des Orients.

DIE GRÖSSE — Die Gesamtgröße beträgt rund 52.000 qm, davon sind 11.000 qm Sauna- und Wellnessbereich, 4.000 qm Thermal- und Vitalquellen und 1.000 qm Fitnessbereich.

DER EMPFANG — Vom zentralen Empfang gelangen Sie in alle Bereiche des Hauses. Bademäntel, Badeschuhe sowie Saunatücher können hier gemietet oder käuflich erworben werden. Des Weiteren gibt es eine Boutique, in der Sie diverse orientalische Deko-Artikel, Wellness-Utensilien, Möbel sowie hauseigene Pflege- und Wellnessprodukte wie Badesalze, Rosencreme und Arganöl käuflich erwerben können.

Das Haus ist so eingerichtet, dass auch Rollstuhlfahrer den größten Teil der Wellness- und Urlaubswelten nutzen können. Einige wenige Orte sind durch Stufen nicht ganz so leicht befahrbar, die freundlichen Mitarbeiter helfen Ihnen jedoch sehr gerne, wenn Hilfe benötigt wird. Im Thermalbad wird Ihnen einen Lift zum besseren Einstieg ins Wasser angeboten.

Mediterana
»IHRE URLAUBS- UND ENTSPANNUNGSWELTEN IN BERGISCH GLADBACH«

📍 Saaler Mühle 1, 51429 Bergisch Gladbach-Bensberg | ☎ 02204 2020 | 🌐 www.mediterana.de

BERGISCH GLADBACH
GUTSCHEINHEFT S. 3

Die aktuellen Preise und Öffnungszeiten entnehmen Sie bitte der Homepage.

DIE ÖFFNUNGSZEITEN UND PREISE

Im Wellnessbereich gibt es neben drei gemischten Umkleiden eine separate Damenumkleide. Im Thermalbad wie auch im Spa- & Sportsbereich sind die Umkleiden getrennt. Duschen sind in jeder Umkleide vorhanden. Außerdem gibt es weiterhin eine separate Behindertenumkleide mit eigener Dusche.

UMKLEIDEN | DUSCHEN

Insgesamt stehen Ihnen 15 verschiedene Sauna- und Bäderkreationen zur Verfügung, die sich in zwei themenorientierten Urlaubswelten befinden.

DIE SAUNEN

Der Lehre vom langen und gesunden Leben – dem indischen Ayurveda mit seinen drei Lebensenergietypen – ist diese Bäderkreation gewidmet. Das Rajasthanihaus ist typisch indischen Lehmhütten nachempfunden. Auf dem Fussboden liegen Teppiche, die Lehmwände schmücken Glas- und Spiegelscherben sowie aus Pappmaché gefertigte kleine Schränke und Öfen, Fenster und Wände sind mit den typisch weißen Bemalungen verziert.

INDISCH-ARABISCH
RAJASTHANIHAUS
85 °C | 15 %

Einzigartige Klanginstallationen laden Sie ein, Ihren Blick durch die Panoramafenster schweifen zu lassen. Bei sanfter Wärme und auf bequemen und für Ihre völlige Entspannung dem Körper optimal angepassten Holzliegen können Sie sich zunächst den sachten Klängen und wohltuenden Düften aus anderen Welten hingeben. Sie helfen Ihnen, Ihre Alltagssorgen hinter sich zu lassen und beim Blick aus dem Fenster neue Kraft und frischen Mut zu schöpfen.

HAUS DER MEDITATION
60 °C | 15 %

V.L. HAUS DER MEDITATION

SONNENGARTEN

BERGISCH GLADBACH   **64 Mediterana**
»IHRE URLAUBS- UND ENTSPANNUNGSWELTEN IN BERGISCH GLADBACH«

Saaler Mühle 1, 51429 Bergisch Gladbach-Bensberg | 02204 2020 | www.mediterana.de

HAUS DER ELEMENTE

HAUS DER ELEMENTE
80 °C | 15 %

In einer kommunikativen Runde setzen Sie sich um das in der Mitte brennende Feuer, während Ihre Füße in einem angenehmen Fußbad verweilen. Das Feuer ist das stärkste aller Elemente, steht es doch für Kraft, Energie und Vergänglichkeit und Neubeginn. Als Gegenpol zum kräftigen Feuer erstreckt sich das Element Wasser in dem wohltemperierten Fußbecken und spiegelt seine beruhigenden Bewegungen sanft an der Decke und in den mit marokkanischer Spatula-Technik verputzten Wänden wieder.

PERSISCHES EDELSTEINBAD
55 °C | 100 %

Begeben Sie sich ins Persische Edelsteinbad und genießen Sie die Faszination der Edelsteine mit ihren einzigartigen Formen und Farben sowie ihrer heilenden Wirkung. Durch die aufwendige Architektur und die handbemalten, tunesischen Fliesen scheinen die Badetraditionen des antiken Persiens eine Wiederbelebung zu erfahren. Machen Sie es sich auf den komfortablen Marmorsitzen bequem, genießen Sie diese besondere Atmosphäre und lassen Sie die Edelsteine ganz bewusst auf sich wirken.

SPANISCH-MAURISCH
ROSENTEMPEL
65 °C | 20 %

Inmitten von kostbarem, handbearbeitetem und hinterleuchtetem Sardonyx sowie edelstem Rosenmarmor werden Sie mit unwiderstehlichem Rosenduft betört. Das Bad widmet einer der ältesten und schon seit der Antike hoch geschätzten Kulturpflanze einen eigenen Tempel. In diesem vermischen sich Duft und Raum zu einer harmonischen Einheit für alle Sinne. Schon auf dem Weg zum Rosentempel können Sie den unvergleichlichen Geruch der »Königin der Blumen« erschnuppern, sodass Sie ganz sicher auch ohne jede Wegführung ans Ziel gelangen. Treten Sie ein, geben Sie sich diesem Rausch für die Sinne hin und genießen Sie in vollen Zügen die harmonisierende Wirkung der Rose.

BAIN ARABISANCES
60 °C | 60 %

Traditionelle marokkanische Architektur prägt diese in Deutschland einmalige Lehmziegelsauna. Eine einzigartige Begegnung mit Wärme und Aroma erwartet Sie in dieser angenehm temperierten Bäderkreation beim stärkenden Duft des Eukalyptus. Ursprünglich in Australien beheimatet, wurde der Eukalyptus auch im Mittelmeer-

Mediterana
»IHRE URLAUBS- UND ENTSPANNUNGSWELTEN IN BERGISCH GLADBACH«

Saaler Mühle 1, 51429 Bergisch Gladbach-Bensberg | 02204 2020 | www.mediterana.de

BERGISCH GLADBACH

raum mit mehr als 50 bekannten Sorten heimisch. Der befreiende Effekt auf die Atemwege, den man schon beim Betreten spürt, ist nur eine der vielen nachgewiesenen Wirkungen dieser Pflanze. Darüber hinaus gelten die heilsamen Blätter als belebend und erfrischend, vorbeugend und motivierend.

Stimmungsvolle Atmosphäre für sinnliches Genießen inmitten zahlreicher marokkanischer Lampen und einem herrlichen Blick auf die malerische Seenlandschaft. Die in violett gehaltenen Wände sind mit der traditionellen marokkanischen Spatula-Technik verputzt. In der Kerzensauna kommen diese Wände besonders gut zur Geltung, denn sie scheinen das Licht geradezu einzufangen, um es in einer schillernden Farbigkeit zu reflektieren. Auch die Hitze wird von dieser Oberfläche auf optimale Weise wieder abgegeben, sodass ein äußerst angenehmes Raumklima entsteht.

KERZENSAUNA
80 °C | 10 %

Dieser europaweit einzigartige Wärme- und Inhalationsraum mit seinem beruhigenden, rosafarbenen Glanz der Kristalle ist wohltuend für Körper und Seele. Beim Eintreten in den rundum mit rosa Salzsteinen ausgekleideten Raum empfängt Sie der Buddha mit erhobender rechter Hand, dessen Handfläche nach außen weist. Es ist eine Haltung, die Furchtlosigkeit und Schutz ausdrückt und Sie einlädt, sich in die Obhut der heilsamen Salzsteine zu begeben. Im sanften Glanz der Kristalle beruhigt die Kraft des Salzes die Atemwege, ist anregend für den Stoffwechsel und wirkt heilsam auf den gesamten Körper.

HIMALAYA SALZSTOLLEN
65 °C | 12 %

Genießen Sie die wohltuende Hitze in einer Welt aus heilendem Goldquarz und Urgestein, abgebaut an den steilen Hängen des westlichen Himalaya Hochgebirges. Nicht irgendein Stein kommt hier zum Einsatz. Seidig glänzende Goldquarze und Urgesteine reihen sich in massiven Steinwänden aneinander. Kreuzritter und frühe Entdecker sollen das Tigerauge im Mittelalter immer bei sich getragen haben, denn es schützt angeblich vor zornigen Blicken und Zauber. Darüber hinaus sagt man dem Goldquarz nach, er stärke das Selbstvertrauen, wirke ausgleichend auf das Gemüt und sorge für gute Stimmung. Wie ein schützendes und undurchdringliches Schild reflektiert das Gestein die sehr starke Hitze und sorgt bei einer relativ niedrigen Luftfeuchte für eine Temperatur, die Körper und Geist fordert und anregt.

STEINSAUNA
90 °C | 10 %

V.L. HIMALAYA SALZSTOLLEN
KERZENSAUNA

Mediterana

BERGISCH GLADBACH

»IHRE URLAUBS- UND ENTSPANNUNGSWELTEN IN BERGISCH GLADBACH«

Saaler Mühle 1, 51429 Bergisch Gladbach-Bensberg | 02204 2020 | www.mediterana.de

V. L. RAJASTHANIHAUS
MAURISCHES DAMPFBAD

FINCA SAUNA
85 °C | 8 %

Schwitzen Sie beim Anblick des knisternden Kaminfeuers. Originale Lubinahölzer von den Balearen verbreiten einen herrlichen Duft sommerlich mediterraner Wälder. Hier kann man ein kleines Stück dieses duftenden südländischen Paradieses hautnah erleben. Die warmen Rot-, Orange- und Erdtöne im Raum und der besonders atmungsaktive, traditionell ibizenkische Lehmputz an den Wänden schaffen zusammen mit dem ab nachmittags lodernden Feuer im Kamin eine warme, heimelige Atmosphäre. Die Finca Sauna ist eine der heißesten und mit nur 8 % Luftfeuchte die trockenste Sauna im Mediterana.

BUENA VISTA SAUNA
70 °C | 20 %

Die Ruhe- und Meditationssauna mit Musik gewährt bei mediterranem Duft der Orange Entspannung pur. Die Bäderkreation mit den großen handbemalten Fliesen im spanischen Stil wird wegen ihrer freundlichen, südländischen Atmosphäre sehr geschätzt. Hier ist ein echter Lieblingsplatz entstanden, der mit seinem zauberhaften Ausblick durch die großen Fenster hält, was der Name verspricht.

ANDALUSISCHES SCHWITZBAD
45 °C | 15 %

Andalusien blickt auf eine glanzvolle Geschichte und eine märchenhafte Baukunst der Muslime zurück. Ein Hauch davon ist im Andalusischen Schwitzbad zu fühlen. Während die Wärme sich ganz langsam im Körper ausbreitet, streift der Blick ein ums andere Mal über die wertvollen, handgearbeiteten Mosaiken und Reliefs an den Wänden. Jetzt nur noch auf den Tadelaktbänken bequem zurücklehnen und spüren, wie sich der Körper sanft erhitzt.

ORIENTALISCHES BAD
32 °C | 60 %

Diese mild gewärmte Bäderkreation ist in Form eines klassischen Hamams errichtet. Hier finden orientalisch pflegende Eigenanwendungen wie Rhassoul, Savon Beldi und saisonale Edelsteinpeelings statt. Ein kleines Dampfbad mit 55 °C und 100 % LF ist ebenfalls vorhanden.

CATALANISCHES KRÄUTERBAD
80 °C | 25 %

Was für ein Duft! Schon beim Eintritt in das Catalanische Kräuterbad steigt einem das Mittelmeer förmlich in die Nase. Es riecht nach Thymian, Lavendel, Rosmarin und Salbei. In der Ecke steht eine antike marokkanische Destillationsanlage. Hier können Sie zu jeder Jahreszeit belebende Mittelmeeraromen in sich aufnehmen und eine Duftreise der ganz besonderen Art erleben.

Mediterana
»IHRE URLAUBS- UND ENTSPANNUNGSWELTEN IN BERGISCH GLADBACH«

📍 Saaler Mühle 1, 51429 Bergisch Gladbach-Bensberg | ☎ 02204 2020 | 🌐 www.mediterana.de

BERGISCH GLADBACH

Beim Eintritt ins Maurische Dampfbad wird man von dickem Dampf wunderbar eingehüllt. Im Inneren sind es die typischen maurischen Fliesen und zwei wunderschöne Brunnen, die den Aufenthalt zu einer kleinen Reise in den Orient werden lassen. Auf komfortablen Marmorsitzen blickt man in das schöne Sternenzelt, das den Raum darüber ausfüllt.

MAURISCHES DAMPFBAD
55 °C | 100 %

In allen Duschen im Haus finden Sie Kneippschläuche. Des Weiteren finden Sie die besondere Abkühlung auch im Eisraum am Bain Arabisance sowie einem Tauchbecken neben dem Orientalischen Bad. Nach einem Besuch im Haus der Elemente bietet der daran angrenzenden Kneippgarten den gebührenden Abschluss, um Ihre Durchblutung zu fördern.

DAS ABKÜHLEN

Im Sonnengarten finden Sie bequeme Sonnenliegen zwischen duftenden Kräutern, verwunschenen Weinstöcken oder mediterranen Palmen. Dieser Garten hat nur einen Zweck: Entspannung und Genuß. Oder spazieren Sie durch die weitläufigen Arkaden und tanken neue Energie bei einem kleinen Snack an der Arkadenbar. Der Blick auf den Bensberger See oder die indischen Gartenanlagen laden zum Träumen und Verweilen ein. Inmitten eines andalusisch-maurischen Ambientes entspannen Sie im Wellnessgarten unter alten Olivenbäumen und genießen das südländische Urlaubsgefühl. Die gemütliche Poolbar bietet Ihnen dabei täglich frische Wellnessdrinks.

AUSSENANLAGE

V.L. INDISCHER POOLBEREICH

ARKADENGANG

INDISCH-ARABISCHER INNENHOF

INDISCHE KAMINLOUNGE

V. L. ENTSPANNUNGSBAD

SPRUDEL-SITZBAD

Mediterana

»Ihre Urlaubs- und Entspannungswelten in Bergisch Gladbach«

Saaler Mühle 1, 51429 Bergisch Gladbach-Bensberg | 02204 2020 | www.mediterana.de

THERMALBECKEN INNEN — Im Innenbereich finden Sie drei Thermalbecken. Das auf zwei Ebenen befindliche **Sprudel-Sitzbad** ist ein 35 °C warmes Hydrogencarbonatbecken, welches mit zahlreichen Massagedüsen ausgestattet ist. Hier werden bei täglich stattfindenden Zeremonien zusätzlich verschiedene saisonal wechselnde Mineralien und Spurenelemente in feinster Dosierung zugesetzt. Das 31 °C warme **Entspannungsbad** hat einen hohen Anteil an natürlichem Kalzium und ist mit Sauerstoff angereichert. Das 35 °C warme **Massagebad**, begrenzt durch zwei Wasserfälle, ist ebenfalls ein Hydrogencarbonat mit zahlreichen Unterwasser-Massagedüsen.

THERMALBECKEN AUSSEN — Im Außenbereich finden sich drei weitere Themalbecken. Im 31 °C warmen **Magnesium-Solebad** – eine dreiprozentigen Sole aus dem Salz des Toten Meeres – finden Sie zahlreiche Wasser-Massagedüsen über und unter Wasser. Das **Schwefel-Liegebad** mit seinem ca. 35 °C warmen und mit einem hohen Anteil an natürlichem Calcium und mit Schwefel angereichertem Wasser ist das wärmste Becken im Thermalbad. Sportliches Schwimmen ist im 27 °C kühlen **Schwimmbecken**, gespeist mit Mineralwasser aus der hauseigenen Quelle, besonders gut möglich.

RUHEMÖGLICHKEITEN — **Puppenhaus** – Ruhen Sie neben alten Holzpuppen und unter zahlreichen Marionetten. Fühlen Sie sich als Teil der indischen Dorfgemeinschaft, in der die Puppenspiele immer eine große Bedeutung hatten. | **Königszelt** – Auf bequemen Bodenmatten können Sie im Königszelt bei einer speziell kreierten Duftkomposition einen lauschigen Ruheplatz genießen. | **Baldachinraum** – Ob Sie auf einem Wasserbett ein neues Wohlgefühl kennenlernen oder sich unter dem Baldachin wie im Paradies fühlen möchten – dieser Raum inmitten kostbarer Antiquitäten ist der absoluten Ruhe vorbehalten. | **Maurischer Platz** – Lassen Sie sich durch das fröhliche Plätschern des Rosenbrunnens zur Kommunikation inspirieren. Hier zu sitzen, heißt, mittendrin zu sein und sich an mediterranem Urlaubsflair zu erfreuen. | **Indisch-arabischer Innenhof** – Inmitten dieses zentralen Platzes können Sie ruhen, verweilen oder spazieren. Entdecken Sie die Tore, Säulen und Kostbarkeiten der indischen Palast-Innenarchitektur. | **Marokkanischer Platz** – Ein exklusiver Ruhebereich

V. L. MAHARAJA SUITE

Mediterana
»IHRE URLAUBS- UND ENTSPANNUNGSWELTEN IN BERGISCH GLADBACH«

📍 Saaler Mühle 1, 51429 Bergisch Gladbach-Bensberg | ☎ 02204 2020 | 🌐 www.mediterana.de

BERGISCH GLADBACH

PUPPENHAUS

rund um den sternförmigen Marmorbrunnen. Beim Blick auf den Sternenhimmel und die traumhaften Deckenmalereien ist es ein Leichtes, einfach abzuschalten. | **Maharaja Suite** – Tauchen Sie ein in das Leben der Maharajas und erahnen Sie, wie prunkvoll und fantastisch die damaligen Herrscher in ihren prächtigen Palästen lebten. | **Berberzelt** – Ein Gefühl von tiefer Ruhe überkommt jeden, der sich in diesem – einem Nomadenzelt nachempfunden – Ruheraum eine Auszeit gönnt. Begeben Sie sich einfach auf eine einzigartige Traum- und Gongreise. | **Balotra Galerie** – Zahlreiche Original-Stempel aus Indien schmücken diesen Ruheraum. Schnuppern Sie in das alte traditionelle Kunsthandwerk, dem Bedrucken von Textilien wie Saris, Schals und Tischwäsche hinein. | **Berber Lounge** – Begeben Sie sich auf die Spuren des ältesten Volkstammes in Nord-West-Afrika und bewundern Sie während Ihrer Ruhezeit die ausgestellten Kunstfertigkeiten der Berber.

WELLNESS | BEAUTY

Eine ideale Verbindung für Körper und Seele bietet das Verwöhnprogramm in der Beauty-Welt: Traditionelle regenerierende Peelings wie **Rhassoul** (eine wertvolle Heilerde aus Marokko) oder Seifen-Waschungen wie **Savon Beldi** oder **Hamam** sind neben den eigens im Mediterana entwickelten **Edelsteinpeelings** beliebte Pflegeanwendungen. Im Wellnessbereich stehen Ihnen vier **Solarien** der neuesten Generation zur Verfügung, die neben dem klassischen Bräunen auch reine Lichtaufnahme-Programme anbieten, die die Produktion von körpereigenem Collagen steigern.

MASSAGE | KOSMETIK

Individuelle Massage-Konzepte sowie exklusive Kosmetik-Behandlungen im neu konzipierten Massage- & Beautybereich ergänzen das vielseitige Angebot. Mit Hilfe eines Hautanalyseverfahrens kann dabei das optimale Treatment sowie eine individuelle Versorgung für die Haut bestimmt werden.

Hierbei können Sie aus einem großen Sortiment hochwertiger und nachhaltiger Naturkosmetik wählen.

HAMAM

Erleben Sie eine Hamam-Waschung auf orientalische Art mit kurzer Kopf- oder Ganzkörperseifenmassage. Dabei wärmen Sie sich zunächst für etwa zehn Minuten im 50 °C

BERGISCH GLADBACH

Mediterana
»IHRE URLAUBS- UND ENTSPANNUNGSWELTEN IN BERGISCH GLADBACH«

Saaler Mühle 1, 51429 Bergisch Gladbach-Bensberg | 02204 2020 | www.mediterana.de

HAMAM

warmen Persischen Edelsteindampfbad bei 100 % Luftfeuchtigkeit auf. Anschließend wird Ihre Haut mit einem Seidenhandschuh sanft abgerieben, um verstopfte Poren zu befreien. Danach wird Ihr Kopf-, Nacken- und Rückenbereich oder Ihr ganzer Körper in eine Seifenschaumdecke gehüllt und Sie können bei einer Massage abschalten.

ZUSATZANGEBOTE

Eigenanwendungen wie saisonale Edelsteinpeelings, Rhassoul oder Savon Beldi im Orientalischen Bad können täglich gebucht werden. Neben den besonderen und jahreszeitlich wechselnden Wellness-Zeremonien und Aufgüssen mit vielen Highlights und eigenen Musikkompositionen bietet die Saunalandschaft im Berberzelt täglich eine **Traum-** sowie eine **Gongreise** an. Statt der üblichen synthetischen Aufgussmittel werden ausschließlich ätherische Öle für die Zeremonien und Aufgüsse verwendet. Im Wellnessbereich stehen Ihnen vier Solarien der neuesten Generation zur Verfügung. Im Thermalbad werden entspannende Watsu Anwendungen sowie saisonal wechselnde **Wasserzeremonien** mit unterschiedlichen Salzen angeboten. Neben verschiedenen Mitgliedschaften bietet das Mediterana **»VIP-Karten«** mit rabattierten Eintritten und Sondervergünstigungen an.

HAUSEIGENE QUELLE

Die Grundlage für die Qualität des Mediterana-Wassers ist das hauseigene natriumarme und calciumreiche Mineralwasser, welches aus ca. 100 Meter Tiefe auf dem eigenen Grundstück gefördert und mit der Grandertechnologie aufbereitet wird. Dadurch wird das Wasser sanft und weich.

EVENTS

Jede Woche verwöhnen Sie international bekannte und ausgesuchte Musiker mit entspannender Live-Musik und verbreiten eine einzigartige Atmosphäre.

GASTRONOMIE

Das Restaurant Villa Verde – Gönnen Sie sich in diesem schön gestalteten Restaurant oder auf der herrlichen Sonnenterrasse eine kulinarische Pause. Wählen Sie Ihr Lieblingsgericht aus der abwechslungsreichen Speisekarte oder suchen Sie es sich selbst aus der Frische-Vitrine aus und schauen Sie den Köchen zu, wie Ihre Speisen beim »Frontcooking« frisch zubereitet werden. Gekocht wird dabei vorwiegend

Mediterana
»IHRE URLAUBS- UND ENTSPANNUNGSWELTEN IN BERGISCH GLADBACH«

Saaler Mühle 1, 51429 Bergisch Gladbach-Bensberg | 02204 2020 | www.mediterana.de

mit marktfrischen Produkten von ausgesuchten regionalen Biobauern. | **Die Lounge Casablanca** – In typisch marokkanischer Architektur können Sie in aller Ruhe ein frisches Frühstück mit Honig aus eigener Herstellung genießen oder gemütlich bei Kaffee und Kuchen plaudern. Aber auch wer eine kleine Mahlzeit für zwischendurch sucht, wird hier fündig. Ob frische Salate, Pasta oder ein »Harira« – ein aromatischer traditioneller marokkanischer Eintopf mit Rindfleisch, roten Linsen und Kichererbsen. Der Probierfreudige erhält einen Einblick in die orientalische Küche. | **Das Spa & Sports Bistro** – Dies ist der Treffpunkt für einen kleinen Snack nach einem Aufenthalt im Wasser und an der frischen Luft. Ein Klassiker bei den Gästen ist das knusprige Steinofenbaguette mit Thunfischcreme, Oliven und Zwiebelringen. | **Arkadenbar** – Genießen Sie bei einer hausgemachten Limonade oder Eistee, einem köstlichen Kaffee oder einem exotischen Cocktail den Blick auf die großzügig gestaltete Gartenanlage des Mediterana. Spüren Sie die Ruhe und Faszination, die dieser Ort inmitten der prachtvollen Architektur ausstrahlt. | **Poolbar** – Auf der Terrasse an der Poolbar wähnt man sich an schönen Tagen mitten auf einer zentralen Piazza eines kleinen Städtchens irgendwo im Mittelmeer. Ringsum reihen sich die verschiedenen Gebäude eng aneinander, das Wasser glitzert in der Sonne. Hier sitzt man wie im Urlaub im Süden, und wer schon mal dort war, weiß, wie sich das anfühlt – irgendwie frei, fern von allem, Teil einer Welt, in der alles möglich zu sein scheint.

ZAHLUNGSVERKEHR

Der Eintritt wird nach vorheriger telefonischer Reservierung (02204-2020) beim Check-In an der Rezeption gezahlt. Arrangements oder Massagen & Anwendungen müssen online separat gebucht und gezahlt werden (PayPal / Kreditkarte). Im Haus wird anhand eines Chipcoins im Schlüsselband bargeldlos bezahlt. Alle in Anspruch genommenen Leistungen werden dann bei Verlassen des Hauses beglichen.

PARKMÖGLICHKEITEN

Unmittelbar an der Anlage stehen Parkplätze zur Verfügung. Sie parken dort als Gast für nur 2,00 Euro den ganzen Tag. Ein benachbarter, öffentlicher Parkplatz ist kostenfrei nutzbar.

RESTAURANT VILLA VERDE

72 HallenFreizeitBad »SPIEL, SPASS UND ERHOLUNG FÜR DIE GANZE FAMILIE«

BORNHEIM
GUTSCHEINHEFT S. 5

StadtBetriebBornheim, Rilkestraße 3, 53332 Bornheim
02222 3716 | www.hallenfreizeitbad.de

GEBOTEN WIRD:

DAS RESÜMEE

Das HallenFreizeitBad Bornheim bietet abwechslungsreiches Freizeitvergnügen für die ganze Familie. Das Schwimmbad verfügt über ein 25 m Becken mit Beckentiefen von 1,25 m im Nichtschwimmerbereich bis 1,80 m im Schwimmerbereich. Die Bereiche sind durch eine Trennleine gekennzeichnet.

Das Springerbecken bietet mit einer 68 m langen Röhrenrutsche einen hohen Spaßfaktor für Jung und Alt bei einer Wassertiefe von 1,05 m. Der höhenverstellbare Hubboden wird regelmäßig auf 3,80 m gesenkt – dann steht der Sprungturm mit 1, 3 und 5 m im Mittelpunkt.

Für die kleinsten Gäste wurde der Kleinkindbereich mit Wasserspielen in der Schwimmhalle konzipiert. Darüber hinaus gibt es ein Eltern-Kind Becken mit angrenzender Familienumkleide. Die Saunalandschaft im HallenFreizeitBad Bornheim ist parkähnlich an das Schwimmbad und das Freibad angegliedert.

DER SAUNABEREICH

Aus der Schwimmhalle erreicht man über einen überdachten Weg zunächst das Saunahauptgebäude. Dort befinden sich der Umkleidebereich mit Wertschließfächern und die Duschen mit Toiletten (Damen und Herren getrennt). Den Mittelpunkt des Saunahaupthauses bildet ein Rondell mit Fußbecken. In jeder Ecke des Saunahaupthauses findet der Gast ein anderes Angebot: Schneckentauchbecken, Dampfbad, Biosauna und Kaltwasserstation. Ein kleiner Bistroraum mit Getränkeautomat ist von diesem Zentrum ebenso erreichbar wie die Erlebnisduschen und die sich stetig nachfüllende Eisschale. Hinter dem Gebäude beginnt die Saunalandschaft mit den verschiedenen Saunen und Ruhehäusern.

HallenFreizeitBad »SPIEL, SPASS UND ERHOLUNG FÜR DIE GANZE FAMILIE«

StadtBetriebBornheim, Rilkestraße 3, 53332 Bornheim
02222 3716 | www.hallenfreizeitbad.de

73
BORNHEIM

Das Saunahauptgebäude umfasst ca. 200 qm und die Außenfläche beträgt ca. 2.000 qm.	DIE GRÖSSE
An der Personalkasse können Handtücher und Badekleidung gegen eine geringe Leihgebühr ausgeliehen werden. Andere Bedarfsartikel (Schwimmflügel, Schwimmwindeln, etc.) können dort gekauft werden.	DER EMPFANG
Sauna: Montag bis Freitag 10:00 – 22:30 Uhr	Samstag 8:00 – 21:30 Uhr	Sonntag und Feiertage 8:00 – 19:00 Uhr	Sauna-XXL 19:00 – 24:00 Uhr (Termine siehe www.hallenfreizeitbad.de)	Donnerstag ist Damensauna

Schwimmbad: Montag bis Freitag: Frühschwimmen: 6:30 – 8:00 Uhr, Familienbad: 14:30 – 21:30 Uhr | Samstag, Sonntag und Feiertage: 8:00 – 19:00 Uhr

Freibad (15.05. – 15.09. Änderungen vorbehalten): Montag bis Freitag: 10:00 – 19:00 Uhr | Samstag und Sontag 8:00 – 19:00 Uhr | DIE ÖFFNUNGSZEITEN |
| Erwachsene – Tageskarte Schwimmen 6,00 Euro | Jugendliche Tageskarte Schwimmen 4,50 Euro | Aufpreis Sauna (nur mit Tageskarte Schwimmen buchbar): Vormittagstarif (4 Std. Mo – Fr, letzter Einlass 13:30 Uhr) 6,00 Euro | Zeittarif bis 4 Std. 9,00 Euro | Tageskarte 12,00 Euro | Nachlösung je angef. 30 Minuten (max. Diff. zu Tageskarte) 1,50 Euro | Zuschlag Samstag, Sonntag und Feiertagen: Zeittarif (4 Std.) 1,00 Euro, Tageskarte 2,00 Euro

Infos zu Monats- und Jahreskarten oder Geldwertkarten auf der Internetseite. | DIE PREISE |
Im Schwimmbad sind zahlreiche Umkleiden mit Wertschließfächern (2 Euro) und großzügige Duschen mit Toiletten (Damen und Herren getrennt). Im Saunahaupthaus befinden sich ein weiterer kleiner Umkleidebereich mit Wertschließfächern (2 Euro) sowie Duschen mit Toiletten (Damen und Herren getrennt).	UMKLEIDEN	DUSCHEN
Das HallenFreizeitBad Bornheim bietet mit 4 Saunen und einem Dampfbad Entspannung pur. Einen Aufgussplan finden Sie auf der Internetseite.	**DIE SAUNEN**
Die Niedertemperatursauna (Temperatur 65 – 70 °C, Luftfeuchtigkeit ca. 35 %) bietet schonende und inspirierende Erholung. Verschiedene Farb- und Musikeffekte laden zum Träumen ein und steigern körperliches und seelisches Wohlbefinden. Durch die geringe Luftfeuchtigkeit stellt sich die Schweißbildung nach etwa 20 bis 30 Minuten ein. Ein guter Start für Ihr Wellnessprogramm.	SANARIUM 65 – 70 °C	35 %
Bei Temperaturen von ca. 45 °C, einer Luftfeuchtigkeit von 100 % und dem orientalischen Ambiente werden hier nicht nur ihre Atemwege entspannt. Die Spezialbeleuchtung vermittelt den Eindruck eines flirrenden Sternenhimmels.	DAMPFBAD 45 °C	100 %

BORNHEIM

74 HallenFreizeitBad »SPIEL, SPASS UND ERHOLUNG FÜR DIE GANZE FAMILIE«

📍 StadtBetriebBornheim, Rilkestraße 3, 53332 Bornheim
📞 02222 3716 | 🌐 www.hallenfreizeitbad.de

ERDSAUNA
85 – 90 °C
Eine geheimnisvolle Höhlenatmosphäre garantiert Behaglichkeit und Wohlbefinden bei 85 – 90 °C. Das knisternde Holzfeuer sorgt zusätzlich für ein uriges Ambiente. Dieses rustikale Saunavergnügen lässt den Alltag und die Routine schnell vergessen. Hier werden die Wenik-Aufgüsse (mit Birken- oder Eichenlaub) zelebriert. Dank unterschiedlicher Intensität von mild bis stark ist für jede körperliche Konstitution ein Aufguss dabei.

KELOSAUNA
85 – 90 °C
Mit sanfter Entspannungsmusik vermittelt die Kelosauna unmittelbar das Gefühl von Urlaub und Entschleunigung. Hier werden abwechslungsreiche Aufgüsse (z.B. Frucht- oder Salz-Aufguss) bei einer Grundtemperatur von 85 – 90 °C angeboten. Auf der überdachten Terrasse findet jeder Saunagang unabhängig vom Wetter einen ansprechenden Ausklang. Das Keloholz sorgt für ein gemütliches Saunaerlebnis.

LOFTSAUNA
85 °C
Durch die höher gelegene Sitzbank bietet sich hier eine besondere Atmosphäre. Die vergleichsweise niedrigen Temperaturen von etwa 85 °C ermöglichen Ihnen durch die besondere Architektur ein intensives Saunaerlebnis. Durch das Platzangebot für 8 – 12 Personen können hier u.a. Meditationsaufgüsse angeboten werden.

DAS ABKÜHLEN
Auf dem Saunagelände und im Saunahaupthaus sind zahlreiche und vielfältige Kaltwasserduschen verteilt. Von Regenwald- über Schwalldusche bis hin zur Tippidusche findet jeder die für sich passende Abkühlung.

Das Schneckentauchbecken im Saunahaupthaus ermöglicht sanftes Eintauchen ins kühle Nass. An der Erdsauna und an der Tippidusche steht ein klassisches Edelstahltauchbecken.

AUSSENANLAGE
Die Gestaltung der Freiluftfläche erinnert an ein kleines Dorf und lädt Sie ein, den Tag im HallenFreizeitBad ausgiebig zu genießen. Über einen Rundweg sind alle Saunen und Ruhehäuser erreichbar.

HallenFreizeitBad »SPIEL, SPASS UND ERHOLUNG FÜR DIE GANZE FAMILIE«

StadtBetriebBornheim, Rilkestraße 3, 53332 Bornheim
02222 3716 | www.hallenfreizeitbad.de

BORNHEIM

Im Saunahaupthaus befindet sich ein Raum mit Getränkeautomat und Ruheliegen, im Saunadorf stehen 2 kleine und ein großes Ruhehaus mit insgesamt rund 20 Liegen. Die großzügige Terrasse am Saunahaupthaus sowie die überdachten Terrassen bei der Kelosauna bieten weitere Ruhemöglichkeiten mit Liegen.

RUHEMÖGLICHKEITEN

Im Eingangsbereich befindet sich zudem ein Solarium.

SOLARIUM

Sauna-XXL von 19:00 – 24:00 Uhr | Donnerstag ist Damensauna | Saunasommer: Bei 10 Besuchen von Mitte Mai bis Mitte September gibt es eine Tageskarte gratis (einlösbar bis 31.01. des Folgejahres) | Bornheim-Tag: Freier Eintritt ins Schwimmbad für alle Menschen, die in Bornheim wohnen (1. Wohnsitz) | Nähere Informationen und Termine finden Sie auf der Internetseite.

EVENTS

Von der Schwimmhalle aus erreichbar bietet die Gastronomie im Innenbereich etwa 40 Sitzplätze plus weitere 24 Sitzplätze auf der gemütlichen Außenterrasse. Hier bezahlen Sie mit Bargeld, da die Gastronomie verpachtet ist.

DIE GASTRONOMIE

Bezahlung der Eintrittsgebühren an der Personalkasse erfolgt mittels Bargeld, Geldwertkarten oder ab 5 Euro mit EC-Karte. Innerhalb wird Bargeld in der Gastronomie und für die Getränkeautomaten benötigt. Wertschließfächer befinden sich im Eingangsbereich sowie im Saunabereich. Keine Haftung für eingebrachte Wertgegenstände.

DIE BEZAHLUNG

Kostenlose Parkplätze direkt am HallenFreizeitBad und in fußläufiger Nähe!

PARKMÖGLICHKEITEN

76 Return Saunapark »Ein Urlaubstag im Grünen«

BRÜGGEN-BOERHOLZ
GUTSCHEINHEFT S. 5

Boerholz 72, 41379 Brüggen-Boerholz
02157 9992 | 02157 90400 | www.myreturn.club

GEBOTEN WIRD:

| DAS RESÜMEE | Saunieren hat Tradition im »Return Saunapark« in Boerholz! Neben den Wellness- und Sauna-Angeboten spielt der etwa 6.000 qm große Park eine zentrale Rolle. Großzügige Rasenflächen, ein alter Baumbestand, hügelig modellierte Landschaften, Natur- und Karpfenteich prägen das Bild. |

| DER EMPFANG | Am Empfang können Sie bei Bedarf Saunatücher, Bademäntel und Decken ausleihen sowie Badeschuhe käuflich erwerben. Auf Wunsch führt eine Mitarbeiterin Sie beim ersten Besuch gerne durch den Saunapark. |

| DIE ÖFFNUNGSZEITEN | Mo bis Sa von 10:00 – 23:00 Uhr | So von 10:00 – 21:00. | Montag ist Damentag. Jugendliche dürfen die Anlage ab 14 Jahren besuchen. Jeden 2. Samstag findet bis 1:00 Uhr die »lange Saunanacht« statt. Die Öffnungszeiten an den Feiertagen entnehmen Sie bitte der Homepage. |

| DIE PREISE | Tageseintritt inklusive 1 Wellness-Münze 31,00 Euro. |

| UMKLEIDEN | DUSCHEN | Sie nutzen den Gemeinschafts-Umkleidebereich, für Damen gibt es aber auch einen separaten Bereich. Geduscht wird gemeinsam im Warmduschbereich mit tropischer Regendusche. |

DIE SAUNEN Sechs Saunen, ein Dampfbad und eine Solegrotte stehen für Sie bereit. Regelmäßig wird in den verschiedenen Saunen aufgegossen. In der Kelo-Blockhaussauna finden 40 Personen bei etwa 85 °C Platz. Ein echtes Highlight ist die Feuer-Sauna außen. Etwa 30 Gäste haben aus der 75 – 85 °C warmen

Return Saunapark »Ein Urlaubstag im Grünen«

Boerholz 72, 41379 Brüggen-Boerholz
02157 9992 | 02157 90400 | www.myreturn.club

Sauna-Kabine einen herrlichen Blick in den Park. Die Farblicht-Aroma-Sauna verwöhnt bei 65 °C. Kleine Fenster bieten Rückzug, ätherische Öle verdampfen sanft aus einem Kessel oberhalb des Ofens. Zur kleinen Insel-Sauna gelangen Sie über einen Steg und entspannen bei etwa 90 °C. Ein besonderes Erlebnis für die Sinne bietet die Heu-Sauna bei 60 °C und eine urige Saunahütte mit 40 °C.

Echtes Meeresklima, rustikale Himalaya-Salzsteine und entspannende 50 °C – die Solegrotte ist nicht nur eine tolle Wellnesseinrichtung, sondern dient auch der Gesundheit der Atemwege und der Haut.

DIE SOLEGROTTE
50 °C

Der beliebte Badeklassiker: das Römische Dampfbad. Bei 45 °C, 100 % Luftfeuchte, Springbrunnen und Farblicht ist diese Badekabine eine echte Sauna-Alternative.

DAS DAMPFBAD
45 °C | 100 %

78 Return Saunapark »Ein Urlaubstag im Grünen«

BRÜGGEN-BOERHOLZ

Boerholz 72, 41379 Brüggen-Boerholz
02157 9992 | 02157 90400 | www.myreturn.club

DIE SAUNAHÜTTE
Die kleine, urgemütliche ‚Schwitzhütte' mit Panoramablick in den Saunapark ist besonders geeignet für Sauna-Anfänger und solche, die es nicht zu heiß mögen. Ein tolles Aroma betört Ihre Sinne.

DAS ABKÜHLEN CRUSHED ICE
Vom »Kalten Schauer« über das Wasserfall-Tauchbecken bis hin zur Crash-Ice-Bar ist das Abkühlen in allen Varianten möglich.

DAS KNEIPPEN
Auf neun verschiedene Arten werden Ihre Füße auf dem KneippWeg ›gekitzelt‹. Erleben Sie eine Fußreflexzonen-Massage der besonderen Art.

DIE AUSSENANLAGE
Wie bereits erwähnt, ein Glanzstück im »Return Saunapark«. Neben der Feuer-Sauna befindet sich der Finnische Außenpool, das heißt: Im Sommer können Sie wunderbar schwimmen, im Winter wird zur Abkühlung ein Loch in das Eis gehackt. Unmittelbar am Ruhehaus ist ein großzügiger Karpfenteich. Der WellnessPool mit Whirleffekt, Wirbelliegen und Massagestationen erweitert das Wellness-Spektrum des Return Saunaparks. Bei herrlich angenehmen Wassertemperaturen und kühlem Kopf lässt es sich noch schöner relaxen.

RUHEMÖGLICHKEITEN
Das Ruhe- und Lesezimmer ist im Obergeschoss, zur völligen Entspannung ziehen Sie sich ins Ruhehaus mit Boxspringbetten und zahlreichen Liegen am Kaminfeuer zurück oder relaxen Sie in der neuen Saunalounge. Im Sommer genießen Sie die große Liegewiese mit Pavillons, Strandkörben, Pagodenzelt und Ruheliegen ›satt‹.

MASSAGEN | BEAUTY SOLARIEN
Vereinbaren Sie am besten schon beim Kommen einen Massage- & Beautytermin oder entspannen Sie spontan auf dem HydroJet-Massagebett. Natürlich steht Ihnen auch ein hochmodernes Solarium zur Verfügung.

Return Saunapark »Ein Urlaubstag im Grünen«
Boerholz 72, 41379 Brüggen-Boerholz
02157 9992 | 02157 90400 | www.myreturn.club

BRÜGGEN-BOERHOLZ

In Brüggen-Boerholz können Sie einen erholsamen Tag verbringen, Garant dafür ist auch die gute Küche. Frische Salate, wechselnde Tagesgerichte, Pasta, Gegrilltes und vieles mehr stehen auf der Karte.

GASTRONOMIE

Alle in Anspruch genommenen Leistungen werden auf Ihre Schlüsselnummer gebucht, Sie zahlen bargeldlos beim Verlassen des Saunaparks.

ZAHLUNGSVERKEHR

Kostenfrei parken Sie auf den hauseigenen Parkplätzen.

PARKMÖGLICHKEITEN

KarlsBad Brühl »SAUNA, SPASS, ERHOLUNG UND FITNESS«

Kurfürstenstr. 40, 50321 Brühl
02232 – 702-270 | karlsbad@stadtwerke-bruehl.de | www.karlsbad-bruehl.de

GEBOTEN WIRD:

DAS RESÜMEE Das »KarlsBad Brühl« bietet für Groß und Klein eine abwechslungsreiche Badelandschaft mit 25-m-Sportbecken mit 1-er- und 3-er-Sprungbrett, einem Lehrschwimmbecken und einem Erlebnisbecken mit Massageliegen und Sprudlern. Die lange Wasserrutsche verheißt eine abenteuerliche Fahrt mit abschließendem Sprung in ein Auffangbecken. Ein Kinderbecken für die Kleinsten rundet das Angebot im Innenbereich ab. Im Freibad sorgen ein 50-m-Sportbecken, ein Freizeitbecken mit Rutsche, Massageliegen und Sprudlern sowie ein Kinderbereich mit Spielplatz und Planschbecken für Erholung und sportliche Betätigung.

DER SAUNABEREICH Über den lichtdurchfluteten, mediterran gestalteten Gastronomiebereich gelangen Sie zu den innenliegenden Saunen. Hier erklingt dezente Entspannungsmusik. Die helle und freundliche, cremig-warm farbige Gestaltung erfreut das Gemüt. Das »Valo®«-Bad ist von außen edel holzverkleidet. Den weitaus größeren Teil der Anlage nimmt der Sauna-Garten ein. Er besteht aus einer etwa 2.000 qm großen Fläche im hinteren Bereich der Anlage und einer 400 qm Fläche, die an der Gastronomie der Sauna-Landschaft gelegen ist. Sie können hier auch im Freien speisen. Der Innenbereich umfasst 650 qm.

DER EMPFANG Am Empfang können Sie Bademäntel und -tücher gegen eine Gebühr leihen. Bade- und Sauna-Utensilien sind im »Badeshop« am Eingang käuflich erwerbbar.

DIE ÖFFNUNGSZEITEN Montag bis Donnerstag von 10:00 – 22:00 Uhr | Freitag von 10:00 – 23:00 Uhr | Samstag von 10:00 – 20:00 Uhr | Sonntag und feiertags von 10:00 – 20:00 Uhr. Montags nur Damen-Sauna. | Änderungen vorbehalten.

KarlsBad Brühl »SAUNA, SPASS, ERHOLUNG UND FITNESS«

Kurfürstenstr. 40, 50321 Brühl
02232 – 702-270 | karlsbad@stadtwerke-bruehl.de | www.karlsbad-bruehl.de

81
BRÜHL
GUTSCHEINHEFT S. 5

Coronabedingt können Öffnungszeiten, Eintrittspreis und Angebote vom KarlsBad-eintrag abweichen. Genaue Informationen, auch zum Hygieneplan, erhalten Sie unter www.karlsbad-bruehl.de/saunapark.

Saunafrüh-Ticket (Einlass bis 12:00 Uhr): Montag bis Freitag 16,50 Euro | Tageskarte 19,00 Euro. | Weitere Tarife finden Sie unter www.karlsbad-bruehl.de.

DIE PREISE

Zum Umziehen stehen Einzelkabinen im Badebereich bereit. Dort wird geschlechtlich getrennt geduscht, im Saunabereich stehen Gemeinschaftsduschen zur Verfügung.

UMKLEIDEN | DUSCHEN

Im Innenbereich finden Sie das »Valo®«-Bad und ein Dampf-»Rhassoul«-Bad. Eine »Maa®«-Sauna, eine Blockhaus-Sauna und die »Suuri«-Sauna erwarten Sie im größeren Teil des Sauna-Gartens. Die kleine »Stuga«-Sauna schließlich liegt im anderen Teil des Sauna-Gartens. Aufgüsse werden stündlich in der »Suuri«-Sauna mit wechselnden Aromadüften zelebriert. Auch intensivere Aktionsaufgüsse mit mehreren Gängen werden regelmäßig durchgeführt.

DIE SAUNEN

Das farbchangierende Licht des Sternenhimmels erhellt den attraktiv holzverklei-

DAS »VALO®«-BAD

KarlsBad Brühl »SAUNA, SPASS, ERHOLUNG UND FITNESS«

Kurfürstenstr. 40, 50321 Brühl
02232 – 702-270 | karlsbad@stadtwerke-bruehl.de | www.karlsbad-bruehl.de

deten Raum. Auf dem mit schwarzem Granit ummantelten Ofen befindet sich eine Granitkugel, aus der mit ätherischen Ölen angereichertes Wasser sprudelt. Die Luftfeuchtigkeit liegt dementsprechend bei etwa 40 %. Die Temperatur von 60 °C erwärmt die Schwitzhungrigen gemächlich und kreislaufschonend.

DIE KLEINE »STUGA«-SAUNA 85 °C
Das urige Blockhaus aus Blockbohlen mit kleinem Vorraum beherbergt bis zu 20 Personen. Der Sauna-Ofen beheizt den holzverkleideten Raum mit angenehmen 85 °C. Sie haben Ausblick zum Gastronomiebereich.

DIE »MAA®«-SAUNA 110 °C
Das Blockhaus aus Rundstämmen ist sehr urtümlich. Es ist fast komplett in die Erde eingelassen und mit seinem begrünten Dach schön in die Umgebung eingepasst. Der Eingangsbereich ist gefliest. In der bewusst dunkel gehaltenen Erd-Sauna herrschen 110 °C. Stirnseitig lodert ein Feuer im Kamin. Darüber befindet sich der Ofen mit Sauna-Steinen. Bis zu 13 Personen können sich dem erdigen, ursprünglichen Ambiente hingeben.

DIE GROSSE »STUGA«-SAUNA, 80 °C
Nicht ganz so heiß ist es in der Blockhaus-Sauna gegenüber der »Maa®«-Sauna. Mit 80 °C befeuert der attraktiv eingemauerte, rustikale Sauna-Ofen den holzver-

KarlsBad Brühl »SAUNA, SPASS, ERHOLUNG UND FITNESS«

Kurfürstenstr. 40, 50321 Brühl
02232 – 702-270 | karlsbad@stadtwerke-bruehl.de | www.karlsbad-bruehl.de

kleideten Raum, der für maximal 25 Personen konzipiert ist. Im Hintergrund erklingt leise Entspannungsmusik. Ein großes Fenster garantiert den Überblick über den Sauna-Garten. Das Dach des Hauses ist bewachsen.

Das Wort »Suuri« kommt aus dem finnischen und bedeutet »groß, riesig«. Diese Sauna macht ihrem Namen alle Ehre. Sie ist in einem enormen Blockhaus aus Blockbohlen mit großzügigem Vorraum untergebracht. Gut 45 – 50 Personen kommen bei 85 – 90 °C gut ins Schwitzen. Der riesige, halbrunde, gemauerte Ofen ist mit vielen Sauna-Steinen belegt. Ausgesuchte Natursteine zieren den Boden des gesamten Hauses.

DIE »SUURI«-SAUNA
85 – 90 °C

Der mittige, farblich beleuchtete Dampferzeuger hüllt das schön gefliese Bad in Nebel. Rund zehn Personen haben Platz auf den Sitzbänken. Die Temperatur beträgt 45 °C. Das farbige Licht des Sternenhimmels verbindet sich auf mystische Art und Weise mit dem aufsteigenden Nebel. Auf Wunsch nach besonderer Vereinbarung mit den Saunameistern werden »Rhassoul«-Anwendungen gegen Aufpreis angeboten.

DAS DAMPF-»RHASSOUL«-BAD
45 °C

Im Innenbereich erfahren Sie erfrischende Abkühlung unter einer Schwalldusche,

DAS ABKÜHLEN

KarlsBad Brühl »SAUNA, SPASS, ERHOLUNG UND FITNESS«

Kurfürstenstr. 40, 50321 Brühl
02232 – 702-270 | karlsbad@stadtwerke-bruehl.de | www.karlsbad-bruehl.de

einer Regendruckdusche oder am Kneippschlauch. Gegenüber, an vier Fußwärmebecken, können Sie auf einer stilvollen Eckbank angenehm kneippen. Der Sauna-Garten hält mit einem Tauchbecken, Kübelduschen, einem Crushed-Ice-Brunnen und Kneippschläuchen weitere Abkühlung parat. Die tolle Dusch-Schnecke neben der »Suuri«-Sauna versorgt Sie mit einer Kübeldusche, einer Schwall- und einer Rundbrause sowie drei Kneippschläuchen.

DIE AUSSENANLAGE Im größeren Teil des Sauna-Gartens ist ein Naturteich mit Grünpflanzen und Schilf angelegt. Kleine Fische schwimmen darin. Mehrere Strandkörbe, Holzbänke und viele Liegen sind über den Garten auf Liegewiesen verteilt. Hecken und Bäume säumen den Garten. Natürlich gewachsene Grünpflanzen und Bäume zieren die Anlage. Den holzüberdachten Allwetterliegeplatz finden Sie im kleineren Teil des Sauna-Gartens.

DER NEUE SAUNA-PARK Auf einer Fläche von 1.000 qm befindet sich hinter der Suuri-Sauna ein herrlich angelegter Park, der durch seinen wunderschönen alten, schattenspendenden Baumbestand zum Verweilen einlädt.

DAS SCHWIMMBAD Das Kaltwasserbecken im Außenbereich ist ganzjährig auf 22 °C temperiert. Eine gemalte Strandlandschaft am Meer dekoriert seitlich das etwa 90 qm große Becken. Massageliegen, Düsen, Sprudler und ein großer Wasserfall beleben den Körper.

RUHEMÖGLICHKEITEN Das Ruhehaus aus Blockbohlen im Sauna-Garten beherbergt das behagliche Kaminzimmer mit gemütlichen Rattanstühlen und -sofas, die den mittigen verglasten Kamin säumen. Von hier blicken Sie in den Sauna-Garten. Neben dem Kaminzimmer liegen der Liege-Leseraum mit Leselampen und der Liege-Schlafraum. Etwa

KarlsBad Brühl »SAUNA, SPASS, ERHOLUNG UND FITNESS«

Kurfürstenstr. 40, 50321 Brühl
02232 – 702-270 | karlsbad@stadtwerke-bruehl.de | www.karlsbad-bruehl.de

20 rückengerechte Holzliegen mit Auflagen laden hier zur Erholung ein. Die natürliche Holzhausatmosphäre erleichtert die Entspannung. Auf der Empore über der Gastronomie sind weitere Holzliegen mit Auflagen und Sitzgelegenheiten.

Ebenfalls auf der Empore können Sie sich mit Wellness-Massagen, Rücken-, Arm-, Bein- und Kopf/Gesichtsmassagen verwöhnen lassen. Oder genießen Sie wohltuende Behandlungen im anliegenden Kosmetikbereich. Sechs Hochleistungsbräuner im Eingangsbereich des KarlsBades sorgen für den richtigen Teint.

MASSAGEN | SOLARIEN

Die Aktionstage haben eine lange Tradition im »KarlsBad«. Über das Jahr verteilt finden Sauna-Aktionstage mit besonderem Motto, Spezialaufgüssen und einer verlängerten Öffnungszeit statt.

EVENTS

Dank der breiten Fensterfront haben Sie einen schönen Ausblick in den Sauna-Garten. Viele Sitzgelegenheiten bieten sich an. In der Kaminecke mit großer, rundum verglaster Feuerstelle lässt sich in Ruhe ein gepflegtes Bierchen trinken. Wenn Sie Appetit bekommen, wählen Sie zwischen leicht bekömmlichen Speisen, wie Salaten und Finger-Food. Oder genießen Sie wohltuende Behandlungen im anliegenden Kosmetikbereich.

GASTRONOMIE

Alle Leistungen können bar oder mit EC-Karte bezahlt werden (außer Gastronomiebereich nur bar).

ZAHLUNGSVERKEHR

Besucher des Bades parken kostenlos an der Anlage. Bitte denken Sie daran, Ihr Parkticket direkt hinter dem Eingang zu entwerten!

PARKMÖGLICHKEITEN

86 Aquafit Dierdorf »MODERN, FAMILIENFREUNDLICH, FRISCH!«

DIERDORF
GUTSCHEINHEFT S. 5

Am Schwimmbad, 56269 Dierdorf
02689 922799 | www.aquafit-dierdorf.de

GEBOTEN WIRD:

DAS RESÜMEE	Seit 2010 erfreuen sich die Wasserratten im Hallenbad Dierdorf an den verschiedenen Möglichkeiten zum ausgiebigen Schwimmen und Toben. Mit einem Besuch im Aquafit Dierdorf erleben Sie ein Badevergnügen für die ganze Familie. Ganz nach dem Motto: Wasser ist die Quelle unseres Lebens, werden Sie hier auf eine Reise geschickt, bei der Sie den Alltag hinter sich lassen und gleichzeitig etwas für Ihr Wohlbefinden tun können. In der separat gelegenen Saunalandschaft können Sie für einige Stunden in eine Welt der Ruhe und Entspannung abtauchen. Möchten Sie Ihrem Körper und Ihrer Seele mal etwas Gutes tun, wartet in der Wellness-Oase ein ausgewogenes Wellness-Angebot auf Sie. Das moderne Bad bietet Ihnen auf einer Fläche von 1.650 qm Spaß-, Spiel- und Schwimmfreude pur und der Wellness-Bereich auf 450 qm reine Entspannung.
DER EMPFANG	Bereits im Eingangsbereich begrüßt das Aquafit Dierdorf Sie mit einem reichhaltigen Angebot für das leibliche Wohl. An dieser Stelle finden Sie auch den Kassenbereich und im Bad-Shop wird nahezu jeder fündig, denn hier sorgt ein umfangreiches Angebot von diversen Bademoden, über Badeschuhe, bis hin zu Badeaccessoires für reges Interesse bei Groß und Klein.

DIE ÖFFNUNGSZEITEN SAUNA		
	Montag	14:00 – 20:00 Uhr
	Dienstag	14:00 – 19:30 Uhr (Damensauna)
	Mittwoch	15:00 – 21:00 Uhr
	Donnerstag	14:00 – 21:00 Uhr
	Freitag	10:00 – 22:00 Uhr
	Samstag	10:00 – 21:00 Uhr
	Sonntag	09:00 – 19:00 Uhr

Aquafit Dierdorf »MODERN, FAMILIENFREUNDLICH, FRISCH!«

Am Schwimmbad, 56269 Dierdorf
02689 922799 | www.aquafit-dierdorf.de

Montag	14:00 – 20:00 Uhr	**DIE ÖFFNUNGSZEITEN**
Dienstag	Nur für Schulen und Vereine, für Damensauna eingeschränkte Nutzung.	**HALLENBAD**
Mittwoch	07:30 – 21:00 Uhr	
Donnerstag	14:00 – 21:00 Uhr	
Freitag	10:00 – 22:00 Uhr	
Samstag	10:00 – 21:00 Uhr	
Sonntag	09:00 – 20:00 Uhr	

Ferien, Feiertage und Winterzeit geänderte Zeiten auf der Webseite.

Die akuellen Preise finden Sie immer unter: www.aquafit-dierdorf.de. **DIE PREISE**

Die geräumigen Familienumkleiden und 26 Duschen, plus einer behindertengerechten Dusche, lassen Ihre Auszeit schon mit viel Freiraum beginnen. Im Saunabereich erwartet Sie dann noch die Erlebnisdusche. **UMKLEIDEN | DUSCHEN**

Separat vom Badebetrieb finden Sie in einem traumhaft erholsamen Ambiente die Wellnessoase mit liebevoll angelegtem Außenbereich. **DIE SAUNEN**

Das Dampfbad ist die ideale Sauna um bei geringerer Temperatur, aber sehr hoher Luftfeuchtigkeit den Atemwegen und der Haut etwas Gutes zu tun. Die angebotenen Honig – und Salzeinreibungen verbessern Ihr Hautbild nachhaltig und lassen ein samtiges Gefühl und allgemeines Wohlbefinden zurück. **DAMPFBAD** CA. 45 °C | CA. 90 %

Die sehr heiße Finnische Sauna lässt Sie bei wohlriechenden, automatischen Aufgüssen so richtig ins Schwitzen kommen, entschlackt Ihren Körper und stärkt die Immunabwehr. **FINNISCHE SAUNA** 90 °C

88 Aquafit Dierdorf »MODERN, FAMILIENFREUNDLICH, FRISCH!«

DIERDORF

Am Schwimmbad, 56269 Dierdorf
02689 922799 | www.aquafit-dierdorf.de

BIO SAUNA **CA. 55 °C	60 %**	Diese ist gerade bei Saunaeinsteigern sehr beliebt. Denn mit milden 55 °C schonen Sie Ihren Kreislauf, kommen aber trotzdem gut ins Schwitzen. Um all Ihre Sinne anzusprechen, lassen Sie einfach die Lichttherapie auf Ihren Geist wirken.
BLOCKHAUSSAUNA **90 °C**	Im Saunagarten finden Sie die klassische, großzügige Blockhaussauna, die Ihnen bei 90 °C, nur von Holz umgeben, das Gefühl gibt, sich mitten im Mutterland der Sauna, Finnland, zu befinden. Die manuellen, wohlriechenden Aufgüsse machen das Saunieren zu einem besonderen Erlebnis.
DAS ABKÜHLEN	Abkühlen zwischen den Saunagängen ist das A und O, denn nur der Wechsel zwischen Warm und Kalt bringt den gewünschten Effekt. Hier haben Sie ganz nach Geschmack verschiedene Möglichkeiten: ob Erlebnisdusche, Außendusche, Wechselfußbäder oder der Saunagarten, auch Sie finden eine angenehme Art des Abkühlens.
DAS KNEIPPEN	Die Kneippschläuche erhöhen zwischen den Saunagängen noch mehr den Gesundheitsaspekt. Kühlen Sie Ihren Körper langsam ab, indem Sie das kalte Wasser erst auf Beine und Arme laufen lassen. Um den Kreislauf zu schonen, fängt man hier immer an den Körperteilen an, welche am weitesten vom Herzen entfernt sind.
DER AUSSENBEREICH	Der liebevoll gestaltete, 400 qm große Saunagarten lädt mit seinem 12-Meter Barfußpfad zur Fußmassage zum Verweilen und Frischlufttanken ein.
SCHWIMMBÄDER	Die 85-Meter Erlebnisrutsche mit Zeitmessung und separatem Landebecken lädt zum Wettkampf ein und bringt Abwechslung und Abenteuer. Im Schwimmerbecken

Aquafit Dierdorf »MODERN, FAMILIENFREUNDLICH, FRISCH!«

Am Schwimmbad, 56269 Dierdorf
02689 922799 | www.aquafit-dierdorf.de

ziehen Sie ganz sportlich Ihre Bahnen oder stellen Ihr Können am ein – und drei-Meter Sprungturm unter Beweis. Das Nichtschwimmerbecken mit Massagedüsen lässt Sie auch im Badbereich Entspannung finden. Natürlich kommen auch die Jüngsten nicht zu kurz: Im Kleinkinderbecken können Sie Ihre Sprösslinge ausgiebig mit dem Element Wasser vertraut machen.

RUHEMÖGLICHKEITEN
Bei angenehmen Wetter verheißen die Liegewiesen im Badbereich oder der separate Saunagarten Urlaubsfeeling. Im Innenbereich bieten die Panoramafenster einen wundervollen Ausblick, bei dem Sie Ruhe und Entspannung finden. Aufenthaltsflächen und ein separater Ruheraum laden zum Erholen ein.

ZUSATZANGEBOTE
Im Solarium können Sie Ihre Haut gleich ein bisschen bräunen lassen und die Schwimmkurse, Wassergymnastik und Aquajogging bringen Ihre Fitness in Schwung. Weitere Informationen dazu finden Sie auf der Webseite.

GASTRONOMIE
An der Saunatheke erhält der Gast Erfrischungen in reichhaltiger Auswahl. Kleine, schmackhafte Speisen werden über den Gastronomiebereich frisch zubereitet und können an der Saunatheke genossen werden. Im Badbereich können Sie im Restaurant das Essen und Getränke genießen und gerne auch gesund und vegetarisch schlemmen.

ZAHLUNGSVERKEHR
Ihre Auszeit vom Alltag können Sie bar oder mit der EC-Karte begleichen.

PARKMÖGLICHKEITEN
Ihnen stehen 60 kostenfreie Parkplätze am Bad zur Verfügung. Davon sind drei behindertengerecht.

90 Freizeitgesellschaft Metropole Ruhr mbH

RUHRGEBIET
GUTSCHEINHEFT S. 5

Zusammenschluss der Niederrhein-Therme in Duisburg, des Solebads Vonderort in Oberhausen, der sauna und sole Nienhausen in Gelsenkirchen und des Freizeitbads Heveney in Witten.

GEBOTEN WIRD:

DAS RESÜMEE **Lernen Sie die Vielfältigkeit bei einer etwas anderen „Urlaubsreise" durch die Metropole Ruhr kennen!**

Die Freizeitgesellschaft Metropole Ruhr mbH bietet mit seinen vier Standorten im Ruhrgebiet ein abwechslungsreiches Freizeitangebot für Jung und Alt, für Familien, für Paare und auch Singles. Unter dem Motto „Urlaub vor der Haustür" setzen die vier Sauna- und Bäderlandschaften voll auf Entspannung, Spaß, Gesundheit und Erholung. Jeder Standort ist anders und besonders.

Die Vielfalt der Saunaanlagen – mit insgesamt 43 Schwitzkabinen – lässt jedes Saunaherz höherschlagen und schnell ist das Schmuddelwetter vergessen, wenn die Thermalsolebecken mit Temperaturen bis zu 34 °C zu einem entspannten Bad einladen, die Muskeln gelockert werden und der Alltagsstress ganz einfach „weggesprudelt" wird. Die perfekte Zeit, um in der Sauna ordentlich ins Schwitzen zu kommen, der kalten Jahreszeit zu trotzen und sich einen Wohlfühlort zu suchen!

Die Thermen befinden sich in idyllischer Lage; verfügen über eine gute Verkehrsanbindung und bieten außerdem mit Parkanlagen und dem Kemnader See eine weitere Fülle an Möglichkeiten, Freizeit zu gestalten und zu erleben.

Auf den nachfolgenden Seiten können Sie die vier Standorte und ihre Saunalandschaften in einer kurzen Übersicht kennenlernen. Für nähere Informationen schauen Sie bitte auf den jeweiligen Internetseiten der Bäder vorbei.

Niederrhein-Therme »ENTSPANNT UND IN RUHE SCHWITZEN«

♀ Wehofer Straße 42, 47169 Duisburg
☎ 0203 99584-12 | 🌐 www.niederrhein-therme.de

DUISBURG

Lust auf eine Auszeit vom Alltag? Dann relaxen Sie bei einem Kurzurlaub in der »Niederrhein-Therme«, denn hier werden Erholung und Wellness großgeschrieben: in einer der 15 Saunen entspannen, im 32 °C warmen Thermalsolewasser dahintreiben und frische Meeresluft in der Salzgrotte atmen. Ein täglich wechselndes Aufgussprogramm verspricht zudem allen Saunafans Abwechslung pur: Je nach Jahreszeit gibt es sommerlich frische oder winterlich duftende Aufgüsse. Wellnessaufgüsse wie der »Beauty de Luxe« oder der Honigaufguss sorgen zudem für pures Wohlbefinden! Für das leibliche Wohl sorgt die Thermengastronomie mit »Saunabar« und »Taberna«.

SAUNALANDSCHAFT

Sauna und Sole täglich, außer Heiligabend und Silvester, von 8:30 – 23:00 Uhr.

DIE ÖFFNUNGSZEITEN

2-Std.-Karte 14,00 Euro | 4-Std.-Karte 17,00 Euro | Tageskarte 20,00 Euro. Spar-Tarif 14,00 Euro. An Sonn- und Feiertagen wird ein Zuschlag von 2,00 Euro erhoben.

DIE PREISE

Das Angebot umfasst neben einer "gemischten Sauna" auch eine separate Damen- und Herrensauna im Solebereich. Anlehnend an den Rücken einer über zwei Meter dicken Natursteinwand eines Wasserfalls ergibt sich in Kombination mit den Holzelementen der **Fels-Sauna** bei etwa 90 °C ein wohltuendes Klima für gut 40 Personen. Dem Knistern der brennenden Holzscheite lauschend, erleben Sie im **Kaminzimmer** beruhigende Relaxaufgüsse bei etwa 75 °C. In der **100er-Sauna** geht es heiß her! Als besonderer Kick warten sehr heiße Erlebnisaufgüsse bei etwa 85 – 95 °C in der **Ritterrunde** auf Sie. Eukalyptus-Aufgüsse erfreuen maximal 25 Personen, die in der dezent beleuchteten **Euka-Sauna** bei etwa 80 °C beherbergt werden können. Bei milden 50 °C und wechselndem Farblicht werden im **Sanarium**® Ihre Sinne angeregt. Gut 20 Personen können sich gleichzeitig aufwärmen.

DIE SAUNEN

Das **Aufguss-Stübchen** für ebenfalls 20 Personen ist dezent beleuchtet und mit etwa 90 – 95 °C temperiert. Klassische Kellenaufgüsse und frisch zubereitete Kräutersud-Aufgüsse (zum Beispiel Lemongras oder Salbei) sorgen für ein duftendes Saunaerlebnis. Belebende Düfte von ausgesuchten Kräutern empfangen Sie beim Betreten der **Kräuter-Sauna**. Etwa 15 Personen können hier bei etwa 80 °C das wohltuende Klima genießen. Das höhlenförmige **Dampfbad** erstreckt sich über zwei Ebenen und bietet für gut 15 Personen einen marmornen Sitzplatz. Auf der unteren Ebene verbreitet der Dampferzeuger seinen Nebel.

92 OBERHAUSEN
Solbad Vonderort »ERLEBEN SIE ERHOLUNG«

Bottroper Straße 322, 46117 Oberhausen
0208 999680 | www.revierpark.com

SAUNALANDSCHAFT Die innenliegende, lichtdurchflutete Saunalandschaft zeigt sich in hellen Farben und geschwungenen Formen und erstreckt sich über gut 500 qm. Zahlreiche Liegestühle schlängeln sich entlang des Panoramafensters mit Blick in den Saunagarten. Es schließt sich ein weitläufiger, 4.000 qm großer Saunagarten an. Liegedecks, ein großes Außenbecken sowie ein Ruhehaus aus Holz sind neben den drei Saunen Highlights des Gartens mit natürlichem Baumbestand.

DIE ÖFFNUNGSZEITEN Montag bis Donnerstag 8:00 – 22:30 Uhr | Freitag und Samstag 8:00 – 23:00 Uhr | Sonntag 8:00 – 21:00 Uhr | Kassenschluss ist 1,5 Stunden vor Schließung.

DIE PREISE 2-Std.-Ticket 15,00 Euro | 4-Std.-Ticket 17,00 Euro | Tagesticket 19,00 Euro | An Sonn- und Feiertagen wird ein Zuschlag von 2,00 Euro erhoben.

DIE SAUNEN Heiß, Holz und schwitzen – so ist das Resümee der 85 – 90 °C heißen, dezent beleuchteten **finnischen Saunakabine**. Gut 25 Personen können sich intensiv davon überzeugen und die stündlichen Aufgüsse genießen. Im **Valobad** geht es mit Temperaturen um die 60 °C wesentlich milder zu. 20 Gäste finden unter einem farbwechselnden Sternenhimmel bei 50 % Luftfeuchte einen behaglichen Platz. Über einen Holzsteg erreichen Sie die **Teichsauna**, in der dreimal täglich ein Aufguss zelebriert wird. Bis zu 85 Schwitzhungrige verweilen in rustikalem Ambiente. Der mittige Ofen befeuert die Kabine auf bis zu 95 °C. Die **Erd-Sauna** aus massiven Rundstämmen ist tief in die Erde eingelassen. Das erdige Klima und die bewusst dunkel gehaltene Beleuchtung unterstützen rund 30 Gäste beim Zur-Ruhe-Kommen. Die mit 95 bis 100 °C enorm hohe Temperatur ist erstaunlich gut verträglich. Angenehme Gerüche, vermischt mit feinem Nebel, verteilen sich in dem über zwei Ebenen konzipierten, gefliesten **Dampfbad**. Das Bad ist mit 45 °C temperiert. Bis zu 20 Gäste können sich bequem auf Marmorsitzbänken niederlassen.

sauna und sole in Nienhausen »ALLES UNTER EINEM DACH«

Saunalandschaft im Gesundheitspark Nienhausen, Feldmarkstr. 201, 45883 Gelsenkirchen
0209 94131-0 | www.nienhausen.de

GELSENKIRCHEN

Das Sauna-Angebot ist breit gefächert. An der Sauna-Infotheke teilt sich die Landschaft in für Damen und Herren jeweils eigenständige Saunabereiche mit Abkühlung, Ruhe- und Außenareal sowie in die gemischte Saunalandschaft. Die Herren können in einer Sauna ordentlich ins Schwitzen kommen oder auf der Wärmebank mit integrierten Fußbecken entspannen. Den Damen stehen drei Saunen zur Verfügung, wobei die Rosen-Sauna in einem eigenständigen Außenareal liegt. Stündliche Aufgüsse stehen sowohl bei den Männern als auch bei den Frauen auf dem Programm. Die helle und freundliche gemischte Saunalandschaft erstreckt sich innen über rund 500 qm und außen über ca. 1.000 qm.

SAUNALANDSCHAFT

Montag bis Donnerstag 9:00 – 22:00 Uhr | Freitag und Samstag bis 23:00 Uhr | Sonn- und feiertags 9:00 – 20:00 Uhr

DIE ÖFFNUNGSZEITEN

2-Std.-Aufenthalt: 15,00 Euro | 4-Std.-Aufenthalt: 17,00 Euro | Tageskarte: 19,00 Euro | Sonn- und Feiertagszuschlag 3,00 Euro. Für Kinder, Schüler und Studenten gibt es vergünstigte Tarife. | 4-Std.-Aufenthalt vor 13:00 Uhr: 16,00 Euro

DIE PREISE

Die **Erlebnissauna** bietet bis zu 50 Personen Platz, um die besonderen Aufgüsse bei ca. 95 °C zu genießen. Eine schöne Fensterfront bietet dem Gast den Blick auf den Innenbereich der Gemeinschaftssauna. In der **Garten-Sauna** haben in den beiden Kabinen, aufgrund eines großen Fensters, jeweils 15 bis 20 Schwitzhungrige Ausblick auf Teile des Sauna-Gartens. Im ersten der dezent beleuchteten Räume herrscht eine Temperatur um die 90 °C. Die zweite Kabine ist eine **Bio-Sauna**, diese wird automatisch mit Eisminze beduftet. Bei wechselndem Deckenfarblicht können hier milde Temperaturen um die 55 °C genossen werden. Aufgüsse mit Kräutern runden das gesundheitsorientierte Angebot ab. Rustikales Ambiente erfreut den Saunapuristen in der **Wald-Sauna**. Der in die Ecke gemauerte Kamin erhellt mit seinem lodernden und knisternden Feuer den ansonsten dunkel gehaltenen Raum. Darüber befindet sich ein großer gemauerter Ofen mit Sauna-Steinen. Gut 30 Personen verteilen sich auf Holzsitzbänke. Die Temperatur liegt bei 85 – 90 °C. Das Dach des Hauses ist begrünt. Geschwungene, gefliestes Sitzbereiche durchziehen das attraktiv gestaltete **Dampfbad**. Aromaduft, wahlweise Eukalyptus oder Zitrone, liegt in der mit Nebelschwaden verhangenen Kabine. Farbiges Deckenlicht umspielt gut zehn Personen. Mit 50 °C wird das Bad temperiert.

DIE SAUNEN

94 Freizeitbad Heveney »iHRE FREIZEIT - UNSER TiPP!«
WITTEN Querenburger Straße 35, 58455 Witten
02302 56263 | www.freizeitbad-heveney.de

SAUNALANDSCHAFT Die äußerst vielfältige Saunalandschaft erstreckt sich im Inneren über ca. 800 qm, der terrassenförmige Sauna-Garten umfasst etwa 1.500 qm und das Sole-Außenbecken lädt zum Entspannen ein. Im Innenbereich liegen die Saunen I bis III, die jeweils auch als Aufguss-Sauna dienen. In der Nähe sind ein Dampfbad und ein Sole-Inhalationsraum. Der Garten beherbergt eine Erd-Sauna, ein finnisches Blockhaus mit zwei Saunakabinen, ein Haus mit »Valo®«-Bad, Dampfgrotte, Stollen-Sauna und »Hevener Kegel«. Halbstündlich wechselnd werden in den Saunen Handaufgüsse mit fruchtigen und erfrischenden Düften zelebriert.

DIE ÖFFNUNGSZEITEN Montag bis Samstag 9:00 – 23:00 Uhr | Sonntag und feiertags 9:00 – 21:00 Uhr.

DIE PREISE 2-Std.-Karte 14,00 Euro | 4-Std.-Karte 17,00 Euro | Tageskarte 19,00 Euro | Kinder bis 17 Jahre: 2-Std.-Karte 4,50 Euro | 4-Std.-Karte 7,00 Euro | Tageskarte 9,00 Euro | Samstags wird ein Zuschlag von 1,00 Euro erhoben, an Sonn- und Feiertagen 2,00 Euro.

DIE SAUNEN Drei holzverkleidete **Saunakabinen** liegen direkt nebeneinander. Die Temperaturen reichen von 80 °C über 90 °C bis hin zu 95 °C. In den Kabinen I und II finden gut 20 Gäste Platz, in Kabine III 25 Gäste. Der farblich beleuchtete Dampferzeuger im **Dampfbad** ragt stalakmitenartig in die Höhe. Von dort steigt kontinuierlich aromatisierter Dampf auf, der die Kabine auf 50 °C erhitzt. Im Nebel versunken zeigt sich die 50 °C warme **Dampfgrotte**. Entspannungsmusik untermalt das schöne Farblichtspiel in der großzügigen, über zwei Ebenen gebauten, aromatisierten Kabine. Der gefliese, lichtdurchflutete **Sole-Inhalationsraum** bietet Sitzgelegenheit für rund 15 Gäste. Die **Aufguss-Sauna** ist aus massiven Blockbohlen errichtet. Innen herrschen Temperaturen um die 80 °C. Hier können 15 bis 20 Saunafreunde verweilen. Aus massiven Rundstämmen ist die **Erd-Sauna** gebaut. Die Sauna ist größtenteils in die Erde eingelassen; so herrscht hier ein angenehmes Klima trotz 100 °C Innentemperatur. Licht, Klang und Wohlgefühl verspricht das 60 °C warme **»Valo®«-Bad** mit einer Luftfeuchtigkeit um die 40 %. Gut 10 Personen sitzen bei dezenter Entspannungsmusik um den Sauna-Ofen. Das **Finnische Blockhaus** beinhaltet zwei Sauna-Kabinen. Erfreuen Sie sich an Temperaturen von 80 – 95 °C. In der **Stollen-Sauna** dient ein Hunt – ein kastenförmiger Förderwagen – als Sauna-Ofen. Er wird zwar mit Leuchten erhellt, dennoch ist das dunkle und heiße Flair eines Stollens lebendig. Gut 40 Saunafreunde kommen bei 80 – 85 °C ins Schwitzen.

96 Münster-Therme »BADEN UND SAUNIEREN MIT STIL«

DÜSSELDORF
GUTSCHEINHEFT S. 5

Bädergesellschaft Düsseldorf mbH, Münsterstraße 13, 40477 Düsseldorf
0211 957 45-720 | www.baeder-duesseldorf.de

GEBOTEN WIRD:

DAS RESÜMEE

Die »Münster-Therme« ist am 9. April 1902 eröffnet worden. Von den in dieser Epoche errichteten Badetempeln, den sogenannten »Kaiserbädern«, ist die »Münster-Therme« eine der wenigen Schwimm- und Badeanstalten, die nicht nur die Kriege, sondern auch die Neubaumentalität des letzten Jahrhunderts überstanden haben. Der Baustil ist nicht durchgängig: Elemente der Gründerzeit bilden dennoch mit denen des Jugendstils eine harmonische Einheit. Nach notwendigen Sanierungs- und Erneuerungsmaßnahmen präsentiert sich das Bad seit 2003 nunmehr wieder im neuen, alten Glanz und mit erweitertem Angebot. Das Schwimmbecken ist der Originalform angepasst. Bei einer Wassertiefe von 0,85 – 2,90 m eignet es sich sowohl für sportliches als auch entspanntes Schwimmen. Im Nichtschwimmerteil werden regelmäßig Kurse für Gesundheit, Fitness und Wellness angeboten. Das Wasser wird auf angenehme 30 °C erwärmt. Das Wasser wird beim Desinfektionsverfahren geringfügig aufgesalzen und ist damit angenehm und äußerst verträglich für die Haut. Tagsüber wird das Bad über ein Lichtband mit Tageslicht durchflutet. Seitliche Fenster und das modern gestaltete Giebelfenster, das bei Sonneneinstrahlung Farbe in das Bad zaubert, sorgen überdies für eine helle und freundliche Atmosphäre. Am Abend tauchen Unterwasserscheinwerfer das Bad in tiefes Blau. Hochmoderne Technik schafft ein angenehmes Raumklima.

Im Außenbereich ist an das Bad ein etwa 40 qm großes Thermalsolebecken angegliedert, das Sie über die Schwimmhalle erreichen. Das Wasser ist auf wohlige 32 °C erwärmt, der natürliche Salzgehalt entspricht annähernd dem der Nordsee. Schon seit den Zeiten der Römer wird dem Thermalsolewasser heilende Wirkung zugesprochen. Sonnenhungrige werden die kleine Außenterrasse schätzen. Ent-

Münster-Therme »BADEN UND SAUNIEREN MIT STIL«

Bädergesellschaft Düsseldorf mbH, Münsterstraße 13, 40477 Düsseldorf
0211 95745-720 | www.baeder-duesseldorf.de

DÜSSELDORF

spannen, eintauchen und im warmen Wasser treiben lassen! Massierende Sprudel pflegen Ihren Körper. Genießen Sie unter freiem Himmel die Wärme des solehaltigen Wassers bei jedem Wetter, ob bei Sonne, Regen oder klirrender Kälte.

Auch im Saunabereich setzt sich die wundervolle Atmosphäre fort. Wählen Sie in einem schönen Ambiente auf 400 qm zwischen zwei unterschiedlich temperierten finnischen Saunen sowie einem Dampfbad in einem alten Gewölbe. Eine wohltuende Massage ergänzt Ihren persönlichen Wohlfühltag.

DER EMPFANG

Nachdem Sie den Eintrittspreis und einen Gegenstand als Pfand hinterlassen haben, erhalten Sie an der Kasse Ihren Schrankschlüssel mit Chip-Coin. Zu den Umkleiden und den Saunen gehen Sie ein Stockwerk höher.

DIE ÖFFNUNGSZEITEN

Dienstag bis Freitag von 9:00 – 21:00 Uhr. | Mittwoch ist von 9:00 – 21:00 Uhr Damentag. | Samstag und Sonntag von 9:00 – 17:00 Uhr.

DIE PREISE

Tageskarte 14,40 Euro (inklusive Schwimmbadnutzung). Thermalsoleaußenbecken mit Zuzahlung von 1,50 Euro. Preise Stand März 2019, Änderungen vorbehalten.

UMKLEIDEN | DUSCHEN

Die im Original erhaltenen Umkleidekabinen sind mit modernen Materialien ergänzt worden. In sieben Nischen mit dekorativen Vorhängen stehen den Gästen ausreichend Schränke zur Verfügung. Den Duschbereich benutzen Damen und Herren gemeinsam. Getrennt durch dekorative Glaswände, können die Gäste hier auch Wechselfußbäder nehmen.

DÜSSELDORF — **Münster-Therme** »BADEN UND SAUNIEREN MIT STIL«

○ Bädergesellschaft Düsseldorf mbH, Münsterstraße 13, 40477 Düsseldorf
☎ 0211 957 45-720 | 🌐 www.baeder-duesseldorf.de

DIE SAUNEN	Von 10:00 – 16:00 Uhr finden im 2 Stunden Rhytmus Aroma-Aufgüsse statt, danach stündlich Erlebnisaufgüsse in der 80 °C Sauna mit Duft, Eis oder Salz, am Wochenende auch mit Honig und am Feiertag mit frischem Obst. Ein Aufgussplan hängt aus.
DIE FINNISCHEN SAUNEN 80 | 90 °C	Im Raum der ersten 80 °C Sauna können etwa 25 Personen gleichzeitig sitzen. Das Panorama Dachfenster eröffnet einen Blick auf das alte Gewölbe der Münster-Therme und das Wechselspiel des farbigen Lichts sorgt für eine harmonische, entspannende Stimmung. Mit verschiedenen Aufgüssen, die immer wieder unterschiedliche Duftnoten aufgreifen, wird das Saunaerlebnis zelebriert. Wer es heißer mag, entspannt in der zweiten Sauna bei einer Temperatur von 90 °C. Das Holz an den Wänden gibt die Wärme gleichmäßig in den Raum ab und die regelmäßigen Aromaaufgüsse vervollständigen den genussvollen Saunaaufenthalt.
DAS DAMPFBAD 42 °C	Ebenfalls nicht alltäglich ist das 42 °C warme Dampfbad in einem alten Gewölbe. Die farblich wechselnden Stableuchten verleihen dem hohen, gefliesten Raum mit sechs auf zwei Ebenen verteilten Steinliegen eine unvergessliche Atmosphäre.
DAS ABKÜHLEN	In einem weiteren Gewölbe können Sie den Wechsel von heiß und kalt erleben und so Ihre Muskeln entspannen sowie den Kreislauf stärken. Im Anschluss an den Saunagang empfehlen sich Kaltbrausen, Regen- oder Schwalldusche und ein Besuch des Kaltbeckens.
DAS KNEIPPEN	Die paarweise aufgestellten Becken sind für ein kalt-warmes Fußbad bestimmt.
DAS WARMBECKEN	Zum Beispiel nach dem Dampfbaden können Sie nach vorherigem Duschen in das Warmbecken eintauchen.
DIE AUSSENANLAGE	Sammeln Sie neue Kräfte für den Alltag an frischer Luft auf der etwa 20 qm großen Außenterrasse mit Tischen und Stühlen.

Münster-Therme »BADEN UND SAUNIEREN MIT STIL«

Bädergesellschaft Düsseldorf mbH, Münsterstraße 13, 40477 Düsseldorf
0211 95745-720 | www.baeder-duesseldorf.de

DÜSSELDORF

Von der Sauna-Landschaft gelangen Sie über ein paar Treppenstufen in den höher gelegenen, leicht abgedunkelten Ruheraum. Relaxen Sie auf den zehn verstellbaren Liegen. Wenn Sie lieber sitzen und lesen möchten, gibt es dafür auch Stühle. — RUHEMÖGLICHKEITEN

Schließen Sie Ihr persönliches Wellnessprogramm mit einer wohltuenden Massage ab. In drei durch einen Vorhang abgetrennten Kabinen bietet die Massageabteilung unter anderem wohltuende Einreibungen und klassische Massageanwendungen an. — MASSAGEN

Die von Ihnen in Anspruch genommenen Leistungen werden direkt beglichen. — ZAHLUNGSVERKEHR

Kostenfreie Parkplätze stehen nur begrenzt zur Verfügung. Kostenpflichtige Parkplätze finden Sie im Parkhaus des "Nord Carre" auf der Goebenstraße und auf dem Parkplatz Moltkestraße 23. — PARKMÖGLICHKEITEN

100
DÜSSELDORF
GUTSCHEINHEFT S. 7

Strand-Sauna im Freizeitbad Düsselstrand »EIN TAG AM MEER«

📍 Bädergesellschaft Düsseldorf mbH, Kettwiger Straße 50, 40233 Düsseldorf
📞 0211 9 57 45-700 | 🌐 www.baeder-duesseldorf.de

GEBOTEN WIRD:

| DAS RESÜMEE | Weite Horizonte, das leise Rauschen der Brandung, sanftes Licht und weiche Farben – wer möchte nicht hin und wieder einfach dem Alltag entfliehen und eintauchen in das Gefühl von Strand und Meer. Das geht. Mitten in Düsseldorf. In der Strand-Sauna im Freizeitbad Düsselstrand.

Drei Saunen sowie Ruhe- und Liegebereiche im Strand-Ambiente und eine Gastronomiezone mit Gartenterrasse fügen sich stimmig in das Gesamtkonzept ein. Die Saunaanlage vermittelt mit vielen Hölzern und Natursteinen ein Ambiente, das zum vollständigen Entspannen einlädt.

DER SAUNABEREICH
Die rund 500 qm große und moderne Saunaanlage gliedert sich in einen großzügigen Innenbereich sowie ein Atrium mit einem Tauch- und Fußbecken, eine kleine Außenlounge sowie eine Gastronomie mit Außenterrasse.

DER EMPFANG
Am Empfang können Bademäntel und Handtücher geliehen werden.
Badeschlappen und Bade-Utensilien sind käuflich erwerbbar.

DIE ÖFFNUNGSZEITEN
Montag bis Freitag von 14:00 – 22:00 Uhr. | Dienstag ist von 14:00 – 22:00 Uhr Damentag. | Samstag und Sonntag von 10:00 – 20:00 Uhr.

DIE PREISE
3-Stunden-Ticket 16,20 Euro | Tagesticket 18,00 Euro (inklusive Schwimmbadnutzung). Preise Stand März 2019, Änderungen vorbehalten.

UMKLEIDEN | DUSCHEN
Das Umkleiden und Duschen ist in Sammelumkleiden geschlechtlich getrennt möglich.

Strand-Sauna im Freizeitbad Düsselstrand »Ein Tag am Meer«

Bädergesellschaft Düsseldorf mbH, Kettwiger Straße 50, 40233 Düsseldorf
0211 9 57 45-700 | www.baeder-duesseldorf.de

Im Innenbereich befinden sich zwei verschieden temperierte und thematisierte Saunen, in denen jeweils gut 12 Personen Platz finden. Im Atrium befindet sich eine Aufguss-Sauna, die für gut 17 Personen ausgelegt ist. Die Aufgüsse werden in den Intensitäten mild, mittelstark und heiß zelebriert.

DIE SAUNEN

Die 60 °C warme Meer-Sauna im Innenbereich ist für gut 12 Personen ausgelegt. Aus der Granitkugel auf dem Saunaofen entspringt mit ätherischen Ölen angereichertes Wasser. Lauschen Sie entspannendem Meeresrauschen, was den Aufenthalt in der Meer-Sauna zu einem Erlebnis für die Sinne werden lässt. Ein Sternenhimmel mit farblich wechselnden Lichtpunkten vervollständigt die sanfte Atmosphäre.

DIE MEER-SAUNA
60 °C

Die 85 °C Dünen-Sauna im Innenbereich ist für gut 12 Personen ausgelegt. Das Holz nimmt die Wärme langsam auf und gibt sie sanft und gleichmäßig in den Saunaraum zurück – genau wie der Sand einer Düne. Das Herzstück der Dünen-Sauna ist der in Schiefer eingefasste Saunaofen, aus dem regelmäßig eine erfrischende Menthol-Brise entspringt.

DÜNEN-SAUNA
85 °C

Die Gezeiten-Sauna im Atrium ist mit 90 °C die heißeste Sauna in der Strand-Sauna. Hier finden 17 Personen gut Platz. So wie bei Ebbe und Flut das Wasser in Bewegung ist, erleben Sie in der Gezeiten-Sauna einen Wechsel der Hitze und Luftbewegung bei den Aufgüssen. Verschiedene Duftnoten bieten einen abwechslungsreichen Saunaaufguss für jeden Geschmack: mal erfrischend und belebend, mal beruhigend, fruchtig oder würzig.

GEZEITEN-SAUNA
90 °C

102 Strand-Sauna im Freizeitbad Düsseldrand »EIN TAG AM MEER«

DÜSSELDORF

Bädergesellschaft Düsseldorf mbH, Kettwiger Straße 50, 40233 Düsseldorf
0211 9 57 45-700 | www.baeder-duesseldorf.de

DAS ABKÜHLEN — Zum Abkühlen stehen Ihnen im Innenbereich neben üblichen Duschen auch eine Schwall- und eine Regendusche zur Verfügung. Im Außenbereich finden Sie ebenfalls eine Schwall- und eine Regendusche sowie ein Tauchbecken vor.

DER AUSSENBEREICH DAS ATRIUM — Im Atrium unter teilweise freiem Himmel kann neben dem Saunabaden auch entspannt werden.

RUHEMÖGLICHKEITEN — Zum Verweilen und Ruhen stehen Ihnen im Atrium sechs Liegen sowie zwei Strandkörbe zur Verfügung. Im Innbereich sind sechs Liegen und verschiedene Sitzmöglichkeiten vorhanden. Im angenehm beleuchteten Ruheraum finden Sie weitere zehn Liegen mit Decken zum Entspannen. Verschiedene Zeitschriften und Bücher laden dort zum Verweilen ein. Vom Ruheraum aus haben Sie Blick auf die Außenterrasse.

Strand-Sauna im Freizeitbad Düsselstrand »EIN TAG AM MEER«

📍 Bädergesellschaft Düsseldorf mbH, Kettwiger Straße 50, 40233 Düsseldorf
📞 0211 9 57 45-700 | 🌐 www.baeder-duesseldorf.de

DÜSSELDORF

Entspannen Sie sich bei wohltuenden Massagen und Körperanwendungen und gönnen Sie sich Ruhe, innerer Harmonie und Wohlbefinden. Massagetermine und Zeiten für die Solariumnutzung sind an der Schwimmbadkasse zu reservieren.

MASSAGEN | SOLARIUM

In der Wintersaison werden regelmäßig spezielle Angebote und Aktionen geboten, die ein abwechslungsreiches Sauna-Erlebnis garantieren. Zu besonderen Anlässen gibt es während der Damensauna Beauty-Tage, bei denen es sich die Damen richtig gut gehen lassen können. Zu allen Veranstaltungen, für die der reguläre Eintrittspreis gilt, können Sie sehr gerne Ihren Gutschein aus dem Saunaführer nutzen. Weitere Infos sowie die Termine finden Sie auf der Internetseite.

EVENTS

In der Gastronomie finden Sie drei Bereiche vor: Die Bar, den Gastronomieraum mit schönen Tischen, Stühlen und Sitzbänken und die Außenterrasse, auf der ebenfalls gespeist werden kann. Genießen Sie lecker zubereitete Speisen für den kleinen Hunger und erfrischende oder wärmende Getränke.

GASTRONOMIE

Alle in Anspruch genommenen Leistungen werden sofort beglichen.

ZAHLUNGSVERKEHR

In der Tiefgarage des Freizeitbades können die Gäste kostenpflichtig parken.

PARKMÖGLICHKEITEN

104
DÜSSELDORF
GUTSCHEINHEFT S. 7

Suomi-Sauna im Familienbad Niederheid »ERHOLUNG PUR!«

Bädergesellschaft Düsseldorf mbH, Paul-Thomas-Straße 35, 40589 Düsseldorf
0211 95745-780 | www.baeder-duesseldorf.de

GEBOTEN WIRD:

| DAS RESÜMEE | Herzstück des Familienbades ist die wunderschöne Sauna-Landschaft mit unterschiedlichen Block- und Holzhütten inmitten des idyllischen Sauna-Gartens. Erleben Sie den Wenikaufguss aus frischem Birkensud in der »Banja« oder entspannen Sie unter Sternen im Dampfbad.

Sanfte Klänge im Sanarium begleiten Sie in eine vollkommene Entspannung. In der Suomi-Lounge können Sie zudem in gemütlicher Atmosphäre Ihren Sauna-Tag ausklingen lassen. |
|---|---|
| DIE GRÖSSE | Der etwa 500 qm große, helle und freundliche Innenbereich der Sauna wird mit dezenter Entspannungsmusik untermalt. Stimmungsvoll ändert der großzügig angelegte Sternenhimmel ständig seine Farben. Durch große Panoramafenster haben Sie Ausblick auf den rund 800 qm großen Sauna-Garten. |
| DER EMPFANG | Am Empfang können Bademäntel und Handtücher geliehen werden. Badeschlappen und Bade-Utensilien sind käuflich erwerbbar. |
| DIE ÖFFNUNGSZEITEN | Montag ist von 14:00 bis 22:00 Uhr Damentag. | Dienstag bis Freitag von 11:00 – 22:00 Uhr. | Samstag von 11:00 – 20:00 Uhr | Sonntag von 10:00 – 20:00 Uhr. |
| DIE PREISE | 3-Stunden-Ticket 18,00 Euro | Tagesticket 19,80 Euro. (inklusive Schwimmbadnutzung -Eine Blockbildung des Badebetriebes ist durch Schul- und Vereinsschwimmen, Kursbetrieb sowie bei Veranstaltungen möglich. Bitte beachten Sie die Hinweise im Bad und auf der Internetseite). Preise Stand März 2019, Änderungen vorbehalten. |

Suomi-Sauna im Familienbad Niederheid »ERHOLUNG PUR!«

📍 Bädergesellschaft Düsseldorf mbH, Paul-Thomas-Straße 35, 40589 Düsseldorf
📞 0211 95745-780 | 🌐 www.baeder-duesseldorf.de

Umkleiden können Sie sich in Einzelkabinen. Geduscht wird geschlechtlich getrennt.

UMKLEIDEN | DUSCHEN

Vier Saunen und ein Dampfbad befinden sich im Innenbereich der Anlage. Die Kamin- und die »Banja«-Sauna sind jeweils in einem Blockhaus im Sauna-Garten untergebracht und liegen sich genau gegenüber. Aufgüsse werden in den Intensitäten mild, mittelstark und heiß zelebriert. Dabei werden Aroma- und Fruchtdüfte verwendet. Spezielle Aufgüsse gehören, ebenso wie der beliebte »Wenik«-Aufguss in der »Banja«-Sauna, zum Schwitzprogramm.

DIE SAUNEN

In dem leicht aromatisierten und lichtdurchfluteten Raum herrscht ein sehr angenehmes Klima bei 55 °C und etwa 60 % Luftfeuchtigkeit. Große Fensterfronten erlauben gut 30 Personen den Blick zum Sauna-Garten. Wechselndes Farblicht und sanfte Klänge umschmeicheln die Schwitzenden. Ideal zum Start in einen erholsamen Saunatag …

DAS SANARIUM®
55 °C | 60 %

In der 90 °C heißen Löyly-Sauna begeistern die besten Aufgießer und Sauna-Meister mit Ihrem ganzen Wissen. Besondere Aufgüsse und Reichungen laden zum Genießen ein. Maximal 20 Personen.

DIE AUFGUSS-SAUNA »LÖYLY«
90 °C

Enorme 90 – 100 °C liegen in der Luft der sehr schön holzvertäfelten Sauna-Kabine. Etwa 20 Personen finden Platz um den Ofen, der mit Sauna-Steinen umsäumt ist. Hier werden gerne Eistee-Erfrischungen gereicht.

DIE TROCKEN-SAUNA
90 – 100 °C

Etwa 30 Personen können in besonderem Ambiente des Kaminfeuers im stirnseitigen, beträchtlichen Kamin entspannen. Links und rechts des Kamins erhitzen zusätzlich Saunaöfen mit Sauna-Steinen den dezent beleuchteten Raum. 90 °C herrschen in der Sauna mit kleinem Vorraum.

DIE KAMIN-SAUNA »TAKKA«
90 °C

106 Suomi-Sauna im Familienbad Niederheid »ERHOLUNG PUR!«

DÜSSELDORF

Bädergesellschaft Düsseldorf mbH, Paul-Thomas-Straße 35, 40589 Düsseldorf
0211 95745-780 | www.baeder-duesseldorf.de

DIE »BANJA«-SAUNA
70 °C

Die »Banja«-Sauna zeigt sich mit 70 °C sehr milde. Der »Wenik«-Aufguss wird so zu einem sehr verträglichen, angenehmen Erlebnis. Gut 20 Personen verteilen sich auf die links- wie rechtsseitigen Sitzflächen und blicken auf den riesigen, gemauerten Ofen mit Sauna-Steinen.

DAS DAMPFBAD »HÖYRY«
50 °C

Die Saunagäste werden unter dem Sternenhimmel in bunte Nebelschwaden gehüllt. Der aromatisierte, gefliese Raum ist mit 50 °C beheizt. Die Sitzbänke sind bläulich gefliest.

DAS ABKÜHLEN

Reichlich Abkühlung bringen eine Schwalldusche, eine Eckbrause, eine Kübeldusche, ein Kneippschlauch und mehrere Kaltbrausen. Sodann geht es ab ins Tauchbecken. Auch an den Blockhaus-Saunen im Außenbereich ist für kühles Nass gesorgt. Eine Besonderheit ist sicherlich der farbliche beleuchtete Eisbrunnen mit Crushed Ice.

DAS WARMBECKEN

Im Sauna-Garten ist ein größeres Becken mit einer Temperatur um die 28 °C gelegen.

DIE AUSSENANLAGE

Der Sauna-Garten beheimatet einige große Bäume, die von Liegewiesen gesäumt werden. Hochgewachsene Bäume stehen rund um die Anlage verteilt. Im angelegten Zierteich tummeln sich kleine Fische. Eine Holzterrasse schlängelt sich entlang des Hauptgebäudes.

Suomi-Sauna im Familienbad Niederheid »ERHOLUNG PUR!«

Bädergesellschaft Düsseldorf mbH, Paul-Thomas-Straße 35, 40589 Düsseldorf
0211 95745-780 | www.baeder-duesseldorf.de

DÜSSELDORF

Der Ruheraum ist ein weiteres Highlight: ein Häuschen mit einer hinterleuchteten Wand aus echten Salz-Steinen. Das verwendete Salz erzeugt ein Mikroklima wie es auch in Salzstollen vorherrscht und kann so das Wohlbefinden steigern. Die warme und harmosiche Atmosphäre, welche von den Salz-Steinen ausgeht und der Ausblick zum Sauna-Garten komplettierten das Saunaerlebnis.

RUHEMÖGLICHKEITEN

Freuen Sie sich auf das Massageangebot. Sie haben die Wahl zwischen einer Teilkörpermassage, einer Ganzkörpermassage, einer Aromaölmassage oder Sie gönnen sich eine Gesichtsmassage.

MASSAGEN

Spezielle Angebote und Aktionen, die ein abwechslungsreiches Sauna-Erlebnis garantieren, werden regelmäßig angeboten. Von einer Einführung für Sauna-Neulinge bis zur Lange Saunanächte in der Suomi-Sauna findet jeder Gast das passende Angebot. Zu allen Veranstaltungen, für die der reguläre Eintrittspreis gilt, können Sie sehr gerne Ihren Gutschein aus dem Saunaführer nutzen. Weitere Infos sowie die Termine finden Sie auf der Internetseite.

EVENTS

Alle in Anspruch genommenen Leistungen werden sofort beglichen.

ZAHLUNGSVERKEHR

Unmittelbar an der Anlage finden Sie kostenlose Parkmöglichkeiten.

PARKMÖGLICHKEITEN

108 Thermen & Badewelt Euskirchen »MEIN URLAUBSPARADIES UNTER PALMEN«

EUSKIRCHEN Thermenallee 1, 53879 Euskirchen
GUTSCHEINHEFT S. 7   02251 14850 | www.badewelt-euskirchen.de

GEBOTEN WIRD:

| DAS RESÜMEE | In der Therme Euskirchen erleben Sie Wellness zum Durchatmen und sich treiben lassen. Die Bereiche „Palmenparadies" (ab 16 Jahren, Kinder bis einschl. 3 Jahre frei, Familientag am Samstag von 9 – 18 Uhr ohne Alterstbeschränkung) „Vitaltherme & Sauna" (ab 16 Jahren, ohne Badebekleidung) und Sportbad (ohne Altersbeschränkung) bieten eine breite Angebotspalette rund um die Themen Wasser, Wellness und Entspannung. Exklusive Beauty- und Wellnessanwendungen und eine außergewöhnliche Saunakultur mit zehn Themensaunen entführt den Besucher an 365 Tagen im Jahr an einen besonderen Wohlfühlort. |

| DIE GRÖSSE | Auf der Schwelle zwischen Rheinland und Eifel, rund 30 Autominuten von den Metropolen Köln und Bonn entfernt, finden Erholungssuchende auf über 18.000 qm Entspannung und wunderbare Wohlfühlmomente. |

| DER EMPFANG | Der lichtdurchflutete und offene Empfangsbereich heißt die Besucher willkommen und deutet bereits die Großzügigkeit der gesamten Anlage an. Hier können Sie Bademäntel, Handtücher und Saunakilts ausleihen, Geschenkgutscheine erwerben, Ihre Thermencard aufladen und sich bestens informieren lassen. |

| DIE ÖFFNUNGSZEITEN | Montag bis Donnerstag 10:00 – 22:00 Uhr | Freitag 10:00 – 23:00 Uhr | Samstag 09:00 – 00:00 Uhr | Sonn- und Feiertag 09:00 – 22:00 Uhr. Jeden 1. Freitag im Monat von 18:00 – 00:00 Uhr: Lange Saunanacht (ohne Badebekleidung). Jeden 1. Samstag im Monat von 18:00 – 00:00 Uhr: Paradiesische Nacht. Samstags Familientag (Palmenparadies & Sportbad) 09:00 – 18:00 Uhr. Jeden 4. Donnerstag im Monat von 17:00 – 22:00 Uhr: Classic Soiree. |

Thermen & Badewelt Euskirchen »MEIN URLAUBSPARADIES UNTER PALMEN«

109
EUSKIRCHEN

Thermenallee 1, 53879 Euskirchen
02251 14850 | www.badewelt-euskirchen.de

DIE PREISE

Palmenparadies: 1,5 Std.-Karte: Montag bis Freitag 17,00 Euro | Samstag, Sonntag sowie Ferien- und Feiertage in NRW 20,00 Euro. Tageskarte: Montag bis Freitag 31,00 Euro | Samstag, Sonntag sowie Ferien- und Feiertage in NRW 34,00 Euro. Verlängerungstarif (pro angefangene halbe Stunde): 1,50 Euro. | Vitaltherme & Sauna: plus 6,00 Euro auf den gewünschten Tarif. | Sondertarife unter www.badewelteuskirchen. de/tarife. Änderungen vorbehalten!

DIE SAUNEN

Genießen Sie ein einzigartiges Erlebnis und staunen Sie über wundervolle Natur- und Dokumentarfilme auf der 62 qm großen Kinoleinwand. Lehnen Sie sich zurück und lauschen Sie einmaligen Klängen und verfolgen Sie außergewöhnliche Naturschauspiele.

KINO-SAUNA
CA. 60 °C

Willkommen im traditionellen Wiener Jugendstil-Café. Fühlen Sie sich wie in einer echten Kaffeerösterei. Der klassische Schokoholic-Aufguss mit Regenerationseffekt ist Balsam für Ihre Haut. Ein ganz besonderer Genuss, der alle Sinne anspricht.

WIENER KAFFEEHAUS
CA. 70 °C

Lassen Sie sich auf eine Reise in den Orient, nach Indien entführen und erleben Sie Traumgeschichten, die Körper und Geist in Einklang bringen. Spüren Sie innere Balance und Tiefenentspannung. Der Weg zu neuer Kraft und Energie.

TAJ MAHAL
CA. 70 °C

Fühlen Sie sich in exotische Regenwälder versetzt und beobachten Sie das Treiben des bunten Vogelschwarms in der integrierten Vogelvoliere. Lauschen Sie den Klängen der Waldbewohner und den Bewegungen der Baumriesen. Süße, fruchtige Düfte und exotische Aufguss-Zeremonien runden Ihren Kurzurlaub in den Tropen ab.

TROPEN-SAUNA
CA. 70 °C

Im klassisch asiatischen Stil gehalten lädt die Meditations-Sauna zum Entspannen im Herzen eines Bambushains ein. Durch ein großzügiges Panoramafenster können Sie Ihren Blick über den weitläufigen Vitalgarten und die Blaue Lagune schweifen lassen. Beruhigende Meditationsmusik in Kombination mit natürlichen Aromen wie Ylang Ylang sorgt unbewusst für einen tiefen Entspannungszustand. Klangschalen- und Meditationszeremonien beruhigen zusätzlich den Geist und helfen, neue Kräfte zu sammeln.

MEDITATIONS-SAUNA
CA. 60 °C

EUSKIRCHEN

110 Thermen & Badewelt Euskirchen »MEIN URLAUBSPARADIES UNTER PALMEN«

Thermenallee 1, 53879 Euskirchen
02251 14850 | www.badewelt-euskirchen.de

KOI-SAUNA CA. 80 °C	Im japanischen Stil gehalten, können Sie sich in der Koi-Sauna beim Blick auf das großzügige Koi-Becken entspannen und den geschmeidigen Bewegungen der japanischen Karpfen folgen. Spüren Sie die heilende Wirkung der fernöstlich zelebrierten Aufgüsse. Erleben Sie traditionelle Fächeraufgüsse und entdecken Sie die faszinierende Saunakultur aus dem Land der aufgehenden Sonne.
KELTENTHRON CA. 80 °C	Entdecken Sie die Welt der mächtigen und starken Kelten. Auf dem erhabenen Keltenthron kommen Sie zwischen gigantischen Natursteinblöcken bei finnischen Aufgüssen mit Kräuterdüften so richtig ins Schwitzen.
ALHAMBRA CA. 80 °C	Intensiv und kraftvoll – erleben Sie pure Wohlfühl-Momente im Palast Spaniens. Die maurisch, orientalisch gestaltete Alhambra entführt Sie in den Süden. Der beliebte Honigaufguss streichelt Ihre Haut und bringt Sie sanft-süß in den Palast Spaniens. Eine sinnliche Entführung.
APOLLON-SAUNA CA. 90 °C	Kehren Sie ein in die antike Tempelanlage Apollons. Der griechische Gott des Lichts und der Heilung empfängt seine Gäste inmitten des ionischen Säulenkranzes. Die einzigartige Lichtstimmung und besondere Aufgusszeremonien beleben die Sinne und entführen Sie in den Olymp der Genüsse.
HOLZSTADL CA. 90 °C	Wer es besonders heiß mag, der ist im Holzstadl genau richtig. Rund um die Schmiedefeuerstelle erwarten Sie klassische Düfte wie Fichtennadel, Birke, Zedernholz, Tannennadel oder Bergkräuter.
DAMPFBÄDER CA. 45 °C	Die Dampfbäder „Auennebel" (ohne Badebekleidung) und „Eifel-Nebel" sorgen durch die kreislaufschonende Temperatur von ca. 45 °C und einer Luftfeuchtigkeit von 100 % für eine optimale Regeneration von Körper, Geist und Seele. Die wohltuende Kombination aus Wärme und Feuchtigkeit entkrampft, reinigt und pflegt Ihren Körper und Ihre Atemwege.

Thermen & Badewelt Euskirchen »MEIN URLAUBSPARADIES UNTER PALMEN«

Thermenallee 1, 53879 Euskirchen
02251 14850 | www.badewelt-euskirchen.de

EUSKIRCHEN

DAS ABKÜHLEN

Pures Wohlbefinden versprechen auch die zahlreichen Möglichkeiten der erfrischenden Abkühlung nach dem Schwitzbad. Genießen Sie unter den beeindruckenden Blütenkelchen der Callablüten-Dusche eine Erfrischung auf höchstem Niveau. Die Kaltwasserschwalldusche erfrischt Sie mit 300 Liter kaltem Wasser (ca. 20 °C) pro Sekunde und bringt so die gesunde Abkühlung nach Ihrem Saunagang. Weitere Kaltanwendungen wie das Tauchbecken, das Kristallwasser-Becken oder der Eisbrunnen sorgen für den richtigen Sauna-Effekt.

AUSSENANLAGE

Entspannt geht es auch im großzügigen Außenbereich zu. Eine weitläufige Parkanlage umrahmt den idyllischen Natursee, der besonders in der warmen Jahreszeit zu einer gemütlichen Tretbootfahrt im Sonnenschein einlädt. Erholung finden alle Sonnenanbeter auf den unzähligen Sonnenliegen und in den exklusiven Bambus Lounges.

Thermen & Badewelt Euskirchen »Mein Urlaubsparadies unter Palmen«

EUSKIRCHEN

Thermenallee 1, 53879 Euskirchen
02251 14850 | www.badewelt-euskirchen.de

THERMENSTRAND

Am neuen Thermenstrand „Paradise Beach" werden Urlaubsträume ganz ohne Reisestress wahr. Schließen Sie Ihre Augen und genießen Sie das entspannte Gefühl, so als säßen Sie in der kleinen Bucht der Bacardi-Insel, Palmen um Sie herum, ein fruchtiger Cocktail in der Hand, die Füße im Sand... Das Leben genießen. Ob sonniges Strandfeeling oder gemütliche Sonnenliege mit Schattenspender. Grenzenlose Entspannung in der Liegemuschel. Am Thermenstrand lockt karibisches Flair, Strand und Wasser. Die Beachbar lockt mit leckeren Cocktails und erfrischenden Drinks. Geöffnet in den Sommermonaten und je nach Witterung.

DIE SCHWIMMBÄDER

Tauchen Sie im tropischen Palmenparadies zwischen über 500 echten Südseepalmen ein in die türkisblaue 33 °C warme „Große Lagune" und lassen Sie sich von unzähligen Sprudelliegen und Nackensprudlern sanft den Rücken massieren. Entspannen Sie beim Bad in den drei Quellen der Gesundheit, wo wertvolle natürliche Mineralien Ihnen ein wirkungsvoll abgestimmtes Verwöhnprogramm für Gesundheit, Wohlbefinden und Schönheit bieten. Genießen Sie im wohlig warmen Wasser

Thermen & Badewelt Euskirchen »MEIN URLAUBSPARADIES UNTER PALMEN«

Thermenallee 1, 53879 Euskirchen
02251 14850 | www.badewelt-euskirchen.de

kühle, fruchtige Cocktails an einer der Poolbars und lassen Sie sich im weitläufigen Außenbecken in der Südseeströmung treiben. An warmen Tagen öffnet sich sogar das gigantische Panoramadach des Palmenparadies und macht es möglich, unter freiem Himmel zu träumen. Die „Blaue Lagune" der Vitaltherme & Sauna lädt derweil zum Baden ohne Badebekleidung ein. Mit einem faszinierenden Blick über den Vitalgarten und den angrenzenden Natursee, verspricht der 33 °C warme Pool Erholung pur. Neben den bereits erwähnten Wasser- und Erholungsangeboten hält die Therme Euskirchen auch ein Schwimmbad für Sportbegeisterte bereit. Aber auch zum Toben und für erste Schwimmversuche ist das Sportbad ideal. Mit fünf 25-Meter-Bahnen, Sprungtürmen und Sprungböcken ist das an das Palmenparadies angrenzende Sportbad ein Paradies für alle Fans des Schwimmsports.

Gemütliche Relaxliegen säumen die gesamte Anlage. Abgetrennt durch mehr als 500 echte Südseepalmen bieten sie behagliche Rückzugsorte.

RUHEMÖGLICHKEITEN

Thermen & Badewelt Euskirchen »MEIN URLAUBSPARADIES UNTER PALMEN«

EUSKIRCHEN

Thermenallee 1, 53879 Euskirchen
02251 14850 | www.badewelt-euskirchen.de

WELLNESS | MASSAGEN
Ein umfangreiches gratis Aufguss- und Wellnessprogramm mit mehr als 60 Tagesaktionen bietet allen Erholungssuchenden das Beste aus der Welt der Aufgüsse und Beautyanwendungen. Außergewöhnliche Aufgusszeremonien und wohltuende Peelings und Masken sorgen für die Balance von Körper, Geist und Seele sowie langanhaltende Tiefenentspannung und Schönheit. Dabei kommen rein ätherische Öle zum Einsatz.

Mit der „MassagePerle" steht Ihnen in der Vitaltherme & Sauna ein exklusiver Spa-Bereich für zahlreiche Kosmetik- und Massageanwendungen zur Verfügung. So wie auch neu im Palmenparadies – erkundigen Sie sich vor Ort beim Gästeservice nach Angebot und Terminen. Spürbare Verbesserung des körperlichen, mentalen und seelischen Wohlbefindens erfahren Sie außerdem auf innovativen Massage-Liegen. Lassen Sie sich durch die angenehme Druckstrahlmassage verwöhnen und spüren Sie, wie aus unangenehmen Spannungsgefühlen ein entspanntes Wohlgefühl wird.

ZUSATZANGEBOTE
Auf alle Sonnen- und Wärmeanbeter wartet ein umfangreiches Alternativ-Angebot bei Regenwetter. Ein Solarium im Palmenparadies sowie ein Collarium im Bereich der Vitaltherme & Sauna sorgen für eine sonnige Auszeit auch an wolkigen Tagen. Wohltuende Wärme erwartet Sie außerdem auf Infrarotliegen und in Infrarotkabinen. Die angenehme Infrarotwärme verwöhnt Ihre Sinne, aktiviert die Selbstheilungskräfte, lockert die Muskulatur und sorgt für die ersehnte Tiefenentspannung.

GASTRONOMIE
Kulinarisch verwöhnt werden Sie in gleich zwei Restaurants. Während Sie im Restaurant „Ilha de gosto" inmitten des Palmenparadies neben besonderem Karibikfeeling auch mediterrane Gerichte, heimische Küche und leckere Kleinigkeiten genießen können, verwöhnt Sie das GAVI in der Vitaltherme & Sauna mit vier Geschmackskonzepten. G steht für das Beste vom Grill und hält Burger und Co. bereit. A für den Asian Corner, der mit leckeren Wok-Gerichten auf die Fans der asiatischen Küchen wartet. V verspricht vegetarischen Gaumenschmaus mit betont leichter Kost und exquisiten Salatkreationen. I verwöhnt die Freunde von Pizza und Pasta mit italienischen Köstlichkeiten.

DIE BEZAHLUNG
Während Ihres gesamten Aufenthaltes in der Therme Euskirchen benötigen Sie kein Bargeld. Beim Check-In erhalten Sie einen Transponder, auf den Sie ganz bequem Verzehr, Eintritt und Anwendungen buchen lassen können. Bei Verlassen der Anlage wird Ihr Transponder ausgelesen und bezahlt. Bitte beachten Sie, dass die EC-Terminals keine American Express Kreditkarten akzeptieren.

PARKMÖGLICHKEITEN
Ihnen stehen neben über 1.000 kostenfreien Parkplätzen auch zwei Elektro-Tankstellen und zahlreiche Wohnmobilstellplätze (keine Ver- und Entsorgung) zur Verfügung.

Thermen & Badewelt Euskirchen »MEIN URLAUBSPARADIES UNTER PALMEN«

EUSKIRCHEN

Thermenallee 1, 53879 Euskirchen
02251 14850 | www.badewelt-euskirchen.de

GUTSCHEINE

Paradiesische Geschenkgutscheine sind vor Ort als Wert- und Eintrittsgutscheine erhältlich und über den Online-Shop auf www.badewelt-euskirchen.de.

BESUCH PLANEN

Planen Sie bereits online Ihren Besuch und starten Sie noch entspannter in den Tag in der Therme. Schon vorab können Sie Ihren Eintritt, Ihren Liegeplatz, Massagen oder auch schon den Bademantel reservieren. Einfach planen und auswählen über den Online-Shop auf www.badewelt-euskirchen.de

116 fresh open »GÖNN DIR WAS GUTES«

FRECHEN

📍 Burgstraße 65, 50226 Frechen
☎ 02234 99319-0 | 📠 02234 99319-22 | 🌐 www.fresh-open.de

GEBOTEN WIRD:

| DAS RESÜMEE | Die Attraktion der Sportstadt Frechen ist das Freizeitbad »fresh open«. Sportlich ambitionierte Gäste kommen im 25-m-Schwimmbecken mit Sprungbrett und 3-m-Sprungturm voll auf ihre Kosten. Abenteuerlustige werden im Abenteuerbecken mit vielen Attraktionen, 101-m-Riesenrutschbahn, Brodelberg, Massagedüsen und Wasserfall bedient. Auch Kleinkinder haben ihren eigenen Bereich. Das Außenliege-Areal bietet Platz für über 200 Personen. Lassen Sie sich im Außenbecken bei 30 °C Wasser-temperatur besprudeln und massieren. |

| DIE GRÖSSE | Die Garten-Sauna lässt Sie Ihren Alltagsstress vergessen. Ein schön gestalteter Garten mit einer Größe von 300 qm erwartet Sie ebenso wie der freundlich eingerichtete Innenbereich, mit ca. 500 qm. |

| DER EMPFANG | Bademäntel und -tücher können am Empfang käuflich erworben werden. Über eine Treppe abwärts gelangen Sie in den Saunabereich, dessen Innenareal auf Souterrain-Ebene liegt. |

| DIE ÖFFNUNGSZEITEN | Montag und Mittwoch von 10:00 – 22:00 Uhr | Dienstag, Donnerstag und Freitag von 11:00 – 22:00 Uhr | Samstag von 10:00 – 18:30 Uhr | Sonntag/Feiertag von 10:00 – 18:30 Uhr | Montag und Mittwoch ist Damentag. |

| DIE PREISE | Die Einzelkarte kostet 16,50 Euro. |

| UMKLEIDEN | DUSCHEN | Männer & Frauen kleiden sich gemeinsam um und duschen ebenfalls gemeinsam. Die Trocken-Sauna, die Aufguss-Sauna und das Dampfbad liegen im Innenbereich. |

fresh open »GÖNN DIR WAS GUTES«

📍 Burgstraße 65, 50226 Frechen
☎ 02234 99319-0 | 📠 02234 99319-22 | 🌐 www.fresh-open.de

FRECHEN

Die Kräuter-Sauna und die Erd-Sauna sind jeweils in einem Blockhaus untergebracht. Über eine Wendeltreppe erreichen Sie die im Sauna-Garten positionierten Blockhäuser. Freuen Sie sich auf wechselnde Aromastoffe und monatliche Aktionen, wie das Reichen von Sauna-Salz, Honig und Früchten in der Aufguss-Sauna.

DIE SAUNEN

Rund 15 bis 20 Personen finden Platz in der mit 80 °C temperierten, holzverkleideten Sauna. Der Raum ist dezent beleuchtet. Ein Elektro-Ofen mit Sauna-Steinen steht seitlich.

DIE TROCKEN-SAUNA
80 °C

Stündliche Aufgüsse stehen in dieser Sauna auf dem Programm. Das sollten Sie sich nicht entgehen lassen. Ein Ofen mit Sauna-Steinen beheizt den holzverkleideten Raum mit 80 °C für gut 20 Personen. Durch ein Bullauge schauen Sie zum zentralen Abkühlbereich. Ein großes Fenster gewährt den Blick zur Außenterrasse.

DIE AUFGUSS-SAUNA
80 °C

Das quadratische Bad ist für maximal acht Personen konzipiert. 45 °C herrschen in dem aromatisierten Bad.

DAS DAMPFBAD
45 °C

118 fresh open »GÖNN DIR WAS GUTES«
FRECHEN

📍 Burgstraße 65, 50226 Frechen
☎ 02234 99319-0 | 📠 02234 99319-22 | 🌐 www.fresh-open.de

DIE ERD-SAUNA 95 °C	Das Blockhaus ist aus Rundstämmen erbaut und zu großen Teilen in die Erde eingelassen. Das Dach ist begrünt. Der Zugangsbereich ist mit Natursteinen gemauert. Das Innere ist sehr rustikal und dunkel gehalten. Stirnseitig befeuert ein großer gemauerter Elektro-Ofen mit Sauna-Steinen die Sauna mit 95 °C. Etwa 15 – 20 Personen können sich an dem ebenfalls stirnseitigen Kamin, mit Feuerstelle hinter Glas, erfreuen.
DIE KRÄUTER-SAUNA 60 °C	Gefällige 60 °C bei hoher Luftfeuchtigkeit erwärmen gut 15 Personen in dem dezent beleuchteten, holzvertäfelten Raum. Den Bioteich erblicken Sie durch ein großes Fenster. Der Ofen mit Sauna-Steinen steht direkt neben der Eingangstür. Auf einem Erhitzer liegen Kräuterbeutel, deren Duft sich angenehm im Raum verbreitet. Jeweils wöchentlich wechseln die Kräuterarten.
DAS ABKÜHLEN	Im Innenbereich ist ein halbrundes Tauchbecken, zentral gelegen. Die nebenan liegende Duschecke ist mit einer Schwallbrause, einer Regendruckdusche, einer Kübeldusche, einem Kneippschlauch und einer Eckdusche ausgerüstet. Im Blockhaus neben der Kräuter-Sauna können Sie sich mit einer Kübeldusche, einer Regendruckdusche, einer Schwalldusche und einem Kneippschlauch abkühlen.
DAS KNEIPPEN	Am Tauchbecken finden Sie ein gefliestes Rondell mit fünf Fußwärmebecken. Sie sitzen auf einer grünen Marmorbank an einem runden, grünen Marmortisch.
DER AUSSENBEREICH	Eine ca. 30 qm große Außenterrasse schließt an das Innenareal unmittelbar an. Hier finden sich Sitzgelegenheiten. Der Sauna-Garten weist verschiedene Liegewiesen, die durch kleine bepflasterte Wege voneinander abgetrennt werden, mit Liegen auf. Rundherum stehen große Bäume. Ein kleiner Bioteich mit Brunnen und Schilf ist ein Blickfang der Anlage.

fresh open »GÖNN DIR WAS GUTES«

Burgstraße 65, 50226 Frechen
02234 99319-0 | 02234 99319-22 | www.fresh-open.de

FRECHEN

Im 80 qm großen Kaminzimmer ist gut ruhen und lesen. Der Raum bietet fast Wohnzimmer-Atmosphäre. Gemütliche Ledersessel mit Fußbänkchen sowie diverse Holzstühle mit Tischen stehen bereit. Grünpflanzen zieren den Raum. Durch die Fensterfront blicken Sie auf Grünpflanzen-Beete. Der Ruheraum 1 ist ein neu gestalteter Raum mit Einzel- und Doppelbetten sowie Hängematten und großen Sitzkissen. Sie können auf weichen Matratzen schlafen oder lesen. An jedem Bett ist eine Leselampe angebracht. Das Blockhaus im Sauna-Garten beherbergt den mit hellem Holz verkleideten Ruheraum 2. Auf vier Doppelbetten mit je zwei Matratzen und Decken können Sie zum Sauna-Garten hinausschauen.

RUHEMÖGLICHKEITEN

Öl- und Reiki-Massagen, Shiatsu und On-Side-Behandlungen sind neben Teil- und Ganzkörper- sowie Fußreflexzonenmassagen im Massageraum erhältlich.

MASSAGEN

Am letzten Freitag im Monat wird fast monatlich die Mitternachts-Sauna mit besonderen Aufgüssen abgehalten.

EVENTS

Die Sauna-Schwemme befindet sich in einem Holzhäuschen im Sauna-Garten. Diverse Imbissgerichte werden zum Verzehr angeboten. Vom Holzhäuschen mit begrüntem Dach haben Sie einen wunderbaren Ausblick auf den Sauna-Garten.

GASTRONOMIE

Alle Leistungen werden sofort in bar bezahlt.

ZAHLUNGSVERKEHR

Vor der Anlage können Sie kostenlos parken.

PARKMÖGLICHKEITEN

120 Birkensauna »DAS PARADIES FÜR ANSPRUCHSVOLLE SAUNAFANS«

HAAN-GRUITEN
GUTSCHEINHEFT S. 7

📍 Birkenweg 15a, 42781 Haan-Gruiten
📞 02104 62220 | 📠 02104 6311 | 🌐 www.birkensauna.de

GEBOTEN WIRD:

DAS RESÜMEE	Mitten in Haan-Gruiten, zwischen Düsseldorf und Wuppertal, liegt die »Birkensauna« – ein organisch gewachsenes Sauna-Paradies auf 4.000 qm Grundfläche. Sechs Saunen und zwei Dampfbäder verteilen sich auf das Haupthaus, mit Empfang und »Birkenstübchen«, sowie das große Nebenhaus mit Cafeteria und Solarium. Zwischen den beiden Häusern befindet sich ein mit vielen Grünpflanzen und Bäumen bewachsener Innenhof, in dem eine Blockhaus-Sauna angesiedelt ist.

Die Saunen im Haupthaus sind mit schönem Holz verkleidet; die Bäder ruhen in steiniger Landschaft. Die breite Fensterfront erlaubt den Blick zum reizvollen Innenhof. Im Nebenhaus lädt die Szenerie aus Palmen, Blockhäusern, Pools und Wandbildern mit großen Seenlandschaften zum Erholen und Verweilen ein. Ein Wohlgefühl wie im Urlaub stellt sich ein.

DER EMPFANG — Am Empfang werden Bademäntel und -tücher sowie Badeschlappen verliehen. Badeschlappen können auch gekauft werden.

DIE ÖFFNUNGSZEITEN — Montag bis Donnerstag von 10:00 – 23:00 Uhr | Freitag und Samstag von 10:00 – 24:00 Uhr | Sonntag von 10:00 – 22:00 Uhr. Saunanacht – jeden ersten Samstag im Monat von 10:00 – 4:00 morgens.

DIE PREISE — Tageskarte 29,90 Euro.

UMKLEIDEN | DUSCHEN — Männer und Frauen kleiden sich gemeinsam um. Geduscht wird ebenfalls gemeinsam.

Birkensauna »DAS PARADIES FÜR ANSPRUCHSVOLLE SAUNAFANS«

Birkenweg 15a, 42781 Haan-Gruiten
02104 62220 | 02104 6311 | www.birkensauna.de

HAAN-GRUITEN

DIE SAUNEN

Das Wasserfall-Erholungsbad, zwei Infrarotkabinen und zwei Dampfbäder befinden sich im Haupthaus der Anlage. Im gegenüber liegenden Haus sind eine Infrarotkabine für eine Person und, jeweils in einem Blockhaus, die Trocken-Sauna und das Bio-Sanarium untergebracht. Die Aufguss-Sauna, mit stündlichen Aufgüssen von wechselnden Aromadüften, wird von einem Blockhaus im Innenhof der Anlage beherbergt. Zum Aufguss werden Leckereien wie Vanilleeis, Wassereis und kleine Cocktails gereicht und ausschließlich 100 % hochwertige, naturreine ätherische Öle und Trinkbranntwein verwendet.

DAS WASSERFALL-ERHOLUNGSBAD

Leises Vogelgezwitscher und Wassergeplätscher durchdringt den Raum. Grünes, schummriges und wasserfallartiges Licht wird von zwei »Aquaviva«-Elementen im holzvertäfelten Raum verbreitet. Fackelleuchten erhellen die für 40 Personen konzipierte Sauna. Der mit großen Steinen gemauerte Ofen mit Sudkessel befeuert den Raum mit 80 °C.

Birkensauna »DAS PARADIES FÜR ANSPRUCHSVOLLE SAUNAFANS«

Birkenweg 15a, 42781 Haan-Gruiten
02104 62220 | 02104 6311 | www.birkensauna.de

DIE TROCKEN-SAUNA
95 °C

Auf bis zu 95 °C erwärmt der stirnseitig aufgestellte Ofen mit großen, ausgesuchten Sauna-Steinen das Blockhaus aus Blockbohlen. Etwa 20 Personen finden Platz in der schön holzverkleideten Sauna. Ein Fenster gewährt den Blick zur Pool-Landschaft. In einem 16:9 Fernseher laufen Filme mit Unterwasseraufnahmen von exotischen Fischen.

DAS BIO-SANARIUM
60 °C

Farbige Deckenlampen umspielen bis zu zehn Personen in dem rustikalen Blockhaus aus Blockbohlen. Aromatisierter Duft liegt in der mit milden 60 °C temperierten Luft, die zusätzlich ionisiert ist. In Kombination mit dem elektrostatischen Feld wird so das vegetative Nervensystem angeregt.

DIE BLOCKHAUS-SAUNA
100 °C

Rund 40 Personen kommen in dieser Sauna ordentlich ins Schwitzen. 100 °C und stündliche Aufgüsse wissen zu begeistern. Während Sie entspannen haben Sie dank eines größeren Fensters einen guten Einblick in den Innenhof. Der enorme Ofen ist mit großen Sauna-Steinen belegt.

DIE INFRAROT-KABINEN
65 - 70 °C

Insgesamt drei Infrarot-Kabinen können aufgrund ihrer Abstrahlfläche besonders gut Tiefenwärme erzeugen. So kann der Kreislauf stabilisiert, der Blutdruck gesenkt und der Stoffwechsel beschleunigt werden. Die sanfte Hitze hat eine schonende Wirkung auf den Organismus. Die zwei Kabinen im Haupthaus bieten zusammen

Birkensauna »DAS PARADIES FÜR ANSPRUCHSVOLLE SAUNAFANS«

Birkenweg 15a, 42781 Haan-Gruiten
02104 62220 | 02104 6311 | www.birkensauna.de

gut 23 Personen Platz. Sie sind von 65 – 70 °C temperiert. Eine Kabine ist mit Entspannungsmusik, die andere ohne. In der Infrarot-Kabine für eine Person läuft Musik aus dem Radio und die Temperatur ist am Eingang einstellbar.

Vier Personen werden bei 45 – 55 °C mit Sole bedampft. Über einen Brunnen wird der Dampf dem Bad zugeführt. Ausgesuchte Fliesen zieren den Raum.

DAS SOLE-DAMPFBAD
45 – 55 °C

Dieses Dampfbad liegt direkt neben dem Sole-Dampfbad. Es ist gleichgroß und wird mit gleicher Temperatur gefahren. Wohltuende Aromastoffe sind dem Dampf beigemischt. Die Kacheln des Bades sind mit Bildern von Kräutern versehen.

DAS AROMA-DAMPFBAD
45 – 55 °C

Zwei Schwall-, eine Stachelbrause, eine Kaltdusche und zwei Kneippschläuche sorgen für eine angenehme Erfrischung. Weitere Abkühlung bringen ein Crushed-Ice-Brunnen sowie ein Tauchbecken. In den Erlebnisduschen wird Tropen-, Gewitter- und Eisregen nachempfunden.

DAS ABKÜHLEN

Zwei Fußwärmebecken laden zum Kneippen ein. Im gegenüber liegenden Haus sind weitere Abkühlmöglichkeiten vorhanden. Hier finden Sie zudem sieben weitere Fußwärmebecken an einer gefliesten Sitzbank. Im Innenhof steht ein Duschrondell mit einer Schwall-, einer Kaltbrause und zwei Kneippschläuchen.

124 Birkensauna »DAS PARADIES FÜR ANSPRUCHSVOLLE SAUNAFANS«

HAAN-GRUITEN

Birkenweg 15a, 42781 Haan-Gruiten
02104 62220 | 02104 6311 | www.birkensauna.de

DAS WARMBECKEN — Zwei runde Warmwasserbecken sind über eine Innen-Außen-Schleuse miteinander verbunden. Mindestens 3 % Solegehalt kann das mit 32,5 °C erwärmte Becken mit Springbrunnen und Massagedüsen vorweisen. Der anliegende Hot-Whirlpool im Nebenhaus ist mit 38 °C sogar noch etwas wärmer.

DIE AUSSENANLAGE — Der Innenhof wird von Gebäuden und hochgewachsenen Bäumen eingeschlossen. Angelegte Beete, viele Grünpflanzen und Bäume säumen die Liegewiese und das Warmwasserbecken. Etliche Liegen unter einem überdachten Liegebereich und auf der Steinterrasse vor dem Schwimmbad laden zum Verweilen und Entspannen ein.

DAS SCHWIMMBAD — Das 10 x 5 Meter messende Schwimmbad im Nebenhaus ist mit 30 °C beheizt.

RUHEMÖGLICHKEITEN — Im Nebenhaus liegt der gemütliche Aufenthaltsraum mit einem großen, gemauerten offenen Kamin. Viele Sitzgelegenheiten mit Tischen sowie Liegestühle bieten sich an. Sie genießen den Ausblick auf den malerischen Innenhof. Im anschließenden Ruheraum stehen Liegen mit Auflagen und Decken für den kleinen Schlaf parat. In der 1. Etage ist neben der Cafeteria ein ca. 100 qm großer Liegebereich unter einem halbseitigen Glasdach eingerichtet. Während Sie die warme Sonne spüren, können Sie alkoholfreie Cocktails zu sich nehmen. Direkt nebenan finden Sie eine große Sonnenterrasse mit vielen Grünpflanzen und Liegen. Von hier blicken Sie auf den Innenhof herab.

Birkensauna »DAS PARADIES FÜR ANSPRUCHSVOLLE SAUNAFANS«

HAAN-GRUITEN

📍 Birkenweg 15a, 42781 Haan-Gruiten
📞 02104 62220 | 📠 02104 6311 | 🌐 www.birkensauna.de

Lassen Sie sich mit Teil- und Ganzkörpermassagen oder Fango verwöhnen. Es kann mit Privatkassen abgerechnet werden. Vier Turbo-Bräuner sorgen für den nötigen Teint.

MASSAGEN | SOLARIEN

Die monatliche Sauna-Nacht findet jeweils am ersten Samstag im Monat unter speziellem Motto mit besonderen Aufgüssen statt.

EVENTS

Rund um den zentralen, attraktiven Thekenbereich der Cafeteria mit Barhockern gruppieren sich etliche Sitzgelegenheiten. Verzehren können Sie leicht bekömmliche Speisen und Kleinigkeiten. Die Cocktailkarte ist sehr vielseitig. Für den großen Hunger ist die rustikale Gastronomie im Haupthaus – das »Birkenstübchen« – zu empfehlen. In behaglicher Atmosphäre haben Sie die Auswahl zwischen 120 verschiedenen, gut bürgerlichen bis europäischen, Gerichten. Sehr beliebt und im Umkreis geschätzt sind die Muschelgerichte. Bei schönem Wetter haben Sie auch die Möglichkeit, im Innenhof an einem Naturteich mit Schilf, grünen Pflanzen und Fischen, zu speisen.

GASTRONOMIE

Alle in Anspruch genommenen Leistungen, auch der Eintritt, werden beim Verlassen der Anlage bezahlt.

ZAHLUNGSVERKEHR

Benutzen Sie den großen Kundenparkplatz auf der Milratherstraße 30.

PARKMÖGLICHKEITEN

WESTFALENBAD »HAGENS FREIZEIT- UND WELLNESSOASE«

📍 Stadionstraße 15, 58097 Hagen
📞 02331 208600 | 🌐 www.westfalenbad.de

GEBOTEN WIRD:

DAS RESÜMEE — Genießen Sie Ihren Urlaub vom Alltag in Hagens Sauna- und WellnessOASE. Das WESTFALENBAD ist verkehrsgünstig gelegen und über die „Sauerlandlinie" A 45 aus ganz NRW gut zu erreichen. Der öffentliche Personennahverkehr fährt zwei Haltestellen in unmittelbarer Nähe des WESTFALENBADes an. Die Anlage besticht durch ihr großzügiges Platzangebot mit weitläufigen Rasenflächen und alten Baumbeständen. Hier können Sie ungestört den entspannten Aufenthalt genießen. Regelmäßig finden im WESTFALENBAD wechselnde Aktionen statt. Dann verwandelt sich beispielsweise die Inselsauna in ein klassisches Brechelbad mit duftendem Kessel und Tannenzweigen. Auch im Wellnessbereich sorgen z.B. jahreszeitlich abgestimmte Kosmetikbehandlungen für ein stets aktuelles und umfangreiches Angebot an Anwendungen und Massagen. Jeder Saunaeintritt beinhaltet immer die Nutzung des Sport-, Freizeit- und Solebereiches.

DER SAUNABEREICH — Im Innenbereich befinden sich die Finnische-Sauna, die Panorama-Sauna und das Dampfbad. Zudem sind dort Fußbadebecken, eine Erlebnisdusche mit Regen und Lichtapplikationen und drei Ruhezonen zu finden. Der Außenbereich bietet die Aufguss-Sauna, die Insel-Sauna, die Erd-Sauna, die Entspannungssauna »Fenster zur Welt« und die Kelo-Sauna sowie ein Gradierwerk. Drei Ruheräume außen mit Panoramaausblick bieten anschließend perfekte Entspannung. Der 900 qm große Naturbadeteich lädt auf rund der Hälfte der Fläche zum Schwimmen ein und das weitläufige Gelände bietet Platz zur Erholung und für ausgedehnte Spaziergänge. Ansonsten entspannen Sie sich im Solebecken, im Warmwasserbecken oder im Whirlpool auf dem Sonnendeck. Im Wellnessbereich kommen Besucher bei Massagen und verschiedenen Anwendungen voll und ganz auf ihre Kosten.

WESTFALENBAD »HAGENS FREIZEIT- UND WELLNESSOASE«

Stadionstraße 15, 58097 Hagen
02331 208600 | www.westfalenbad.de

HAGEN
GUTSCHEINHEFT S. 7

Am Empfang erhalten Sie gegen eine geringe Gebühr und Pfand Bademäntel und Handtücher. Zudem bekommen Sie auf Wunsch eine eingehende Beratung durch das kompetente Servicepersonal.

DER EMPFANG

Montag bis Mittwoch von 10:00 – 22:00 Uhr | Donnerstag und Samstag von 10:00 – 23:00 Uhr | Freitag von 10:00 – 24:00 Uhr | Sonntag von 10:00 – 21:00 Uhr. Dienstag ist Damensauna außer an Feier- und Brückentagen und innerhalb der Weihnachtsferien.

DIE ÖFFNUNGSZEITEN

Erwachsene	Wochentags	Wochenende/Feiertage
3 Stunden-Karte	17,00 Euro	18,00 Euro
Tageskarte	22,00 Euro	24,50 Euro

DIE PREISE

Bei Veranstaltungen gelten gesonderte Preise, die nicht rabattiert werden können. Im Saunaeintritt ist die Nutzung des Sport- und Freizeitbereiches mit Solebecken enthalten.
Vorbehaltlich möglicher Preisänderungen, während der Laufzeit.

In den geräumigen gemeinschaftlichen Umkleideräumen sind auch einige Einzel-Umkleidekabinen und nach Geschlecht getrennte Duschen und Sanitärbereich zu finden und im Saunabereich zahlreiche Wertschließfächer.

UMKLEIDEN | DUSCHEN

Täglich erwartet die Gäste ein abwechslungsreiches Aufgussprogramm, das ohne Aufpreis genutzt werden kann. Erfrischende Düfte aus Früchten und Kräutern entführen die Gäste in neue Erlebniswelten. Darüber hinaus bietet das WESTFALENBAD Peelings, Cremes, Honig, Klangschalenspiel und als Highlight den Wellnessgruß.

DIE SAUNEN
DIE AUFGÜSSE

Der Klassiker unter den Saunen mal anders: die Finnische-Sauna. Das Highlight ist das Wechselspiel der Farben, die den Saunaraum dezent durchleuchten und sich positiv auf das Wohlbefinden auswirken. Drei rustikale Metallöfen sorgen für einen gleichmäßig, intensiven Aufguss und lassen Sie bei ca. 90 °C unterschiedliche Duftaromen erleben.

DIE FINNISCHE-SAUNA
90 °C

Den Namen hat die Kelo-Sauna von dem finnischen Kiefernholz Kelo. In dieser Sauna erwarten Sie Temperaturen bis zu 100 °C.

DIE »KELO«-SAUNA
100 °C

128 **WESTFALENBAD** »HAGENS FREIZEIT- UND WELLNESSOASE«
HAGEN
Stadionstraße 15, 58097 Hagen
02331 208600 | www.westfalenbad.de

DIE PANORAMA-SAUNA
65 °C

Mit 65 °C und einer höheren Luftfeuchtigkeit ist die Panorama-Sauna die ideale Sauna für Einsteiger. Zudem bietet die Sauna mit ihrem großen Panoramafenster einen sagenhaften Blick auf die Außenanlage.

DIE INSEL-SAUNA
70 °C

Die Insel-Sauna befindet sich mitten im Naturbadeteich und ist durch Brücken erreichbar. Die runde Bauweise und die großen Fensterelemente ermöglichen einen Panoramablick auf die große Außenanlage. Mit 70 °C erwartet Sie in der Insel-Sauna eine angenehme Wärme.

ENTSPANNUNGSSAUNA
»FENSTER ZUR WELT«
75 °C

In der 75 °C warmen Sauna, mit vier Bankhöhenstufen, werden Ihnen mit beeindruckender Technik verschiedene Erlebniswelten vermittelt, die zum Träumen einladen und vom Alltag entschleunigen. Hier können Sie abschalten und in eine andere Welt eintauchen. Störungsfrei, denn die Sauna bietet automatisierte Aufgüsse. Mehrmals täglich können Sie beim Softaufguss durch Mentholkristalle die Atemwege befreien oder beim Früchteblock das Duftaroma genießen. Bei wohliger Hitze, untermalt mit sanfter Musik, entspannen Sie mitten in den Eisbergen der Antarktis, den Wasserfällen Nordamerikas oder der Flora des tropischen Regenwaldes. Ein einmaliges Erlebnis der Entspannung!

DAS DAMPFBAD

Das Dampfbad hat die niedrigste Raumtemperatur, aber zugleich die höchste Luftfeuchtigkeit, die durch den Ausstoß von Wasserdämpfen im Raum erzeugt wird. An der Decke befindet sich ein Sternenhimmel, der seine Farbe stetig wechselt. Im Dampfbad werden Ihre Atemwege befeuchtet, die Poren der Haut geöffnet und Ihr Organismus wird zum Schwitzen angeregt. Ihr Körper wird dadurch entgiftet und entspannt.

DIE AUFGUSS-SAUNA
85 °C

In der Aufguss-Sauna verwöhnt Sie das Personal regelmäßig mit verschiedenen Aufgüssen. Bei 85 °C können Sie dabei das schöne großflächige Holzdesign genießen,

WESTFALENBAD »HAGENS FREIZEIT- UND WELLNESSOASE«

Stadionstraße 15, 58097 Hagen
02331 208600 | www.westfalenbad.de

HAGEN

während der Saunameister am freistehenden Saunaofen die verschiedenen Duftaromen aufträgt. Ein Blickfang ist zudem die grün hinterleuchtete Birkenstamm-Wand.

In der Erd-Sauna erleben Sie ein rustikales, in die Natur eingebettetes Saunaerlebnis. Im Zentrum der Sauna steht ein holzbefeuerter Ofen, der ein natürliches Lichtspiel erzeugt. Für eine wohnliche Atmosphäre sorgen die Kelo-Stammscheiben, die an den Wänden angebracht sind. Bei bis zu 90 °C können Sie angenehm schwitzen.

DIE ERD-SAUNA
90 °C

Im Innen- und Außenbereich stehen Ihnen jeweils diverse Duschen, Kneippschläuche, Tauchbecken oder auch Kübelduschen zur Abkühlung zur Verfügung.

DAS ABKÜHLEN

Im Innenbereich des »WESTFALENBADes« finden Sie die Becken für ein wohltuendes Fußbad, bei dem Sie sich in aller Ruhe entspannen können. Auf dem Fußerlebnispfad können Sie die Natur mit den Füßen fühlen.

DAS KNEIPPEN

Die weitläufige Außenanlage verfügt neben zahlreichen Liegemöglichkeiten noch über den großen Naturbadeteich, eine üppige Bepflanzung und ein Ruhehaus mit Holzkamin. Ein weiteres Ruhehaus besticht durch einen hervorragenden Ausblick auf die gesamte Saunaanlage. Es besteht aus zwei Räumen sowie einer Außenterrasse. In die Landschaft sind die verschiedenen Saunen im Außenbereich integriert, zudem bietet die weitläufige Fläche verschiedene Möglichkeiten, um einen erholsamen Spaziergang zu unternehmen. Ein besonderer Anlaufpunkt ist das Gradierwerk. Ein Gang dort entlang ist so gesund wie ein Spaziergang am Meer. In den Abendstunden ist der Außenbereich stimmungsvoll beleuchtet. Dauerhafte und temporäre Kunstinstallationen machen die Anlage zu einem besonderen Erlebnis.

DIE AUSSENANLAGE

Im direkten Umfeld des Gradierwerkes, an dessen Zweigen aus traditionellem Schwarzdornreisig die Sole herunter rieselt, herrscht ein ähnliches Klima wie im Sommer an der See. Bei Hitze im Sommer ist die Temperatur am Gradierwerk bis zu 10 % kühler als in der Umgebung. Durch das Einatmen salzhaltiger Luft werden die Atemwege befeuchtet und die Wandungen der Atemorgane positiv beeinflusst. Des Weiteren besitzen die feinen Salzkristalle eine sekretlösende Wirkung, die die Atemwege intensiv von Bakterien reinigen und die Schleimhäute abschwellen lassen.

DAS GRADIERWERK

130 WESTFALENBAD »HAGENS FREIZEIT- UND WELLNESSOASE«

HAGEN
Stadionstraße 15, 58097 Hagen
02331 208600 | www.westfalenbad.de

DER NATURBADETEICH In der Außenanlage befindet sich ein 900 qm großer Naturbadeteich. Dieser lädt mit seinem naturbewussten Charme – ganz ohne Chemikalien – die Saunagäste zum Schwimmen und zur Abkühlung ein, denn 450 qm des Badeteiches sind beschwimmbar. Als optisches Highlight befindet sich die Insel-Sauna in der Mitte des Badeteichs und Brücken führen zur Sauna hin.

SOLEBECKEN Das neue Solebecken in der Saunalandschaft ist 72 qm groß, 34 °C warm, hat eine Wassertiefe von 1,30 Meter und ist mit ca. 4 % hochwertiger Naturthermalsole angereichert. Drei leistungsstarke Massagedüsen und eine Unterwassersitzbank sorgen zusätzlich für Entspannung. In unmittelbarer Nähe befindet sich der neue 36 °C warme Whirlpool, der Platz für bis zu acht Personen bietet. Ein 200 qm großes Holzdeck rundet den neuen Bereich ab. Ein Regen- und Sonnensegel sorgt zudem für eine ganzjährige Nutzung und bietet viel Platz für weitere Liegen. Alle Einrichtungen sind seniorengerecht ausgestattet und bieten auch für Gäste mit Einschränkungen eine fast vollständig autarke Nutzung. Optisch passt sich der neue Bereich zudem mit Gabionen und Holz gut an das Gesamtkonzept des Saunabereiches an. Die LED-Beleuchtung kann dank Farbwechselmöglichkeit die Stimmung zum Beispiel bei Veranstaltungen ideal aufnehmen. Orange oder Rottöne unterstreichen dabei die lockere und ausgelassene Stimmung bei Saunanächten mit Musik, während blaues Licht bei entspannenden und entschleunigenden Events eingesetzt wird.

RUHEMÖGLICHKEITEN Das »WESTFALENBAD« hält zahlreiche Möglichkeiten zum Ruhen bereit. So gibt es mehrere Ruheräume, sowohl innen als auch außen. Hier gibt es unterschiedliche Räume, in denen Sie bei absoluter Stille oder mit leiser Hintergrundmusik entspannen können aber auch Räume, in denen Unterhaltungen zwischen den Gästen gestattet sind. Für Leseratten gibt es ein Bücherregal mit einem Fundus an Lesematerial. Zudem stehen Ihnen zur Erholung die Terrasse, das Sonnendeck und der wunderschöne Saunagarten mit einem weiteren Ruhehaus zur Verfügung.

WESTFALENBAD »HAGENS FREIZEIT- UND WELLNESSOASE«

Stadionstraße 15, 58097 Hagen
02331 208600 | www.westfalenbad.de

MASSAGEN

Im »WESTFALENBAD« können Sie sich durch verschiedene Wellness-Angebote verwöhnen lassen. Entspannen Sie bei verschiedenen Massagen, Körperpackungen oder Beauty-Spa-Angeboten wie z.B. Ayurveda, Hot Stone, Rhassoul und vielen anderen. Stellen Sie sich aus den vier Säulen des Wohlbefindens (Bäder, Peelings, Packungen und Massagen) Ihre Elemente zum Entspannen und Wohlfühlen individuell zusammen. Sie können auch ganze Wellness-Arrangements nutzen, entweder alleine, gerne zu zweit oder auf Anfrage auch als Gruppe. Diese können Sie vorab unter wellness@westfalenbad.de oder telefonisch unter 02331/208 621 buchen oder Sie lassen sich vor Ort von den freundlichen Mitarbeitern am Wellnesscounter beraten.

EVENTS

Regelmäßige Events tragen zur Vielfältigkeit bei. Das beginnt im WESTFALENBAD mit Wellness für die ganz Kleinen (0 – 4 Jahre), hin zu geführten Saunagängen beim Saunaführerschein und endet in den Saunanächten, bei denen die Gäste neben themenbezogenen Eventaufgüssen besondere Darbietungen von Künstlern und Musikern in der Saunaanlage erleben. Das Highlight ist jedes Jahr die Silvester-Saunanacht.

GASTRONOMIE

In der Gastronomie findet jeder Besucher das passende für sein leibliches Wohl. Die Speisekarte umfasst eine hochwertige Vielfalt an Gerichten und Getränken bei einem ausgeglichenen Preis-/Leistungsverhältnis. Die Saunagäste können sich auf hervorragenden Service und qualitative Fitness- und Wellness-Menüs sowie saisonale oder themenbezogene Angebote freuen.

PARKMÖGLICHKEITEN

Saunagäste können in dem nahegelegenen Parkhaus, mit ca. 600 Stellplätzen, kostenlos parken. Die Entwertung des Parktickets erfolgt an der Kasse. Bitte beachten Sie, dass man bei der Anfahrt von der Alexanderstraße kommend links und von »Am Sportpark« kommend, rechts in die Stadionstraße einbiegen muss, um zum Parkhaus zu gelangen.

Heljensbad »ERLEBEN SIE DAS HELJENSBAD«

Selbecker Straße 12, 42579 Heiligenhaus
02056 922-171 | 02056 922-172 | www.heljensbad.de

GEBOTEN WIRD:

| DAS RESÜMEE | Das »Heljensbad« kann mit einem umfangreichen Kursprogramm rund um das Schwimmen und die Bewegung im Wasser für Groß und Klein aufwarten. Von Babyschwimmen und Kleinkinderschwimmen über gezielten Schwimmunterricht hin zu Aquafitness, Wassergymnastik und therapeutischem Aqua-Training reicht das Programm. Ein Sportbecken mit Schwimmer- und Nichtschwimmerbereich sowie ein Kinderbecken mit Wasserrutsche liegen im Inneren der Anlage. Die Wassertemperatur beträgt das ganze Jahr über 30 °C. Im Freibad erwarten Sie ein 50-Meter-Becken, eine lange Erlebnisrutsche und großzügige Liegewiesen. Das Bad ist in das Bergische Land eingebettet, so dass das Freibad von vielen hochgewachsenen Bäumen umsäumt wird. Übrigens: Das Heljensbad findet man jetzt auch auf Facebook. |

| DER SAUNABEREICH | Die Saunen und das Dampfbad sind mit einer schönen und hellen Holzverkleidung versehen. Der Abkühlbereich im Mittelpunkt der Anlage ist ansehnlich gefliest. Der direkt anliegende Bistrobereich ist mediterran angestrichen. Der Innenbereich ist etwa 400 qm groß; die Dachterrasse 200 qm. |

| DER EMPFANG | Am Empfang werden Bademäntel und -tücher verliehen. Sie können auch verschiedene Wellnessprodukte für die Sauna im Shop erwerben. |

| DIE ÖFFNUNGSZEITEN | Täglich: 10:00 – 22:00 Uhr | Samstag, Sonntag und Feiertag: 10:00 – 19:00 Uhr. | Mittwoch Damensauna. Montag findet immer eine Grundreinigung statt, die Sauna bleibt an diesem Tag geschlossen. |

Heljensbad »ERLEBEN SIE DAS HELJENSBAD«

Selbecker Straße 12, 42579 Heiligenhaus
02056 922-171 | 02056 922-172 | www.heljensbad.de

HEILIGENHAUS

Tageskarte	15,50 Euro	DIE PREISE
Spartarif	13,00 Euro	
Kinder & Jugendliche	11,00 Euro	
11er Coin Sauna	155,00 Euro	
Familienkarten*	37,00 Euro	

*Jeden Samstag in der Sauna z.B. 2 Erwachsene und 1 Kind | Alle Tarife ohne zeitliche Begrenzung. Die Hallen- bzw. Freibadnutzung ist inklusive.

Männer und Frauen kleiden sich separat um. Geduscht wird ebenfalls getrennt geschlechtlich.

UMKLEIDEN | DUSCHEN

Die Vital-Sauna, die Finnische Aufguss-Sauna und das Dampfbad sind im Innenbereich gelegen. Die stündlichen Aufgüsse mit wechselnden Aromadüften werden über ein Mikrofon der Hausanlage durchgesagt. Eine »Kelo«-Blockhaus-Sauna befindet sich auf der Dachterrasse.

DIE SAUNEN

Der große, mit Schiefersteinen gemauerte Ofen erwärmt den Raum auf 75 °C. Sauna-Steine ruhen auf dem Ofen. Dezente Entspannungsmusik sowie ein Farbspiel umschmeicheln etwa 25 Personen in dem holzverkleideten Raum. Ein Fenster gewährt den Blick zum Innenbereich.

DIE VITAL-SAUNA
75 °C

HEILIGENHAUS

134 Heljensbad »ERLEBEN SIE DAS HELJENSBAD«

📍 Selbecker Straße 12, 42579 Heiligenhaus
☎ 02056 922-171 | 📠 02056 922-172 | 🌐 www.heljensbad.de

DIE AUFGUSS-SAUNA
90 °C

90 °C herrschen in der dezent beleuchteten Sauna, die gut 30 Personen aufnehmen kann. Der enorme gemauerte Ofen mit Sauna-Steinen bringt jeden Gast ordentlich ins Schwitzen. Auch hier haben Sie Ausblick zum Innenbereich der Anlage.

DIE »KELO«-BLOCKHAUS-SAUNA
95 °C

Solide 95 °C liegen in dem Blockhaus aus Rundstämmen mit begrüntem Dach in der Luft. Der in Holz eingefasste große Ofen mit Sauna-Steinen steht seitlich. Rustikales Ambiente bei dezenter Beleuchtung versprüht ursprüngliches, finnisches Saunaflair. Sie haben einen phantastischen Ausblick auf den Freibadbereich sowie auf das umliegende Bergische Land.

DAS DAMPFBAD
45 °C

Das Bad lockt mit Salzaufgüssen, die viermal täglich stattfinden. Rund 14 Personen finden Platz in dem mit 45 °C temperierten, grünlich gefliesten Bad. Stirnseitig steht ein Salzkristall unter farbig leuchtendem Deckenhimmel.

DAS ABKÜHLEN

CRUSHED ICE

Der Abkühlbereich ist zentral im Inneren der Anlage gelegen. Eine Stachelbrause, zwei Kaltduschen, eine Schwallbrause und ein Kneippschlauch leisten hervorragende Abkühldienste. Ein Crushed-Ice-Brunnen und ein Tauchbecken bringen eine zusätzliche, erfrischende Abkühlung.

DAS KNEIPPEN

In vier Fußwärmebottichen lässt es sich angenehm kneippen.

DIE AUSSENANLAGE

Die Dachterrasse mit Holzboden ist mit etlichen Liegen, Liegestühlen sowie Strandkörben bestückt. Zahlreiche Grünpflanzen säumen die Terrasse. Sie haben hier einen noch umfassenderen, phantastischen Ausblick auf das Bergische Land und

Heljensbad »ERLEBEN SIE DAS HELJENSBAD«

Selbecker Straße 12, 42579 Heiligenhaus
02056 922-171 | 02056 922-172 | www.heljensbad.de

HEILIGENHAUS

das Außengelände des Freizeitbades als in der Blockhaus-Sauna.

Entspannt schmökern lässt es sich im Leseraum auf diversen Sitzgelegenheiten mit Ausblick auf die Dachterrasse. Im anliegenden Ruheraum erwarten Sie an breiter Fensterfront sechs Holzliegen mit Auflagen und Decken. Bunte Vorhänge dunkeln den Raum leicht ab. Bilder örtlicher Künstler verzieren die Wände. Baststühle sowie gefliese Sitzbänke im zentralen Innenbereich, am offenen Kamin mit loderndem Feuer, erweitern das Angebot an Ruhemöglichkeiten.

RUHEMÖGLICHKEITEN

Lassen Sie sich mit unterschiedlichen Massagen verwöhnen: unter anderem mit Fuß- und Beinmassagen, Wellness- und energetischen Massagen, Shiatsu- und Ayurveda-Anwendungen. Drei Hochleistungsbräuner im Badebereich sorgen für den nötigen Teint.

MASSAGEN | SOLARIEN

Monatliche Aktionen mit verlängerten Öffnungszeiten wie »Finnischer Sauna-Abend«, 24-Stunden-Saunieren oder »Feuriger Mexikanischer Sauna-Abend« locken Schwitzhungrige in das »Heljensbad«. Besondere Aufgüsse und FKK-Schwimmen sind dabei selbstverständlich. Informieren Sie sich am Empfang.

EVENTS

In der Sauna-Gastronomie finden Sie eine große Auswahl an Getränken und Speisen, die Ihnen auch auf der Dachterrasse der Sauna serviert werden.

GASTRONOMIE

Alle in Anspruch genommenen Leistungen werden sofort bar bezahlt.

ZAHLUNGSVERKEHR

Unmittelbar an der Anlage parken Sie kostenlos.

PARKMÖGLICHKEITEN

136 Wellness Sauna Waldesruh »EINEN GANZEN TAG LANG PURE ENTSPANNUNG«

HEINSBERG
GUTSCHEINHEFT S. 9

Schönheitsfarm & Wellness-Sauna Waldesruh, Himmerich 1, 52525 Heinsberg-Himmerich
Sauna: 02453 382929 Farm: 02453 400 | www.sauna-himmerich.de

GEBOTEN WIRD:

DAS RESÜMEE

In der »Wellness Sauna Waldesruh« werden Sie rundherum verwöhnt. Die Kombination eines exklusiven Kosmetikinstitutes mit Körperbehandlungen, verschiedenen Massagen und Gesichtspflege für Sie und Ihn sowie die Annehmlichkeiten einer gemütlichen Sauna- und Badelandschaft versprechen ungetrübtes Wohlbefinden. Die Anlage ist hell und freundlich, teilweise mediterran gestaltet und verteilt sich über mehrere Ebenen. Grünpflanzen finden Sie überall vor. Der innere Bereich umfasst ca. 700 qm, die Außenanlage gut 300 qm.

DIE ÖFFNUNGSZEITEN

Montag	10:00 – 22:30 Uhr	gemischte Sauna
Dienstag	09:00 – 14:00 Uhr	Damensauna*
Dienstag	14:00 – 22:30 Uhr	gemischte Sauna
Mittwoch	09:00 – 22:30 Uhr	Damensauna
Donnerstag	14:00 – 22:30 Uhr	gemischte Sauna
Freitag	10:00 – 22:30 Uhr	gemischte Sauna
Samstag	10:00 – 20:00 Uhr	gemischte Sauna
Sonntag, feiertags	09:00 – 20:00 Uhr	gemischte Sauna

*Sommerpause Juli bis August

DIE PREISE

Der Eintritt beträgt 17,90 Euro für eine Tageskarte. Die Zehnerkarte kostet 169,00 Euro.

UMKLEIDEN | DUSCHEN

Männer und Frauen kleiden sich gemeinsam um. Geduscht wird ebenfalls gemeinsam. Falls gewünscht, besteht für Tagesfarmbesucher auch die Möglichkeit, sich separat zu duschen und umzukleiden.

Wellness Sauna Waldesruh »EINEN GANZEN TAG LANG PURE ENTSPANNUNG«

HEINSBERG

Schönheitsfarm & Wellness-Sauna Waldesruh, Himmerich 1, 52525 Heinsberg-Himmerich
Sauna: 02453 382929 Farm: 02453 400 | www.sauna-himmerich.de

Im Inneren der Anlage befinden sich eine Finnische Sauna, die als Aufguss-Sauna genutzt wird, eine Infrarot-Sauna und ein Dampfbad. Die Außen-Blocksauna liegt im Garten. Die Aufgüsse werden mit wechselnden Düften zelebriert. Dabei werden zeitweise Honig und Salz zum Einreiben sowie Früchte gereicht.

DIE SAUNEN

Auf 80 – 90 °C erhitzt ist der holzverkleidete, dezent beleuchtete Raum. Maximal 25 Personen können sich um den seitlichen Ofen mit Sauna-Steinen gruppieren.

DIE FINNISCHE SAUNA
80 – 90 °C

Das schöne Holzhäuschen mit kleinem Vorraum ist für ca. 20 Personen konzipiert. Zentral steht der Sauna-Ofen mit Steinen. Über einen »Salztopf«, befüllt mit Kristallsalzsteinen, wird ständig Dampf hinzugeführt und so die Luft mit Salz angereichert. In der Sauna herrschen eine Temperatur von ca. 65 °C und eine Luftfeuchtigkeit von 30 %. Farblicht umspielt die schwitzenden Gäste.

DIE AUSSEN-BLOCKSAUNA
CA. 65 °C | 30 %

Sieben Personen sitzen bei milden 60 °C rund um die mittig angeordnete Säule mit Wärmestrahlern. Auf der Säule leuchtet ein 50 kg schwerer »Indus-Salzstein« in einem angenehmen orange-rot und sorgt für einen ausgeglichenen Ionenaustausch. Weitere Wärmestrahler sorgen im Rücken und an den Füßen für eine wohltuende Wärme.

DIE INFRAROT-SAUNA
60 °C

Das aromatisierte, 45 °C warme römische Dampfbad bietet Platz für zehn Personen.

DAS DAMPFBAD
45 °C

138 **Wellness Sauna Waldesruh** »EINEN GANZEN TAG LANG PURE ENTSPANNUNG«

HEINSBERG

Schönheitsfarm & Wellness-Sauna Waldesruh, Himmerich 1, 52525 Heinsberg-Himmerich
Sauna: 02453 382929 Farm: 02453 400 | www.sauna-himmerich.de

DAS ABKÜHLEN — Neben einem Tauchbecken erwarten Sie Warm-Kalt-Brausen, Schwallduschen, Regendruckbrausen, Schwalleimer und Kneippschläuche. Am Tauchbecken sind vier Paar Fußwärmebecken gelegen.

DER WHIRLPOOL — Der 36 °C warme Hot-Whirlpool verwöhnt seine Besucher

DIE AUSSENANLAGE — Terrassenförmig angelegte Flächen sind mit Liegestühlen inklusive Auflagen bestückt. Viele Grünpflanzen zieren die Anlage, die von hochgewachsenen Bäumen umgeben ist. Ein überdachter Sitzbereich lädt auch bei Regen zum Verweilen und Plauschen ein.

DAS SCHWIMMBAD — Das 32 °C warme Hallenschwimmbad wartet mit Massagebänken, Schwalldusche und Gegenstromanlage auf.

RUHEMÖGLICHKEITEN — In der Ruhezone finden Sie zwei Ruheräume mit gemütlichen Liegen inklusive Auflagen und Decken.

Wellness Sauna Waldesruh »Einen ganzen Tag lang pure Entspannung«

Schönheitsfarm & Wellness-Sauna Waldesruh, Himmerich 1, 52525 Heinsberg-Himmerich
Sauna: 02453 382929 Farm: 02453 400 | www.sauna-himmerich.de

HEINSBERG

Bei Ganzkörper- und Teilkörpermassagen können Sie sich so richtig entspannen. Wahlweise mit Ölen, heißen Steinen und Kräuterbeuteln. Auch asiatische Massagen wie Ayurveda-Massagen sind erhältlich.

MASSAGEN

Ab und zu werden Veranstaltungen durchgeführt. Informieren Sie sich am Empfang oder im Internet.

EVENTS

Im liebevoll dekorierten Gastronomiebereich werden Ihnen Kleinigkeiten, Salate, Nudeln, asiatische und vegetarische Gerichten serviert. Hier lässt es sich gemütlich speisen.

GASTRONOMIE

Alle in Anspruch genommenen Leistungen werden im Nachhinein bezahlt.

ZAHLUNGSVERKEHR

Direkt an der Anlage parken Sie kostenlos.

PARKMÖGLICHKEITEN

Top Alivio Saunacentrum »DAS SAUNACENTRUM MIT SOMMERFLAIR«

NL-HORN

📍 Heythuyserweg 1, NL-6085 NH Horn
☎ 0031 475-589077 | 📠 0475-589006 | 🌐 www.topalivio.nl

GEBOTEN WIRD:

DAS RESÜMEE	Das inhabergeführte Saunazentrum in Horn gibt sich in attraktivem Ambiente. Natürliche Farben wie cremeweiß und grün sind gepaart mit Dekorationen der Maya-Kultur. Außerdem findet sich in der gesammten Anlage viel Holz sowie viele Grünpflanzen.
	Der Begriff „Alivio" kommt aus dem spanischen und bedeutet Wohltat. Der Familienbetrieb sorgt im Innenbereich auf über 900 qm und im Saunagarten auf über 1.300 qm dafür, dass Ihr Aufenthalt so angenehm und wohltuend wie möglich ist. Ein Urlaubsfeeling mit Sommerflair sind in der gemütlichen, einladenden Saunalandschaft Programm.
DER EMPFANG	Am Empfang können Bademäntel und Handtücher ausgeliehen werden. Badeschlappen sind käuflich erwerbbar.
DIE ÖFFNUNGSZEITEN	Dienstag bis Donnerstag 10:30 – 22:30 Uhr	Freitag und Samstag 10:30 – 23:00 Uhr Am ersten Sonntag des Monats ist »Lazy Sunday« von 10:30 – 20:00 Uhr	Dritter Sonntag des Monats Themensonntag 10:30 – 20:00 Uhr. Alle übrigen Sonntage geschlossen	Mittwoch ist Damentag.
DIE PREISE	Tageskarte 28,00 Euro	Abendtarif Dienstag bis Samstag ab 16:30 Uhr 19,00 Euro	Kinder bis 14 Jahren 16,50 Euro.
UMKLEIDEN	DUSCHEN	Damen und Herren kleiden sich gemeinsam um. Geduscht wird ebenfalls gemeinsam.

Top Alivio Saunacentrum »DAS SAUNACENTRUM MiT SOMMERFLAiR«

NL-HORN

Heythuyserweg 1, NL-6085 NH Horn
0031 475-589077 | 0475-589006 | www.topalivio.nl

DIE SAUNEN

Drei abwechslungsreiche Saunakabinen und ein Dampfbad finden die Saunagäste im Inneren der Anlage vor. In der Mexikanischen Sauna im Saunagarten werden einmal mittags und einmal abends Hand-Aufgüsse zelebriert. Die Sauna ist in einem attraktiven Steinhäuschen mit Vorraum untergebracht und mit mexikanischem Flair versehen. Abends erhellen die bunten Lampen vor der Sauna das Haus stimmungsvoll.

DIE INFRAROT-SAUNA

Die Infrarot-Heizstäbe an den Wänden dienen der individuellen Erwärmung des Körpers von innen. Etwa 15 Personen genießen in dank großem Fenster einen schönen Ausblick in den einladenden Saunagarten.

DIE KRÄUTER-SAUNA
60 °C

Der Duft von wechselnden, gesunden und wohlriechenden Kräutermischungen liegt in der mit 60 °C mild temperierten Kabine. Hier erleben Sie, in der für etwa 25 Personen konzipierten Sauna, einen wohltuender Start in den Saunatag.

142
NL-HORN

Top Alivio Saunacentrum »DAS SAUNACENTRUM MIT SOMMERFLAIR«
Heythuyserweg 1, NL-6085 NH Horn
0031 475-589077 | 0475-589006 | www.topalivio.nl

DIE PANORAMA-SAUNA
90 °C

Die Panorama-Sauna ist mit 90 °C die heißeste Kabine der Anlage. Die Trockensauna kann bis zu 40 Personen beherbergen. Ein Panoramafenster gewährt einen tollen Blick ins umgebende Grün.

DIE MEXIKANISCHE SAUNA
80 °C

Die rustikale Holzverkleidung ist schön mit Stein kombiniert und wird leicht beleuchtet. 40 Personen säumen sich um den großen Ofen mit Saunasteinen in der 80 °C warmen Kabine. Alle 15 Minuten erfolgt ein automatischer Aufguss. Olé-Ausrufe und Wellen der Begeisterung können während der zweimal täglich zelebrierten Hand-Aufgüsse mit wechselnden Düften vernommen werden.

DAS DAMPFBAD
45 °C

Ein blinkender Sternenhimmel spendet Licht für etwa 12 Personen in der gefliesten, aromatisierten Kabine. Die Stoomgroeve ist aus Leistein aus den Ardennen erbaut. Feiner Nebel liegt in der 45 °C warmen Kabine.

DAS ABKÜHLEN

Eine Regendruck- und eine Kübeldusche sowie ein Kneipp-Schlauch verheißen Abkühlung nach intensivem Schwitzbad. Anschließend lockt das kalte Tauchbecken. Die tropische, feine Regendusche sorgt für Abwechslung. Peeling-Salz steht zum Einreiben bereit. Das wohltuend warme Fußbad wird von einer Marmor-Sitzbank umrundet. Neben Kaltduschen kühlt das große tunnelartige Tauchbecken zum Durchlaufen mit mittigem Wasserfall im Saunagarten ordentlich ab.

SCHWIMMBAD | WHIRLPOOL

Mit 30 °C sehr behaglich gibt sich das 50 qm große, innen liegende Schwimmbad mit Massagedüsen. Der benachbarte 37 °C heiße, runde Whirlpool lädt zum angenehmen Verweilen ein. Der 70 qm große Außenpool ist bunt beleuchtet und ganzjährig mit 24 °C temperiert. Zahlreiche Liegen am Pool bieten entspannende Erholung.

Top Alivio Saunacentrum »DAS SAUNACENTRUM MIT SOMMERFLAIR«

Heythuyserweg 1, NL-6085 NH Horn
0031 475-589077 | 0475-589006 | www.topalivio.nl

NL-HORN

DIE AUSSENANLAGE

Hochgewachsene Bäume umrunden die Saunalandschaft mit großer Liegewiese mit vielen Liegen und angelegten Beeten. Zentral liegt der große Außenpool, an den sich eine Palme anschließt. Ein Teich mit Wasserfall ist in eine attraktive Landschaft aus Stein gebaut.

RUHEMÖGLICHKEITEN

Der gemütliche Ruheraum in entspanntem Ambiente mit modernen Dekorationen gewährt den Ausblick in den Saunagarten. Die Saunagäste kommen auf bequemen Liegen mit Auflagen und Decken neben drei Hängematten herrlich zur wohlverdienten Ruhe. Ein offener Ruhebereich mit gemütlichen Sofas und Grünpflanzen ermöglicht den Ausblick und den Zugang in heißen Sommermonaten zum mexikanischen Garten. Eine Landschaft aus Wüste, Grünpflanzen und kleiner Terrasse prägen das Ambiente dieses Gartens.

144 Top Alivio Saunacentrum »DAS SAUNACENTRUM MIT SOMMERFLAIR«
NL-HORN Heythuyserweg 1, NL-6085 NH Horn
0031 475-589077 | 0475-589006 | www.topalivio.nl

MASSAGEN | SOLARIEN Ganzkörper- und Teilkörpermassagen lockern den verspannten Körper. Hot-Chocolate-Massagen, Hot-Stone- und Kräuterstempelmassagen sowie Aromaölmassagen und Peeling-Massagen bedeuten Erholung pur für Körper und Geist. Ein Hochleistungsbräuner sorgt für einen schönen Teint. Außerdem verfügt das Saunacentrum nun auch über einen Schönheitssalon. Die Kosmetikerin ist von Dienstag bis Samstag von 11:00 bis 18:00 Uhr anwesend.

EVENTS Sporadisch werden Veranstaltungen unter einem bestimmten Motto wie z. B. spanischer oder italienischer Abend mit besonderen Aufgüssen angeboten. 4 – 5 mal pro Jahr lockt eine indianische Schwitzhütte mit indianischen Ritualen die Gäste in die Saunalandschaft. Bitte informieren Sie sich im Internet oder an der Rezeption.

Top Alivio Saunacentrum »DAS SAUNACENTRUM MIT SOMMERFLAIR«

Heythuyserweg 1, NL-6085 NH Horn
0031 475-589077 | 0475-589006 | www.topalivio.nl

NL-HORN

GASTRONOMIE

Entspannende Musik begleitet Sie in dem großzügigen, gemütlichen Restaurant in natürlichen Farben. Toasts, Omelettes, gegrillte Baguettes, Suppen und Salate werden ebenso serviert wie vegetarische Wok-Gerichte, saisonale Fleisch- und Fischgerichte sowie wechselnde Tagesgerichte. Offenes Kaminfeuer macht den Aufenthalt äußerst behaglich. Die überdachte Holzterrasse am Saunagarten liegt unmittelbar am Pool und kann dank Heizöfen lange Zeit im Jahr genutzt werden.

Alle in Anspruch genommenen Leistungen werden im Nachhinein beglichen.

ZAHLUNGSVERKEHR

Unmittelbar an der Anlage kann auf einem großen Parkplatz kostenlos geparkt werden.

PARKMÖGLICHKEITEN

146 Bürgerbad Hückeswagen »RUNDUM GESUND«

Zum Sportzentrum 9, 42499 Hückeswagen
02192 931-387 | 02192 931-389 | www.buergerbad-hueckeswagen.de

GEBOTEN WIRD:

DAS RESÜMEE — Das sehr idyllisch gelegene »Bürgerbad« wartet mit einem großen Badbereich und einer anliegenden Sauna-Landschaft mit Sauna-Garten auf. Im Badbereich tummeln sich Jung und Alt entweder im 25 x 10 m Schwimmbecken mit Nackendusche und 1-m- und 3-m-Sprungbrett oder im Nichtschwimmerbecken mit 50-m-Rutsche. Das in weiter Umgebung einzige textile Dampfbad ist neu, modern und barrierefrei gestaltet und verheißt nebliges Ambiente mit wechselnder Farblichtstimmung und musikalischer Untermalung. Als Abkühlmöglichkeit steht ein Kneippschlauch sowie eine Kalt/Warmdusche bereit. Sitzwärmebänke unter Sternenhimmel laden zum kurzweiligen Entspannen ein. Der 1.000 qm große Außenbereich verfügt über eine großzügige Liegewiese mit Liegestühlen und Sonnenschirmen und einem überdachten Sitzbereich. Die Kleinen kommen in der Dschungellandschaft mit Affe, Krokodil und Schlange voll auf Ihre Kosten. Die innen liegende, gefliese, teils mediterran gestaltete Sauna-Landschaft erstreckt sich über 350 qm. Der mit viel Grün gesäumte Sauna-Garten umfasst rund 250 qm.

DER EMPFANG — Vom Kassenautomaten gelangen Sie über ein Drehkreuz zum Sauna-Eingang.

DIE ÖFFNUNGSZEITEN

Montag	14:00 – 21:00 Uhr	Herrensauna
Dienstag	11:00 – 22:00 Uhr	Damensauna
Mittwoch	13:00 – 22:00 Uhr	gemischte Sauna
Freitag	13:00 – 22:00 Uhr	gemischte Sauna
Samstag	12:00 – 21:00 Uhr	gemischte Sauna
Sonntag und feiertags	12:00 – 20:00 Uhr	gemischte Sauna

Bürgerbad Hückeswagen »RUNDUM GESUND«

Zum Sportzentrum 9, 42499 Hückeswagen
02192 931-387 | 02192 931-389 | www.buergerbad-hueckeswagen.de

DIE PREISE
Tageskarte einschließlich Bürgerbad 13,00 Euro.

UMKLEIDEN | DUSCHEN
Männer und Frauen kleiden sich gemeinsam um. Die Duschen sind ebenfalls für beide Geschlechter gleichzeitig vorgesehen.

DIE SAUNEN
Das Sanarium® und das Dampfbad finden Sie im Innenbereich der Anlage. Alle weiteren Kabinen sind im Sauna-Garten untergebracht.

DAS SANARIUM®
55 – 60 °C | 50 – 55 %
Etwa 20 Personen finden Platz in der rustikal holzverkleideten Sauna-Kabine, die mit 55 – 60 °C beheizt wird. Die aromatisierte Luft weist eine Luftfeuchtigkeit von 50 – 55 % auf. Dezentes Licht fällt auf den großen, von Steinen eingerahmten Ofen mit Sauna-Steinen. Ein integriertes Farblichtgerät mit wechselnden Farben zur Aktivierung des Energiepotenzials schafft eine individuelle Wohlfühl-Atmosphäre.

148 Bürgerbad Hückeswagen »RUNDUM GESUND«

HÜCKESWAGEN

Zum Sportzentrum 9, 42499 Hückeswagen
02192 931-387 | 02192 931-389 | www.buergerbad-hueckeswagen.de

DIE TROCKENSAUNA-FÄSSER
80 – 100 °C

Drei Trockensauna-Fässer liegen direkt beieinander. Obwohl jeweils bis zu fünf Personen Platz finden würden, lässt sich hier kuschelig zu zweit eine angenehme Zeit verbringen. Die Fässer sind aus Blockbohle gebaut und mit einem Ofen mit Sauna-Steinen versehen. Die Temperatur reicht von 80 – 100 °C. Das 80 °C warme Sauna-Fass – die Kräuter-Sauna – ist angenehm aromatisiert und mit Kräuterbehang.

DIE BLOCKHAUS-SAUNA
89 °C

Der große gemauerte Ofen mit Sauna-Steinen erwärmt den dezent beleuchteten Raum mit zwei Fenstern auf Temperaturen um die 89 °C. An die 35 Personen können die stündlichen Aufgüsse mit wechselnden Düften und teilweise musikalischer Untermalung genießen. Dazu werden Obst und Tee zum Verzehr oder Salz zum Einreiben gereicht. Die Blockhaus-Sauna aus Blockbohlen wartet mit großem Vorraum, einer Kaltdusche und einem Kneippschlauch sowie überdachten Sitzmöglichkeiten auf.

DAS DAMPFBAD
45 °C

Nebelschwaden steigen in dem gefliesten, aromatisierten Dampfbad auf. Acht Personen können sich an dem feuchten Klima bei 45 °C und wechselnder Farblichtstimmung erfreuen.

DAS ABKÜHLEN

Warm-Kalt-Brausen und das quadratische Tauchbecken sorgen für eine ordentliche Abkühlung im Innenbereich. Vier Fußwärmebecken an einem Rondell kümmern sich um Ihre Füße. Eine Kübeldusche, eine Schwall- und eine Kaltbrause neben einem Kneippschlauch vitalisieren Ihren Organismus im Außenbereich. Das große Tauch-becken wird von vielen Grünpflanzen umgeben.

DIE AUSSENANLAGE

Der Sauna-Garten wird von hochgewachsenen Bäumen gesäumt. Viele Grünpflanzen zieren gepflasterte Sitzbereiche mit vielen Sitzmoglichkeiten.

Bürgerbad Hückeswagen »RUNDUM GESUND«

Zum Sportzentrum 9, 42499 Hückeswagen
02192 931-387 | 02192 931-389 | www.buergerbad-hueckeswagen.de

Der ebenerdige Leseraum und der darüber liegende Ruheraum mit Sonnenterrasse sind mediterran mit hellen und freundlichen Farben gestaltet. Gemütliche Relaxliegen mit Kopfteil und Decke sowie Holzliegen und Sitzmöglichkeiten stehen zur Erholung bereit. Sie haben Ausblick auf die grüne Außenlandschaft.
RUHEMÖGLICHKEITEN

An bestimmten Tagen können Sie sich mit Ganzkörper-, Teilkörper- und Wellnessmassagen verwöhnen lassen.
WELLNESS | MASSAGEN

Sporadisch werden besondere Sauna-Events und Sauna-Wochen angeboten.
EVENTS

Im Bistrobereich findet zeitlich passend zu den Aufgüssen ein Getränkeverkauf zum Selbstkostenpreis statt. Selbst mitgebrachte Speisen und Getränke dürfen gerne verzehrt werden. Bestellte türkische und internationale Gerichte des anliegenden »Boya-Bad Imbiss« können in der Sauna verspeist werden.
GASTRONOMIE

Alle in Anspruch genommenen Leistungen werden sofort beglichen.
ZAHLUNGSVERKEHR

Unmittelbar an der Anlage parken Sie kostenlos.
PARKMÖGLICHKEITEN

150
KEMPEN
GUTSCHEINHEFT S. 9

AquaSol Sauna und Wasserwelt »GENUSS UND ENTSPANNUNG«

Berliner-Allee 53, 47906 Kempen
02152 4431 | www.aqua-sol.de

GEBOTEN WIRD:

| DAS RESÜMEE | Seit vielen Jahren ist das AquaSol fester Bestandteil der Freizeitplanung am Niederrhein. Im Winter kann nicht nur im Hallenbecken geschwommen werden, sondern auch im 33 °C warmen Solebecken. Die Kinder haben ihren Spaß auf der 61 Meter langen Röhrenrutsche. |

Im Sommer bietet das flächengrößte Freibad der Region eine riesige Liegewiese und auch diverse Freibecken, u.a. das große Spaßbecken mit der 13 Meter langen Breitrutsche. Das 25-Meter-Sportbecken ist ein Ganzjahresbecken. Sie können also Sommer wie Winter an der frischen Luft schwimmen.

DER SAUNABEREICH Die Saunaanlage zeichnet sich besonders durch die hochwertigen Materialien und großzügigen Bereiche aus. Sie haben auf 750 qm Fläche die Wahl zwischen drei unterschiedlich gestalteten und temperierten Saunen.

DIE SAUNEN
DIE »RELAXSAUNA«
60 °C | 40 %

Auf 60 °C und 40 % Luftfeuchtigkeit dürfen Sie sich in dem Warmluftbad freuen. Farbliche Lichter wirken positiv auf Ihr Wohlbefinden ein. Im Zentrum der Kabine befindet sich der Valo-Ofen, auf dem in der Mitte eine große Granitkugel liegt.

Dieser Kugel entspringt mit ätherischen Ölen angereichertes Wasser, das den Raum duftend einhüllt.

DAS DAMPFBAD
CA. 45 °C | 100 %

45 °C und 100 % Luftfeuchtigkeit sind die Eckdaten für das schön gestaltete Caldarium (ein Dampfbad). Die feuchtigkeitsgesättigte Luft ist insbesondere für die Haut und Atemwege eine Erholung.

AquaSol Sauna und Wasserwelt »GENUSS UND ENTSPANNUNG«

📍 Berliner-Allee 53, 47906 Kempen
📞 02152 4431 | 🌐 www.aqua-sol.de

Wer es heiß mag, ist in dieser größten Saunakabine der Anlage – die 36 Schwitzfreuden Platz bietet – bei 90 °C bestens aufgehoben. Regelmäßig gibt es handgemachte Aufgüsse mit unterschiedlichen Aromen.

Der Außenbereich befindet sich auf dem Dachgarten. Der großzügige Ruheraum mit Panoramafenstern und „Kaminfeuer" lädt mit bequemen Ruheliegen zum Entspannen ein. Sie finden auf dem Dachgarten sowohl überdachte, als auch offene Sitz- und Liegebereiche, um sich schon bei den ersten Sonnenstrahlen nahtlos bräunen zu können. — DIE EVENT-SAUNA

Und was es sonst noch so gibt: Fußbäder, Eventdusche, Kalt- und Warmduschbereiche und genügend Platz zur Erholung zwischendurch. Im Gastrobereich, dem »AquaBistro«, gibt es für Sie erfrischende Getränke und kleine Häppchen. — DIE DACHTERRASSE

Montag* – Samstag	11:00 – 22:00 Uhr (Samstag Schwimmbad nur bis 20:00 Uhr)	DIE ÖFFNUNGSZEITEN
Sonntag und feiertags	11:00 – 20:00 Uhr	
Kurzzeittarif (Montag – Samstag)	19:00 – 22:00 Uhr	

*Der 1. und 3. Montag im Monat ist ein reiner Damentag.

Montag bis Donnerstag	09:00 – 22:00 Uhr
Freitag und Samstag	09:00 – 23:00 Uhr
Sonn- und Feiertage	09:00 – 22:00 Uhr

Für die Tageskarte Montag bis Donnerstag 17,80 Euro | Freitag bis Sonntag sowie Feiertage 18,80 Euro | Kinder zahlen sonntags nur 10,00 Euro. | Weitere Infos finden Sie auf der Homepage www.aqua-sol.de Änderungen vorbehalten. — DIE PREISE

Momentan wird ein neues Hallenbad gebaut. Bitte erkundigen Sie sich vor Ihrem Besuch auf der Webseite wegen eventueller Änderungen. — HINWEIS

152 Neptunbad »ENTSPANNUNG IM HERZEN VON KÖLN«

KÖLN
GUTSCHEINHEFT S. 9

Neptunplatz 1, 50823 Köln
0221 710071 | 0221 7100724 | www.neptunbad.de

GEBOTEN WIRD:

DAS RESÜMEE
Seit nahezu 100 Jahren steht das Neptunbad im Zeichen der Körperkultur. Heute ist das denkmalgeschützte Jugendstilbad eine Wellness-Oase inmitten der Stadt. Erleben Sie einen japanischen Kurzurlaub in der modernen asiatischen Bäder- und Saunalandschaft und erholen Sie sich im historischen Saunabereich wie zu Kaiserszeiten.

DER SAUNABEREICH
Eine Oase im Herzen der Stadt! Auf insgesamt 3.000 qm erstreckt sich eine liebevoll gestaltete asiatische Sauna-und Bäderlandschaft mit acht verschiedenen Saunen im Innen- und Außenbereich. Einladende Sonnendecks und Außenliegeflächen, ein liebevoll gestalteter Zen-Garten, Onsenbäder und atmosphärische Ruheräume laden zum Verweilen und Entspannen ein. Ein umfangreicher Aufgussplan, Schokoladen-und Honiganwendungen, Eisabriebe und servierte Früchte verwöhnen Haut und Sinne und lassen den Alltag vergessen. Im originalgetreu rekonstruierten Saunabereich des Jugendstilbads entspannen Sie wie zu Kaiserzeiten. Relaxen Sie zu meditativer Unterwassermusik im Kaiserbad getreu der ursprünglichen Bedeutung des Wortes „SPA": sanus per aquam – gesund durch Wasser.

DIE ÖFFNUNGSZEITEN
Die Sauna hat täglich von 9:00 – 24:00 Uhr geöffnet.

DIE PREISE

Tarif	Montags – freitags	Samstags, sonn- & feiertags sowie in den Weihnachtsferien	Abonnements (je 11x)
2 Stunden	21,50 Euro	24,50 Euro	215 Euro
4 Stunden	27,50 Euro	30,50 Euro	275 Euro
Tageskarte	33,50 Euro	36,50 Euro	335 Euro

Neptunbad »ENTSPANNUNG IM HERZEN VON KÖLN«

Neptunplatz 1, 50823 Köln
0221 710071 | 0221 7100724 | www.neptunbad.de

KÖLN

Entspannen Sie sich bei milden 65 °C und sanftem Kerzenschein. In regelmäßigen Abständen wird der Ofen mit Zitrussud übergossen und erfüllt die Sauna mit erfrischendem Aroma.

Genießen Sie die heilsame Wirkung japanischer Kräuter: In der japanischen Kräutersauna wird eine traditionelle Mixtur nach historischer Überlieferung aufbereitet und in einem Kupferkessel verkocht. So entfaltet die Kräutermischung ihre optimale Wirkung.

Vergessen Sie den Alltag bei trockenen 90 °C. Die wohltuende Wärme wirkt entschlackend und entspannend auf Körper und Geist. Durch ein Salz-Peeling wird der Stoffwechsel angeregt und Sie kommen verstärkt ins Schwitzen. Zusätzlich macht es Ihre Haut weich und geschmeidig.

Räucherstäbchen sorgen in dieser bewusst unbeleuchteten Sauna für eine tiefenentspannende Atmosphäre.

Eine klassische Sauna mit großzügigen Liegeflächen und einem zentralen Blockofen in der Mitte des Raums. Täglich finden hier verschiedenste Aufgusszeremonien statt, von Aroma-Salz, über Blütenhonig bis zum "Vulkan" unter den Aufgüssen: dem prickelnd heißem Funkazan-Aufguss.

Die Aufgusssauna im Innenbereich: Täglich gibt auch hier verschiedene Zeremonien, angefangen mit dem erfrischenden guten Morgen-Aufguss (Ohayo), über Batamiruka (Buttermilch) bis zum sanften Yachigusa (Kräutersud). Die Sauna entspannt zusätzlich mit einem schönen Ausblick in die Lichthöfe im Zen-Garten-Stil.

Saunieren wie 1912: Erleben Sie facettenreiche Aufgüsse auf dem runden Saunaofen in der Mitte des Raumes und entspannen Sie bei milden 70 °C. Genießen Sie dabei die Fächeraufgüsse mit naturreinem Duftwasser aus Rosenblätter oder Zypresse, die alle Sinne wecken.

DIE SAUNEN

KERZENSAUNA
65 °C

KRÄUTERSAUNA
70 °C

SALZSAUNA
90 °C

MAIBAN SAUNA
70 °C

GROSSE AUFGUSSSAUNA IM ZEN-GARTEN
80 °C

AUFGUSSSAUNA AM GROSSEN POOL
80 °C

JUGENDSTILSAUNA
70 °C

154 Neptunbad »ENTSPANNUNG IM HERZEN VON KÖLN«
KÖLN
Neptunplatz 1, 50823 Köln
0221 710071 | 0221 7100724 | www.neptunbad.de

KAISERBAD — Tauchen Sie ein in ein Wasservergnügen der besonderen Art. Bei körperwarmen 37 °C können Sie bei Unterwasser-Meditationsmusik im historischen Pool Ihre Sinne berauschen und den Alltag hinter sich lassen.

LACONIUM | DAMPFBAD 50 °C | 100 % — Genießen Sie das altrömische Schwitzbad bei milden 50 °C oder schwitzen Sie im Dampfbad bei 100 % Luftfeuchtigkeit und lassen Sie die ätherischen Öle auf Ihre Atemwege einwirken.

DAS ABKÜHLEN — Erfrischen Sie sich nach Ihrem Saunagang mit einem klirrend kalten Eisabrieb, dem Abtauchen im Außenbecken oder im 18 m Pool im Innenbereich.

DIE AUSSENANLAGE — Genießen Sie auf drei verschiedenen Ebenen die Sonnendecks mit Blick in den wunderschön gestalteten japanischen Zen-Garten. Entspannen Sie auf 100 bequemen Lounge-Liegen und Sonneninseln an der frischen Luft.

Neptunbad »ENTSPANNUNG IM HERZEN VON KÖLN«

Neptunplatz 1, 50823 Köln
0221 710071 | 0221 7100724 | www.neptunbad.de

KÖLN

Und wenn Sie Lust auf eine erfrischende Abkühlung haben, dann tauchen Sie einfach in einen der Pools ab! Genießen Sie einen sommerlichen Feierabend bis in die laue Sommernacht hinein. Machen Sie es sich unter dem Sternenhimmel mit einer Decke bequem oder lassen Sie sich mit einer ayurvedischen Massage verwöhnen. Zum Wohlfühlen schön!

Entspannen Sie auch bei wohltuenden Massagen und Anwendungen. Das Neptunbad-Team bietet in den stilvollen Räumen im Hauptgebäude, wohltuende Ayurveda-Massagen, anregende Tiefenmassagen, regenerierende Entspannungsmassagen und kosmetische Verwöhnbehandlungen.

WELLNESS | MASSAGEN

Die vielseitige Küche verwöhnt Sie kulinarisch mit exzellenten Kompositionen, leichten Salaten, leckeren Pasta-Gerichten und ausgefallene Besonderheiten. Besonderen Wert wird hierbei auf die Qualität der frischen und vitaminreichen Zutaten gelegt, denn das macht wahren Genuss aus! Ihren kleinen und großen Hunger während Ihres Saunaaufenthalts stillen Sie im Jugendstilrestaurant. Schauen Sie doch einfach mal in die Wochen- oder Frühstückskarte, kommen Sie zum Businesslunch oder genießen Sie einen guten Wein an einem lauen Sommerabend auf dem Neptunplatz.

GASTRONOMIE

Suchen Sie den perfekten Ort für eine gelungene Feier in Köln-Ehrenfeld? Auf Wunsch können Sie das Badenbaden oder den schönen Jugendstil-Kuppelsaal des Neptunbades auch für private Veranstaltungen und Seminare buchen.

Akzeptiert werden Barzahlungen, EC-Karten und Kreditkarten.

ZAHLUNGSVERKEHR

Sie haben die Möglichkeit, in der Neptunbad-Tiefgarage (Tagesgäste 40 Cent/20 Minuten) zu parken.

PARKMÖGLICHKEITEN

Aqualand Freizeitbad ⇒... MEHR ALS EIN TAG URLAUB«

📍 Merianstraße 1, 50765 Köln
📞 0221 7028-0 | 📠 0221 7003658 | 🌐 www.aqualand.de

GEBOTEN WIRD:

DAS RESÜMEE Das AQUALAND in Köln ist ein Wellness- und Urlaubsparadies für Jung und Alt. Hier können Sie unter der großen, lichtdurchfluteten Kuppel im angenehm warmen Thermalwasser (31 °C) mit Fontänen, Bodensprudlern, Massageliegen und Wasserfällen relaxen. Ein Aufenthalt im AQUALAND ist das Wohlfühlerlebnis – ob im Warmsprudelbad oder der Sauerstoff-Therapie-Grotte. Die Sinnerlebnisgrotte mit heißem Rosenquarzstein und Dampfbad, sowie Erlebnisduschen und beheizten Sitzbänken lädt zum Entspannen ein. Die gepflegten Außenanlagen locken mit einem überdachten Therapie- und Bewegungsbecken und einem rundumführenden Strömungskanal. Die Kleinsten kommen im Kinderland mit großzügigem Planschbereich im neu gestalteten Dschungel voll auf Ihre Kosten. Die erste Indoor-Looping-Rutsche weltweit mit Countdown durch die Falltüre und bis 50 km/h durch den Looping, sowie der AQUAconda, AQUAracer, AQUAcanyon, Space Taifun, Red Star und Boomerang verheißen Action pur. Die Himalaya-Salzgrotte mit Relaxmusik, 9.000 Meersalzblöcken und Meersalzwasserbetten verspricht Geborgenheit und ein außergewöhnliches Erlebnis.

DER SAUNABEREICH Mediterrane Farben und die liebevolle Gestaltung prägen die gut 1.200 qm große Saunalandschaft im Inneren. Eine Vielfalt an Saunen, inklusive der 4-Elemente-Sauna mit Lasershow und Musik, bietet ein großes Angebot für jeden Geschmack.

Amethyste, Rosenquarze, Bergkristalle und ein großer Pfau aus Edelsteinen sind eine wahre Augenweide und stimulieren die Sinne. Dank gestalteter Häuserfronten ergibt sich zentral das Bild eines Dorfes im Süden. Der wundervoll und üppig ge-

Aqualand Freizeitbad »... MEHR ALS EIN TAG URLAUB«

Merianstraße 1, 50765 Köln
0221 7028-0 | 0221 7003658 | www.aqualand.de

KÖLN
GUTSCHEINHEFT S. 11

staltete Saunagarten mit u.a. großzügigen Liegewiesen, einem warmen und kalten Außenpool und der exorbitanten Sauna Colonia und verschiedenen kleineren Themensaunen erstreckt sich über 1.500 qm.

Am Empfang werden Bademäntel und Handtücher verliehen. Mit dem Empfang ist eine Boutique verbunden. Hier können Bademäntel, Handtücher, Badeschlappen und Badeutensilien aus einem großen Sortiment käuflich erworben werden.

DER EMPFANG

Montag bis Donnerstag	09:30 – 23:00 Uhr
Freitag	09:30 – 24:00 Uhr
Samstag	09:00 – 24:00 Uhr
Sonntag & feiertags	09:00 – 23:00 Uhr

DIE ÖFFNUNGSZEITEN

Tageskarte	27,90 Euro
4-Stunden-Karte	23,90 Euro
2-Stunden-Karte	20,90 Euro

DIE PREISE

Damen und Herren kleiden sich gemeinsam, oder wahlweise getrennt um, geduscht wird separat.

UMKLEIDEN | DUSCHEN

Im zentralen Innenbereich laden 6 unterschiedlich gestaltete Saunakabinen und ein Dampfbad die Schwitzhungrigen zum erholsamen und behaglichen Verweilen ein. Die Zensauna mit ihren beiden angrenzenden großzügigen Ruheräumen, besticht durch ihre elegante Gestaltung und den freien Blick auf den wunderschönen Zengarten. Am Empfang der Wellness-Oase führt eine Tür Sie auf die großzügige Terrasse vor der Banjasauna.

DIE SAUNEN

Der Hamam-Bereich umfasst ein Dampfbad und einen Hamam-Raum. Im Hamam-Bereich erwarten Sie beheizte Liegeflächen neben den beiden steinernen Massageliegen, auf der die verschiedensten Hamamanwendungen genossen werden können. Der Saunagarten kann mit der Mühlen-Sauna mit Kamin und der riesigen Sauna Colonia aufwarten. Drei direkt nebeneinander liegende Holzhäuschen mit begrüntem Dach beherbergen jeweils eine mit Musik untermalte Saunakabine nahe beim Außenpool.

Eine „Flammenskala" dient als Orientierungshilfe über die Intensität der facettenreichen Aufgüsse. Vom ruhigen, meditativen Yin und Yang-Aufguss mit milden Temperaturen reicht die Skala bis zum stärksten Aufguss, dem Feuerinferno, der sich nur für erfahrene Saunabesucher empfiehlt. Die Aufgüsse werden täglich im Stundentakt in variierenden Kabinen zelebriert. Spezial-Aufgüsse mit Salz,

158 Aqualand Freizeitbad »... MEHR ALS EIN TAG URLAUB«
KÖLN Merianstraße 1, 50765 Köln
0221 7028-0 | 0221 7003658 | www.aqualand.de

Reichung von Getränken, kleinen Erfrischungen oder Überraschungen werden wochentags ab 17:30 Uhr und wochenends ab 11:30 Uhr zusätzlich zum normalen Aufguss-Programm angeboten. Beim Aufguss in der Sauna Colonia wird neben dem klassischen Handtuch auch mit Fahnen gewedelt. Geballte Hitze auf einen Schlag!

DIE GRUBEN-SAUNA
85 °C
Bunte Grubenlichter erhellen die wie ein Bergwergstollen gestaltete Saunakabine. Eine Lore mit Saunasteinen dient als Ofen, der die für rund 30 Gäste konzipierte Sauna auf 85 °C beheizt.

DIE ZENSAUNA
80 °C
Die verschiedenen Sitzebenen der Zensauna erreicht man über eine mittig verlaufende Treppe. Bereits vom Eingang an, hat man einen freien Blick durch die großzügig gestaltete Fensterfront auf den liebevoll, authentisch gestalteten Zengarten. Diese Sauna verbreitet traditionell asiatische Ruhe, lädt zur inneren Einkehr ein und ist eine Inspiration für die Sinne.

BERGKRISTALL-SAUNA
100 °C
Fenster gewähren den Ausblick auf die Mühlen-Sauna. In der neu gestalteten Sauna fühlen Sie sich so richtig wohl.

DIE FELSEN-SAUNA
65 °C
Farbchangierendes Deckenlicht umspielt an die 30 Gäste bei mittleren Temperaturen um die 65 °C. Die Felsensauna verheißt einen erholsamen Start in einen behaglichen Saunatag.

DIE BANJASAUNA
90 °C
Die rustikal mit Birkenscheiben gestaltete Banjasauna lädt Sie auf zwei übereinander liegenden Sitzreihen zu kostenlosen Banja-Zeremonien ein. Genießen Sie drei Mal täglich Aufgüsse mit wohlriechendem Birkensud, wer möchte, schlägt sich zwischendurch auf dem Vorplatz mit Birkenzweigen ab, dies dient der besseren Durchblutung.

Aqualand Freizeitbad »... MEHR ALS EIN TAG URLAUB«

Merianstraße 1, 50765 Köln
0221 7028-0 | 0221 7003658 | www.aqualand.de

KÖLN

Die neueste Sauna-Attraktion im AQUALAND mit atemberaubender Lasershow, Entspannungsmusik und einem Solebrunnen ist ein Anziehungspunkt der besonderen Art.

4 ELEMENTE SAUNA
75 °C

Das urige, rustikale Holzhäuschen aus Blockbohle mit an Fenstern angebrachten Blumenkästen beherbergt die Mühlen-Sauna. Im Vorraum ist ein antikes Mühlengerät attraktiv zur Schau gestellt. Kommen Sie bei Temperaturen um die 90 °C vor dem gemütlichen neuen Kamin ins Schwitzen. Das Mühlenrad an der Außenseite des Hauses befördert Wasser über eine steinige Landschaft in ein Biotop mit Fischen und Wasserpflanzen.

DIE MÜHLEN-SAUNA
90 °C

Schöne Salzsteine prägen das Bild der 80 °C warmen Saunakabine für zwanzig Personen. Der mit Salz ausgelegte Boden ist wohltuend begehbar. Beleuchtete Salzsteine spenden Licht. Eine Wand ist komplett mit Salzsteinen gefertigt, ansonsten ist die Kabine mit einer schönen Kombination aus Holz und Salzsteinen komponiert.

DIE SALZ-SAUNA
80 °C

Täglich wechselnde Düfte bereichern die für acht Gäste konzipierte Aroma-Sauna. Der Ofen mit Rosenquarzen erwärmt die Sauna auf 70 °C.

DIE AROMA-SAUNA
70 °C

Ein schönes Wandbild an der äußeren Hauswand zeigt eine Szenerie aus einer vor-industriellen Dorfgemeinde. In der Kabine werden gut acht Personen von duftendem Heu und 80 °C empfangen.

DIE HEU-SAUNA
80 °C

Das Prunkstück des Saunagartens ist in einem riesigen Haus aus Blockbohlen mit begrüntem Dach untergebracht. Bis zu 120 Schwitzhungrige genießen dank Panoramafenster einen herrlichen Ausblick in die Gartenlandschaft. Der gigantische Ofen ist mit ausgesuchten Natursteinen gemauerten und temperiert die attraktiv holzvertäfelte Sauna Colonia mit 85 °C. Dezente Entspannungsmusik untermalt den angenehmen Aufenthalt.

SAUNA COLONIA
85 °C

160 KÖLN — Aqualand Freizeitbad »... MEHR ALS EIN TAG URLAUB«

📍 Merianstraße 1, 50765 Köln
☎ 0221 7028-0 | 📠 0221 7003658 | 🌐 www.aqualand.de

DAS DAMPFBAD
45 °C
Feiner aromatisierter Nebel umhüllt acht Personen, in dem attraktiv gefliesten Bad bei 45 °C. Vor der Kabine steht Salz zum Peeling bereit.

DAS TÜRKISCHE DAMPFBAD
45 °C
Über zwei Ebenen finden bis zu 20 Liebhaber des Dampfbades auf Granitsitzbänken in schön gefliester Umgebung Platz. Das aromatisierte, durch und durch von Nebel erfüllte Bad ist mit 45 °C temperiert.

DER HAMAM
Der riesige, erwärmte Nabelstein thront mittig im Hamam und dient acht Personen als erholsame Liegefläche neben Sitzbänken aus Marmor. Zwei Marmortische werden für Seifenschaummassagen in der sehr schön orientalisch gestalteten Landschaft mit Wandbild aus Marmorstein genutzt.

DAS ABKÜHLEN
Der Raum mit Kaltduschen hält Regendruck- und Schwallbrausen, Kneipp-Schläuche und eine Kübeldusche bereit. Anschließend verheißen das zentrale Tauchbecken und eine Nebeleisgrotte mit Crushed-Ice-Brunnen und feinem, kalten Sprühregen in kühler Landschaft weitere Abkühlung. Drei Paar Fußwärmebecken sorgen sich wohlig um Ihre Füße. Im Saunagarten kann sich an Kaltduschen, Kneipp-Schläuchen, Regendruck- und Schwallduschen sowie Kübelduschen erfrischt werden. Der Kaltpool an der Mühlen-Sauna verfügt über eine Schwanenhalsdusche. Der Kneipp-Gang am außen liegenden Raucherhäuschen erfrischt und ist zugleich eine wohlige Fußmassage.

DAS SCHWIMMBAD
Der nierenförmige, mit 33 °C temperierte Warmwasserpool im Saunagarten ist mit Sole versehen und von daher der Gesundheit dienlich.

DIE AUSSENANLAGE
Die Mühlen-Sauna trennt den Saunagarten in zwei Bereiche. Beide Bereiche sind mit großzügigen Liegewiesen, unzähligen Liegen mit Auflagen, gepflanzten Bäumen und schönen Beeten ausgestattet. Der Außenpool bietet auch überdachte Sitz- und Ruhemöglichkeiten mit schönem Überblick über die Saunalandschaft.

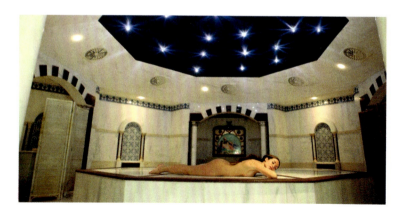

Aqualand Freizeitbad »... MEHR ALS EIN TAG URLAUB«

Merianstraße 1, 50765 Köln
0221 7028-0 | 0221 7003658 | www.aqualand.de

RUHEMÖGLICHKEITEN

Der lichtdurchflutete Ruheraum im Hamam-Bereich bietet viel Platz für Erholung auf über 20 Liegestühlen mit Decken. Fels- und Baumlandschaften charakterisieren den Wintergarten, der sich terrassenförmig über vier Ebenen erstreckt. Jede Ebene ist mit Liegestühlen und Liegen versehen. Abends ist der gesamte Wintergarten stimmungsvoll beleuchtet. Die beiden neuen und schön gestalteten, neben der Zensauna gelegenen Ruheräume, werden durch einen separaten Vorraum betreten und haben einen freien Blick in den neu erschaffenen Zengarten.

MASSAGEN | SOLARIEN

Verwöhnen lassen können Sie sich mit Anwendungen im Hamam wie traditioneller Seifenschaummassage, Honig, Hot-Chocolate-Massage und exotischen Massagen. Neben klassischer Massage stehen entspannende wie kräftige Aromaöl-Massagen auf dem Programm. Auch ayurvedische Massagen werden angeboten. Ein Solarium im Saunabereich sorgt für einen schönen und gesunden Teint.

EVENTS

Jeden 1. Freitag im Monat findet das Saunafest mit wechselnden Themen und besonderen Aufgüssen statt.

GASTRONOMIE

Im Saunarestaurant mit mediterranem Charme lässt es sich am offenen Kamin vorzüglich speisen. Auf der Speisekarte stehen neben Vorspeisen, Salaten, vegetarischen Gerichten und Pizza noch Fleisch- und Fischgerichte sowie ein wechselndes Tagesgericht. Die überdachte, mit schöner Alpenlandschaft bemalte Außengastronomie liegt direkt am Warmwasserpool.

ZAHLUNGSVERKEHR

Alle in Anspruch genommenen Leistungen werden unmittelbar in bar oder bargeldlos beglichen. Im Eingangsbereich befindet sich ein Geldautomat.

PARKMÖGLICHKEITEN

Direkt an der Anlage stehen ausreichend kostenlose Parkplätze zur Verfügung.

162 Agrippabad »WELLNESS - ERHOLUNG - ENTSPANNUNG«

KÖLN
GUTSCHEINHEFT S. 11

Kämmergasse 1, 50676 Köln
0221 279173-0 | www.koelnbaeder.de

GEBOTEN WIRD:

DAS RESÜMEE — Das 1958 erbaute Bad wurde nach einer groß angelegten Restaurierung Ende 2000 wiedereröffnet. Seitdem ziert die mit ca. 1.200 qm europaweit größte, schräg liegende, sinusförmige Wellen-Glasfassade das Bad. Auch deshalb wurde das »Agrippabad« im Jahre 2003 mit der Silbermedaille des IOC/IAKS Award ausgezeichnet. Dieser Award ist der einzige Architekturpreis von internationaler Bedeutung für bereits bestehende Sport- und Freizeitbauten. Im Bad erwarten Sie Vierjahreszeitenbecken, Solebecken, eine 130-m-Röhrenrutsche, ein 25-m-Variobecken, eine 7 Meter hohe Aqua-Kletterwand und eine Sprunganlage, unter anderem mit einem 10-m-Turm.

Ein breites Kursangebot gibt es im Schwimmbereich und auch im Fitnessbereich »AgrippaFit«. Mitglieder erhalten eine qualifizierte Betreuung durch das Fachpersonal, trainieren an pulskontrollierenden Life-Fitness Ausdauergeräten, an Gym-80-Fitnessgeräten und nach Dr. Wolffs Rückentraining. 2009 wurde der Fitnessbereich durch einen Mehrzweck-Gymnastikraum sowie Übungsbereiche für Herz-/Kreislauftraining mit Blick auf den Kölner Dom erweitert.

DER SAUNABEREICH — Die einzigartige Saunalandschaft in mediterranem Flair schließlich bietet in acht verschiedenen Saunen und Bädern ein Sauna-Erlebnis par excellence. Der Innenbereich hat eine Größe von 1.300 qm, die Dachgärten mit Domblick umfassen 700 qm. Ein Ruheraum auf dem Dach bietet zusätzliche Entspannungsmöglichkeiten. Regelmäßige Wassergymnastikkurse ohne Aufpreis.

DER EMPFANG — Vom zentralen Empfang im Erdgeschoss gelangen Sie über eine Treppe oder per Aufzug zur Saunalandschaft in der zweiten Etage.

Agrippabad »WELLNESS – ERHOLUNG – ENTSPANNUNG«

Kämmergasse 1, 50676 Köln
0221 279173-0 | www.koelnbaeder.de

KÖLN

Montag bis Freitag von 9:00 – 23:00 Uhr	Samstag, Sonntag und feiertags von 9:00 – 21:00 Uhr. Montag ist Damentag, außer an Feiertagen.	DIE ÖFFNUNGSZEITEN
2-Stunden-Ticket 17,70 Euro	4-Stunden-Ticket 22,90 Euro	Tagesticket 24,50 Euro. Mondschein-Tarif 19,90 Euro.	DIE PREISE
Männer und Frauen ziehen sich gemeinsam um, geduscht wird separat.	UMKLEIDEN	DUSCHEN
Vier Saunen, drei unterschiedlich gestaltete Bäder sowie die »Kraxenöfen« erwarten Sie im Innenbereich. Die Blockhaus-Sauna auf der Dachterrasse liegt über den Dächern von Köln.	**DIE SAUNEN**
Der holzverkleidete Raum ist mit 90 °C temperiert und bietet bis zu 50 Personen Platz. Stündliche Aufgüsse auf den zentralen, großen Elektro-Ofen mit Sauna-Steinen werden durchgeführt. Hierbei werden Aufgussextrakte mit unterschiedlichen Düften und Wirkungen verwendet. Darunter Wenik-Aufgüsse, ein Mühlenkösch-Aufguss, der einzigartig in den KölnBädern ist sowie Pflege in Form von Aufgüssen mit Creme oder Peeling. Zusätzliche Eisanwendungen und Obstaufgüsse bereichern das Aufgussprogramm.	DIE FINNISCHE AUFGUSS-SAUNA 90 °C
Dezentes Vogelzwitschern, Blätter- und Wasserrauschen begleitet Ihren Saunagang in dem mit 70 °C beheizten Raum. Wellenförmig, wie fließendes Wasser, moduliert sich das grünliche Licht der zwei Aquaviva-Elemente. Der Ofen verbirgt sich hinter dem Liegebereich.	DIE MEDITATIONS-SAUNA 70 °C
Eine sehr hohe Luftfeuchtigkeit bei 45 – 55 °C finden 12 Personen im Dampfbad vor. Der aromatisierte Dampf senkt sich auf blau eingefasste Kunststoffsitze. Von der Decke leuchten farbwechselnde Kugellämpchen. Hier gibt es kostengünstige Zusatzangebote.	DAS DAMPFBAD 45 – 55 °C
Die Raumtemperatur in dem kleinen, rustikalen Holzhäuschen liegt zwischen 43 – 45 °C bei mittlerer Luftfeuchtigkeit. Drei Holzbänke bieten Platz für neun Personen. Im Kupferkessel über dem zentralen Badeofen werden echte Kräuter bedampft. Auf dem beheizten Fußboden liegen Tannenzweige, die beim Betreten eine angenehme Reizung der Fußreflexzonen bewirken.	DAS BRECHELBAD 45 °C
Die Sauna aus Blockbohlen mit kleinem Vorraum kann bis zu 15 Personen beherbergen. Sie haben Blick auf die Dachterrasse. Die Luft ist mit Aromastoffen von frischen Kräutern oder Obst angereichert und auf 80 °C erwärmt.	DIE BLOCKHAUS-SAUNA 80 °C
Im »SabbiaMed©« wird die Stimmung eines Spätsommertages reproduziert mit sauberem, warmem, weißen Sand und sanftem Licht bei 26 – 28 °C.	SABBIAMED© 26 – 28 °C

164
KÖLN

Agrippabad »WELLNESS – ERHOLUNG – ENTSPANNUNG«
Kämmergasse 1, 50676 Köln
0221 279173-0 | www.koelnbaeder.de

DIE »KRAXENÖFEN« — Vier Personen können sich bei 45 – 55 °C von der wohltuenden Wirkung des Heus überzeugen. Das Heu befindet sich in einer Kraxe – tief in der Ofeneinbuchtung – und wird bedampft. Der Badegast sitzt am Ofen und spürt den wärmenden Kräuterdampf, der ihm am Rücken entlang aufsteigt. Er nimmt die darin enthaltenen Wirkstoffe über die Haut und die Atemwege auf.

BACKSAUNA — Die Backsauna bietet ein rustikales Erlebnis mit milder Wärme. Der wunderbare Duft z.B. von frischem Brot und anderen Leckereien regt die Produktion von „Glückshormonen" an. Bereits im Mittelalter setzte man mancherorts Behandlungen in einem „Brotbad" erfolgreich ein. Das frisch gebackene Brot wird den Sauna-Gästen täglich in einer Zeremonie gereicht.

DAS ABKÜHLEN

EISBRUNNEN — Brausen unterschiedlichster Art wie Schwallduschen, Kaltbrausen, Regendruckduschen und Eimer-Schwallduschen sowie Kneippschläuche finden Sie in der Anlage verteilt. Weitere Abkühlung erfahren Sie im Kalttauchbecken und am Crushed-Ice-Brunnen. Die Saunagäste erwartet zudem ein spektakulärer Eisbrunnen.

DAS KNEIPPEN — Auf der Dachterrasse kneippen Sie im Tretbecken mit kaltem und warmem Wasser und Fußmassage. Einige Fußwärmebecken erwarten Sie im Innenbereich.

DIE SCHWIMMBECKEN — Das 66 qm große Innenbecken ist mit 29 °C erwärmt und mit Massagestrahl und Sprudlern ausgestattet. Neben dem Becken findet sich der 38 °C warme Whirlpool.

DIE AUSSENANLAGE — Zwei Dachterrassen mit Holzboden auf unterschiedlichen Ebenen lassen Sie über den Dächern von Köln verweilen. Beide sind mit etlichen Liegen und Grünpflanzen bestückt. Von der oberen Terrasse blicken Sie auf den Kölner Dom.

Agrippabad »WELLNESS – ERHOLUNG – ENTSPANNUNG«

Kämmergasse 1, 50676 Köln
0221 279173-0 | www.koelnbaeder.de

KÖLN

Unmittelbar an der unteren Dachterrasse ist ein Liegeraum mit zehn Bastliegen inklusive Auflagen versehen. Eine breite Fensterfront gewährt den Blick auf die schöne Terrasse mit ihren grünen Inseln aus Pflanzen. Weitere Liegen stehen seitlich des Schwimmbeckens und im offenen Liegebereich gegenüber der Gastronomie. Zimmer mit Aussicht – so könnte man den Ruheraum in dem neu erstellen Dachaufbau beschreiben – entspannen mit Blick auf die Domspitze – das hat Stil.

RUHEMÖGLICHKEITEN

Im Massagebereich werden Sie mit klassischen Massagen sowie thailändischen Massagen verwöhnt.

MASSAGEN

In regelmäßigen Abständen werden besondere Aktionen mit entsprechenden Aufgüssen angeboten.

EVENTS

Im Restaurant werden Sie mit Salaten, Pasta, Tagesgerichten und Kleinigkeiten verwöhnt. Gegenüber der langen Holztheke mit Barhockern sitzen Sie im mediterranen Ambiente im halbrunden Speisebereich. Mittig lodert ein Feuer hinter Glas im Kamin. Während Sie speisen, blicken Sie wahlweise auf das quirlige Badevergnügen im Badebereich hinunter oder auf die Dachterrasse.

GASTRONOMIE

Der Eintritt wird sofort fällig. Speisen und Getränke werden bar bezahlt.

ZAHLUNGSVERKEHR

Parken können Sie direkt am Bad in einem gebührenpflichtigen Parkhaus. Für Bad- und Saunabesucher ermäßigt.

PARKMÖGLICHKEITEN

Falls Dinge vergessen wurden, können zum Beispiel Schlappen käuflich erworben oder Bädemäntel geliehen werden.

DER VERKAUFSSHOP

Stadionbad Köln »SAUNIEREN MITTEN IM SPORTPARK«

Olympiaweg 20, 50933 Köln
0221 279184-0 | www.koelnbaeder.de

GEBOTEN WIRD:

DAS RESÜMEE Im Spätsommer 2011 wurden das Hallenbad und die Saunalandschaft feierlich eröffnet. Freunde des Wassers können sich im Hallenbad im 25-m-Becken auf fünf Bahnen mit Startblöcken oder im Lehrschwimmbecken mit 90 cm Wassertiefe austoben. Nicht nur die Jüngsten kommen im 31 °C warmen Planschbecken mit Rutsche und Sprudelliegen auf ihre Kosten. Das Freibad erschließt sich über eine Fläche von 12.000 qm mit großem, natürlichem Baumbestand und riesiger Liegewiese. Sportlich geht's im 50-m-Becken auf acht Bahnen mit Startblöcken und am Sprungturm mit 1-, 3-, 5-, 7 und 10-m-Turm zu. Das Attraktionsbecken bietet eine breite Wasserrutsche, einen Wasserwerfer und eine Gegenstromanlage.

DER SAUNABEREICH Die 250 qm große, innen liegende Saunalandschaft überzeugt durch einen modernen wie dezenten Stil. Buddhafiguren erinnern daran, uns immer mal wieder auf uns selbst zu besinnen – da kann die Sauna ein geeigneter Ort sein. Der einladende Lounge-Bereich bietet viel Platz für Erholung, aber auch Austausch. Über die Dachterrasse erschließt sich der ca. 400 qm große, ruhige Saunagarten.

DER EMPFANG Die Saunalandschaft liegt in der 1. Etage des Stadionbades und ist über zwei Drehkreuze und eine Treppe erreichbar.

DIE ÖFFNUNGSZEITEN Montag bis Freitag 12:00 – 21:00 Uhr | Samstags, sonntags, feiertags 10:00 – 21:00 Uhr | Dienstags ist Damentag, außer an Feiertagen.

DIE PREISE 2 Stunden-Tarif 16,20 Euro | 4 Stunden-Tarif 19,20 Euro | Tagestarif 20,40 Euro | Mondscheintarif 17,50 Euro | Nachzahlung – auf den nächsthöheren Tarif.

Stadionbad Köln »SAUNIEREN MITTEN IM SPORTPARK«

Olympiaweg 20, 50933 Köln
0221 279184-0 | www.koelnbaeder.de

KÖLN

Umkleiden und Duschen: Männer und Frauen kleiden sich gemeinsam um. Es stehen auch Einzelkabinen zur Verfügung. Geduscht wird getrennt.

UMKLEIDEN | DUSCHEN

Milde 60 °C laden rund 20 Personen auch zum längeren Verweilen ein. Mittig thront ein massiver, mit schwarzem Granit ummantelter Ofen. Auf dem Ofen liegt eine große Granitkugel, aus der beständig mit ätherischen Ölen versetztes Wasser sprudelt. Fast im gleichen Rhythmus wie das Wasser sprudelt, ändert der farbchangierende Sternenhimmel seine Farben.

DIE SAUNEN
DAS VALO-BAD
60 °C

Dank des mit Kräutersud versehenen Kessels über dem seitlichen Saunaofen, verbreitet sich wohltuender Duft in der dezent beleuchteten Kabine. Über drei Ebenen können sich gut 20 Saunagäste bei 70 °C verteilen.

DIE KRÄUTER-SAUNA
70 °C

Der mittige, enorme Saunaofen befeuert die Kabine auf 90 °C. Bis zu 40 Schwitzhungrige können sich an den stündlich, mit wechselnden Düften zelebrierten Aufgüssen, erfreuen. In mehreren Runden wird beim klassischen Aufguss aus der Kelle geschöpft. Während des Spezial-Aufgusses werden zwei verschiedene Düfte kombiniert und es wird mit einem großen Fächer gewedelt. Obst und fruchtige Düfte sowie die Reichung von Eistüchern sind weitere Highlights.

DIE AUSSEN-SAUNA
90 °C

Vier Liebhaber des Dampfbades finden auf den seitlichen Sitzbänken im 45 – 55 °C warmen, attraktiv gefliesten Bad Platz. Feiner, aromatisierter Nebel liegt in der Luft. Peeling-Salz mit verschiedenen Düften kann beim Saunameister abgeholt werden.

DAS DAMPFBAD
45 – 55 °C

Wer heiß Sauna badet, möchte sich auch ordentlich abkühlen. Im Innenbereich gibt es dazu mit Regendruckduschen, Kneipp-Schläuchen, einer Schwallbrause sowie Warm-Kalt-Brausen reichlich Gelegenheit. Die Haut kann auch mit frischem

DAS ABKÜHLEN

168 Stadionbad Köln »SAUNIEREN MITTEN IM SPORTPARK«

KÖLN
Olympiaweg 20, 50933 Köln
0221 279184-0 | www.koelnbaeder.de

Eis aus dem Crushed-Ice-Brunnen gekühlt werden. Außen erwarten den Saunagast zudem noch eine Eimerdusche, ein Tauchbecken sowie weitere Abkühlattraktionen. Vier Fußwärmebecken, an einem farblich beleuchteten Sitz-Podest, komplettieren das Angebot

DIE AUSSENANLAGE Wer in den Saunagarten möchte, betritt zunächst die sonnenverwöhnte Dachterrasse mit bequemen Liegen und einem großen Sonnensessel. Von dort gelangt man über eine Treppe zu einer großen Sonneninsel. Ein abends toll illuminierter Holzsteg dient sowohl als Zugang zum Abkühlbereich, als auch zur Außen-Sauna. Liegen aus Rattan und Bambuspflanzen säumen den Weg zur Sauna. An den Steg grenzt eine Rasenfläche mit hohen Bäumen an.

Stadionbad Köln »SAUNIEREN MITTEN IM SPORTPARK«

Olympiaweg 20, 50933 Köln
0221 279184-0 | www.koelnbaeder.de

RUHEMÖGLICHKEITEN

Auf zwei Ruheräume können sich die Saunagäste verteilen, um nach dem heißen Saunabad mehr und mehr zur Ruhe zu kommen. Von bequemen Liegen, Liegestühlen und Sitzsäcken kann der Blick in den tiefer gelegenen Schwimmbereich schweifen. Im großen Lounge-Bereich stehen zahlreiche sehr bequeme Sitzgarnituren und Sitzsessel zur Erholung bereit. Von hier hat der Saunagast einen herrlichen Ausblick auf das Freibadgelände. Auch die Leseecke am Kaminfeuer lädt zum gemütlichen Verweilen ein.

MASSAGEN

Erholen Sie sich nach der Sauna bei einer entspannenden Wellness- oder Sportmassage. Ebenso können Sie in den Genuss einer Triggerpunktbehandlung, sowie Kombiangeboten, Fußreflexzonenmassage, Entspannungstechniken und Klassischen Massagen kommen.

EVENTS

Einmal jährlich lockt die „Lange Saunanacht" bis 1:00 Uhr, mit speziellen Aufgüssen, die Schwitzhungrigen ins Saunabad.

GASTRONOMIE

Für den kleinen Hunger gibt es einen Snackautomaten im Badbereich. Während der Freibad-Saison werden im Kiosk im Freibad Imbissgerichte und Eiskonfekt verkauft. Heiße und kalte Getränke können im Saunabereich am Automaten gezogen werden.

ZAHLUNGSVERKEHR

Alle in Anspruch genommenen Leistungen werden sofort in bar beglichen.

PARKMÖGLICHKEITEN

Unweit der Anlage stehen kostenlose Parkmöglichkeiten zur Verfügung.

170 Lentpark »GLATT – NASS – FREI – HEISS – GRÜN«

KÖLN
GUTSCHEINHEFT S. 11

Lentstraße 30, 50668 Köln
0221 279180-10 | www.koelnbaeder.de

GEBOTEN WIRD:

DAS RESÜMEE Wasser in seinen drei Aggregatzuständen erleben – flüssig im Schwimmbad, fest auf der Eisbahn und dampfend in der Sauna. Die einmalige Kombination aus 1.800 qm Eisarena plus 260-m-Eishochbahn, einem Hallenbad, einer Saunalandschaft und einem großen Freibad ist eine besondere Attraktion. Das Hallenbad ist mit einem 25-m-Sportbecken, einem Lehrschwimmbecken, einem Kinderplanschbecken und einem Wärmebecken ausgestattet. Im Sommer lockt das Freibad mit Naturbadeteich auf einer Länge von 50 m und Nichtschwimmerbereich, Breitrutsche und Sprungfelsen. Ein Beachvolleyballfeld sowie ein Kleinkind-Wasserspielplatz bieten ausreichend Spielwiese für Jung und Alt. Der Naturbadeteich des Freibades sowie das Naturbadebecken im Saunabereich, werden auf ökologische Art mit Filtersystemen betrieben. Der Lentpark liegt äußerst zentral, ist somit sehr gut erreichbar und zeigt sich dennoch als Oase.

DER SAUNABEREICH Die gut 230 qm im Innenbereich wirken, dank einer breiten Fensterfront, sehr hell und freundlich und erlauben zudem einen herrlichen Ausblick in den grünen Saunagarten. Viele Kerzen, die moderne Gestaltung sowie die kontrastreiche Erscheinung in rot, grün und schwarz, prägen die Saunalandschaft. Es schließt sich der etwa 750 qm große Saunagarten mit einem Naturbadebecken an.

DER EMPFANG Vom Empfang aus führt der Weg des Saunagastes zunächst vorbei an der Eisarena, bevor er über ein Drehkreuz die Saunalandschaft erreicht.

Lentpark »GLATT – NASS – FREI – HEISS – GRÜN«

Lentstraße 30, 50668 Köln
0221 279180-10 | www.koelnbaeder.de

Dienstag	16:00 – 22:00 Uhr	DIE ÖFFNUNGSZEITEN
Mittwoch & Freitag	12:00 – 22:00 Uhr	
Donnerstag	10:00 – 22:00 Uhr	
Samstag & Sonntag	11:00 – 21:00 Uhr	

2 Stunden-Tarif	16,20 Euro	DIE PREISE
4 Stunden-Tarif	19,20 Euro	
Tagestarif	20,40 Euro	
Mondscheintarif	17,50 Euro	

Nachzahlung – auf den nächsthöheren Tarif

Frauen und Männer ziehen sich in separaten Sammelumkleiden um, geduscht wird ebenfalls getrennt. — **UMKLEIDEN | DUSCHEN**

Über dem Ofen hängt ein Kupferkessel mit Kräutersud, dessen Duft sich angenehm in der 45 – 60 °C warmen Kabine verteilt. Bis zu 20 Personen kommen hier schonend ins Schwitzen. Ein Fenster garantiert den Ausblick in den Saunagarten. — **DIE SAUNEN** / DIE KRÄUTER-SAUNA / 45 – 60 °C

15 bis 20 Saunagäste können ihren Aufenthalt bei 45 – 50 °C so richtig genießen. Ein farbchangierendes Deckenlicht umspielt die Schwitzhungrigen in der mit 50 % relativer Luftfeuchtigkeit versehenen Kabine. Ein sanfter Duft liegt in der Luft. — DAS SANARIUM / 45 – 50 °C | 50 %

Die Finnische Sauna im Saunagarten wartet mit einer attraktiven Holzverkleidung auf. Bis zu 40 Personen kommen bei Temperaturen um die 90 °C ordentlich ins Schwitzen. Stündlich werden Aufgüsse mit abwechslungsreichen Düften in der Aufguss-Sauna zelebriert. — DIE AUFGUSS-SAUNA / 90 °C

172 **Lentpark** »GLATT – NASS – FREI – HEISS – GRÜN«
KÖLN Lentstraße 30, 50668 Köln
0221 279180-10 | www.koelnbaeder.de

DAS DAMPFBAD Aromatisierter, feiner Nebel durchzieht die 40 – 45 °C warme Kabine. Auf den seit-
40 – 45 °C lichen Sitzbänken finden bis zu sechs Liebhaber des Dampfbades Platz. Verwöhnen
Sie Ihre Haut mit Salzanwendungen im gefliesten Bad. Peelingsalz gibt es beim
Saunameister.

DAS ABKÜHLEN Nach dem heißen Saunabad ist es Zeit für eine erfrischende wie ordentliche Abkühlung. Schwallbrausen, Regendruckduschen sowie Kneipp-Schläuche sorgen innen
wie außen für das kühle Nass. Der Crushed-Ice-Brunnen neben der Aufguss-Sauna
produziert beständig erfrischendes Eis. Ein ganz besonderes Highlight verspricht
das Naturbadebecken im Saunagarten.

DER AUSSENBEREICH Hochgewachsene Bäume säumen den einladenden Saunagarten. Angelegte Beete
mit Pflanzen, Bambusareale sowie schöne Holz- und Steinelemente prägen die
gesamte Landschaft. Der kleine Saunateich wird abends toll illuminiert. Viele
Sitz- und Liegemöglichkeiten auf bequemen Rattanstühlen und -liegen laden zur

Lentpark »GLATT – NASS – FREI – HEISS – GRÜN«

Lentstraße 30, 50668 Köln
0221 279180-10 | www.koelnbaeder.de

Erholung ein. Zwei große Sonnensegel bieten ebenso Schutz wie der überdachte Vorbereich der Aufguss-Sauna. Von der großen wie behaglichen, überdachten Sitzecke, direkt am Eingangsbereich zur Saunalandschaft, überblicken Sie den gesamten Saunagarten.

Der erholsame Ausblick ins Grüne gestaltet den Aufenthalt im Ruheraum sehr angenehm. Über zehn bequeme Liegestühle mit Decken stehen bereit.   RUHEMÖGLICHKEITEN

Alle in Anspruch genommenen Leistungen werden sofort in bar beglichen. Der Eintritt kann auch mit einer EC-Karte bezahlt werden.   ZAHLUNGSVERKEHR

Unmittelbar an der Anlage steht ein großer Parkplatz zur Verfügung. Die Einfahrt auf den Parkplatz erfolgt über die Innere Kanalstraße. Zwei Stunden parken sind kostenfrei. Danach gilt eine nach Stunden gestaffelte Parkgebühr.   PARKMÖGLICHKEITEN

174 Ossendorfbad »FITNESS, WELLNESS UND VERWÖHNUNG PUR«

KÖLN
GUTSCHEINHEFT S. 11

Äußere Kanalstraße 191, 50827 Köln
0221 27917010 | www.koelnbaeder.de/sauna/ossendorfbad.html

GEBOTEN WIRD:

DAS RESÜMEE Klare Formen, Transparenz, Schlichtheit – das zeichnet die moderne Saunalandschaft im Ossendorfbad aus, in der Sie neben der klassischen Finnischen Sauna auch eine Meditationssauna, ein Dampfbad, eine Saline und eine Event-Sauna finden. Vom großzügigen Ruheraum blickt man in den umliegenden Park und den Lichthof. Gestresste Großstädter finden hier einen perfekten Ort der Ruhe und Entspannung. Eine eigene Sauna-Gastronomie mit Blick in die Badelandschaft rundet das Angebot ab und lädt speziell in der kalten Jahreszeit zum Verweilen ein.

Die moderne Saunalandschaft in urbaner Umgebung ist an ein Kombibad mit Fitnessbereich und Kinderbetreuung angeschlossen. Das Ossendorfbad liegt verkehrsgünstig mit eigenem Parkplatz an einer großen Ausfallstraße nahe der Autobahnausfahrt Köln-Bickendorf der A57. Das Parken ist für Gäste ermäßigt. Die KVB-Haltestelle Iltisstraße ist fußläufig erreichbar.

DIE GRÖSSE Die Saunalandschaft im Ossendorfbad erstreckt sich über großzügige 830 qm.

DIE ÖFFNUNGSZEITEN

	Saunalandschaft	Bad	Fitnessbereich
Montag – Dienstag	9:00 – 22:00 Uhr	6:30 – 22:00 Uhr	6:30 – 22:00 Uhr
Mittwoch	9:00 – 22:00 Uhr	6:30 – 8:00 Uhr	6:30 – 22:00 Uhr
Donnerstag – Freitag	9:00 – 22:00 Uhr	6:30 – 22:00 Uhr	6:30 – 22:00 Uhr
Samstag – Sonntag	9:00 – 21:00 Uhr	9:00 – 21:00 Uhr	9:00 – 20:00 Uhr

Einlass ist bis zu 2 Stunden vor Schließung. Mittwoch ist Damensauna.

Ossendorfbad »FITNESS, WELLNESS UND VERWÖHNUNG PUR«

175
KÖLN

📍 Äußere Kanalstraße 191, 50827 Köln
☎ 0221 27917010 | 🌐 www.koelnbaeder.de/sauna/ossendorfbad.html

Saunalandschaft	Erwachsene	Jugendliche	Kinder (unter 6 Jahre)
2-Std.-Tarif	16,20 Euro	13,10 Euro	3,40 Euro
4-Std.-Tarif	19,20 Euro	15,60 Euro	3,40 Euro
Tagestarif	20,40 Euro	16,60 Euro	3,40 Euro
Mondscheintarif	17,50 Euro	14,10 Euro	3,40 Euro

DIE PREISE

Die Damen- und Herrenumkleiden sind zusammengefasst. Die Reinigungsduschen sind getrennt. Ihre Wertgegenstände können Sie gegen ein Pfand von 2 Euro in den reichlich vorhandenen Wertfächern verschließen.

UMKLEIDEN | DUSCHEN

Die Finnische Sauna ist der Klassiker, wenn es um das gesunde und heilvolle Schwitzen geht, und darf in keiner Saunalandschaft fehlen. Die erste der Finnischen Saunen des Ossendorfbades befindet sich im Innenbereich. Hier können etwa 40 Personen bei Temperaturen um 90 °C und einer Luftfeuchtigkeit von unter 5 % in einem rustikalen Holzambiente so richtig ins Schwitzen kommen. Der Finnischen Philosophie entsprechend werden hier stündlich im Wechsel mit der Eventsauna verschiedene Aufgüsse in unterschiedlichen Stärkegraden zelebriert. So können neben dem klassischen Aufguss auch der sanfte Obst-Aufguss oder starke Aufgüsse genossen werden.

DIE SAUNEN
DIE FINNISCHE
AUFGUSS-SAUNA
90 °C

Im Außenbereich befindet sich seit 2016 die Eventsauna des Ossendorfbads, die ebenfalls im Stil einer Finnischen Sauna gehalten ist. Etwa 60 Personen können hier die verschiedensten Aufgüsse genießen. Eine hochmoderne DMX-Anlage verzaubert die Besucher zu bestimmten Zeiten mit diversen Licht- und Musikinstallationen.

DIE EVENTSAUNA

Die Meditationssauna, kann als eine Mischung aus Sauna und Dampfbad verstanden werden. Mit 45 – 50 °C liegen die Temperaturen hier deutlich niedriger, als es in der Finnischen Sauna der Fall ist. Das atmosphärische Farblich sorgt zusätzlich für eine entspannende Wirkung. Aufgrund der milden Temperaturen wird Ihr Kreislauf geschont. Ihren Aufenthalt können Sie somit deutlich länger genießen, als in anderen Saunavarianten. So sollten Sie die Finnische Sauna spätestens nach 15 Minuten wieder verlassen. Im Sanarium© des Ossendorfbads hingegen können in etwa 15 Personen gut und gerne bis zu 20 Minuten verweilen. Danach sollten Sie sich allerdings die Zeit zum Abkühlen und Ausruhen nehmen – denn erst dann wird die Bio-Sauna Ihre wohltuende Wirkung voll entfalten.

DIE MEDITATIONSSAUNA
45 – 50 °C

Das Dampfbad, auch als „milde Sauna" oder „Sauna im Schongang" bekannt, hat sich unlängst fest etabliert und ist aus der Saunalandschaft nicht mehr wegzudenken. Das Klima ist hier ein ganz anderes als in den üblichen Saunen. Die Temperatur liegt bei rund 60 °C. Die hohe Luftfeuchtigkeit von 80 – 100 % sorgt dabei dennoch für eine schnelle Erwärmung des Körpers und regt die Durchblutung an. Dabei wirkt sich

DAS DAMPFBAD
60 °C

Ossendorfbad »FITNESS, WELLNESS UND VERWÖHNUNG PUR«

176 KÖLN

Äußere Kanalstraße 191, 50827 Köln
0221 27917010 | www.koelnbaeder.de/sauna/ossendorfbad.html

der Dampf auch positiv auf Ihre Atemwege aus. So können Sie Erkältungen vorbeugen und diverse Erkrankungen der Atemwege lindern. Auch die Haut wird von dem heißen Dampf porentief gereinigt und erhält somit einen frischen, gesunden Teint. Im Ossendorfbad finden hier etwa sechs Personen gemütlich Platz.

DAS ABKÜHLEN
Das richtige Saunieren findet nicht nur in der Sauna statt. Kenner wissen, dass das Abkühlen ein ebenso elementarer Bestandteil ist und nicht vernachlässigt werden sollte. Hierfür gibt es gute Gründe: Der Wechsel zwischen heiß und kalt stellt ein intensives Training für Ihre Gefäße dar. So wird Ihr Kreislauf trainiert, Ihr Stoffwechsel angeregt und ganz allgemein Ihr Immunsystem gestärkt. Ihnen steht eine Vielzahl an Abkühlungsmöglichkeiten zur Verfügung. Am besten beginnen Sie an der frischen Luft. Die großzügige Außenanlage bietet hierfür die idealen Voraussetzungen. Weiter geht es dann im Innenbereich, wo Ihnen Fußbecken, Erlebnisduschen und Eisbrunnen zur Verfügung stehen.

DIE BADEANLAGEN
Das Ossendorfbad wurde erst 2009 neu eröffnet und ist somit ein modernes Bad, das durch eine klare Linienführung besticht. Die großen Glasflächen sorgen dabei für eine helle, freundliche Atmosphäre. Im Hallenbad finden Sie eine Rutsche, ein Erlebnisbecken, ein abgetrenntes Lehrbecken mit Hubboden sowie ein Vierjahreszeitenbecken mit Strömungskanal und Strudeln, in dem sich vor allem sportliche Schwimmer beweisen können. Das Freibad bietet neben den Liegeflächen ein 25-Meter-Edelstahlbecken, das zum Bahnenziehen förmlich einlädt. In einem weiteren Außenbecken findet sich zudem auch der Whirlpool.

DER AUSSENBEREICH
Die Außenanlage ist von wunderschönen Bäumen umringt und die gepflegte Liegewiese lädt dazu ein, bei sommerlichen Temperaturen ein herrliches Sonnenbad zu nehmen. Wem es dann doch wieder zu warm werden sollte, der kann einfach in das frische Wasser von einem der beiden Außenbecken springen.

ZUSATZANGEBOTE
Im Außenbereich der Sauna befindet sich die Saline. Dieses, auch als Gradierwerk bekannte, Holzgerüst ist mit Reisigbündeln gefüllt. Hierüber fließt Sole, die in Wind und Sonne verdunstet. Die Luft um die Saline herum ist sowohl sehr feucht als auch salzhaltig. Für die Atemwege ist dies eine wahre Wohltat – sie werden beim Einatmen der Luft befeuchtet. Eine sanfte aber gleichermaßen effiziente Reinigung, die Sie tief durchatmen lässt.

FITNESSBEREICH
Im Fitnessbereich RochusFit können gesundheitsbewusste Kölner an modernen Geräten trainieren und zahlreiche Kurse wie z. B. Yoga, Pilates oder Bodypump besuchen. Geschultes Fachpersonal sorgt dafür, dass die zahlreichen Kraft- und Ausdauergeräte sachgerecht benutzt werden. Die Bad- und Saunanutzung ist für Mitglieder inkl.

RUHEMÖGLICHKEITEN
Bei einem Tag in der Saunalandschaft ist es wichtig, auch einfach mal ganz ge-

Ossendorfbad »FITNESS, WELLNESS UND VERWÖHNUNG PUR«

Äußere Kanalstraße 191, 50827 Köln
0221 27917010 | www.koelnbaeder.de/sauna/ossendorfbad.html

KÖLN

mütlich die Seele baumeln lassen zu können. Neben der Liegewiese stehen Ihnen hierfür noch ein Ruhebereich mit Liegeinseln, Wärmebänke sowie eine großzügige Terrasse zur Verfügung. Ein weiterer Raum mit Tischen und Stühlen lädt dazu ein, um bei einem Plausch ein kühles oder – je nach Wetterlage – auch ein heißes Getränk zu sich zu nehmen.

Während Ihres Aufenthaltes im Ossendorfbad können Sie auch ein umfangreiches Massage- und Beautyangebot genießen. Neben der klassischen Massage verwöhnen geübte Hände Sie auch mit einer Ayurveda-Massage oder einer Wellness-Relax-Massage, bei der erlesenes Aromaöl verwendet wird. Verspannungen werden besonders effektiv bei der Sportmassage gelöst. Verschiedene Beautybehandlungen sowie Pedi- und Maniküren runden das Wellnessangebot ab. Lassen Sie sich verwöhnen und genießen Sie eine Auszeit vom Alltag in vollen Zügen. Weitere Informationen finden Sie unter http://www.bamboo-life.info/.

WELLNESS | MASSAGEN

Mehrmals im Jahr finden lange Sauna-Nächte mit wechselnder inhaltlicher Ausgestaltung statt. Meist ist das textilfreie Schwimmen im Bad im Rahmen dieser möglich.

EVENTS

Im Ossendorfbad wird natürlich auch an das leibliche Wohl gedacht. Auf insgesamt über 90 Sitzplätzen können Sie sich im Foyer, auf der Terrasse oder im Außenbereich ein vielfältiges Angebot an Speisen schmecken lassen. Neben einer breiten Auswahl an Pasta, Pizza und Salaten können Sie hier auch traditionelle deutsche Gerichte wie etwa Rindergoulasch oder Kassler genießen. Besonders zu empfehlen sind zudem die Flammkuchen und die Crêpes. Bei gutem Wetter findet außerdem ein Barbecue im Außenbereich statt. An heiße und kalte Getränke wurde natürlich ebenfalls gedacht, und selbstverständlich darf auch das Speiseeis nicht im gastronomischen Angebot des Ossendorfbads fehlen.

DIE GASTRONOMIE

Sie können im Ossendorfbad sowohl in bar als auch per EC-Karte bezahlen.

ZAHLUNGSVERKEHR

Gäste parken im Ossendorfbad in der ersten und zweiten Stunde gratis. Von der dritten bis zur vierten Stunde fällt pauschal eine Gebühr von 1,00 Euro an. Jede weitere Stunde kostet 1,00 Euro.

PARKMÖGLICHKEITEN

178 Zündorfbad »WELLNESS – ERHOLUNG – ENTSPANNUNG«

KÖLN
GUTSCHEINHEFT S. 11

Groov/Trankgasse, 51143 Köln-Porz-Zündorf
02203-18353-0 | www.koelnbaeder.de

GEBOTEN WIRD:

DAS RESÜMEE	Das Zündorfbad bietet ein breit gefächertes Angebot an Erholung und sportlicher Aktivität. Das 25 x 25 m Freizeitbecken lädt Schwimmer wie Nichtschwimmer zum Verweilen ein. Der Nichtschwimmerbereich ist mit Massagedüsen ausgestattet. Das separate Sprungbecken ist mit 3 m Turm und 1 m Sprungbrett versehen. Das außenliegende Vierjahreszeitenbecken wird ganzjährig betrieben; das 25 m Außenbecken im Sommer. Eine 80 m Wildwasserrutsche, eine Liegewiese sowie Spielmöglichkeiten für Klein und Groß sind weitere Attraktionen des Kölner Bades.
DER SAUNABEREICH	Die Gestaltung mit leuchtenden Grüntönen und warmen Farben sowie der schön gefliste Abkühl- und Saunabereich dekorieren die ca. 400 qm große Innenlandschaft. Der weitläufige Saunagarten in natürlicher Umgebung erstreckt sich über 4.000 qm.
DER EMPFANG	Am Empfang werden Badeschuhe und Badeutensilien verkauft.
DIE ÖFFNUNGSZEITEN	Montag bis Freitag 10:00 – 22:00 Uhr	Samstag, Sonntag, Feiertage 10:00 – 21:00 Uhr	Donnerstag ist Damentag.
DIE PREISE	2-Stundenticket 16,20 Euro	4-Stundenticket 19,20 Euro	Tagesticket 20,40 Euro	Mondschein-Tarif 17,50 Euro	Verbleiben beim Eintritt in die Sauna weniger als 3 Stunden bis zum Betriebsschluss, gilt pauschal der 2-Stundentarif.
UMKLEIDEN	DUSCHEN	Männer und Frauen kleiden sich gemeinsam um. Geduscht wird getrennt geschlechtlich.

Zündorfbad »WELLNESS – ERHOLUNG – ENTSPANNUNG«

Groov/Trankgasse, 51143 Köln-Porz-Zündorf
02203-18353-0 | www.koelnbaeder.de

Drei Saunakabinen finden Sie im Innenbereich. Die attraktive Blockhaussauna ist in einem großen Haus aus massiven Rundstämmen mit begrüntem Dach im Saunagarten untergebracht.

DIE SAUNEN

Angenehmer Duft von Kräutern liegt in der holzverkleideten, mit 70 °C temperierten Sauna in der Luft. An die 25 Personen können sich an dem bunten Farblichtspiel erfreuen.

DIE KRÄUTER-SAUNA
70 °C

Stündliche Aufgüsse mit wechselnden Aromen werden in der 90 °C heißen Saunakabine mit Ausblick auf den Saunagarten zelebriert. Der Ofen mit Saunasteinen erwärmt bis zu 30 Personen.

DIE FINNISCHE AUFGUSS-SAUNA
90 °C

Rund 50 Personen verteilen sich auf die seitlichen Sitzbänke der rustikalen und urigen Sauna, während stirnseitig Feuer im Kamin lodert. 90 °C herrschen hier dank des Ofens mit Saunasteinen. Zweimal täglich werden Saunaaufgüsse zelebriert. Saunavergnügen pur.

DIE »KELO«-BLOCKHAUS-SAUNA
90 °C

180 **Zündorfbad** »WELLNESS - ERHOLUNG - ENTSPANNUNG«
KÖLN Groov/Trankgasse, 51143 Köln-Porz-Zündorf
02203-18353-0 | www.koelnbaeder.de

DAS DAMPFBAD 60 °C
Acht Personen verweilen unter farbigem Sternenhimmel bei rund 60 °C. Die Luft ist aromatisiert und mit Nebelschwaden verhangen. Salzabriebe werden täglich durchgeführt.

DAS ABKÜHLEN
Der farbige Sternenhimmel leuchtet während des Abkühlens an Kaltbrausen, Regendruck- und Warm-Kaltduschen und einem Kneipp-Schlauch. Das runde, farblich wechselnd beleuchtete Tauchbecken lädt zur kühlen Erfrischung ein. Drei Fußwärmebecken umschmeicheln Ihre Füße. Im Außenbereich sind weitere Abkühlmöglichkeiten.

DIE AUSSENANLAGE
Im riesigen, sehr grünen Saunagarten sind viele Pflanzen und hochgewachsene Bäume beheimatet. Naturbelassene Areale und angelegte Pflanzenbeete wie Liegebereiche aus Kiesel wechseln sich ab. Die enorme Liegewiese mit vielen Liegestühlen erstreckt sich über weite Teile des Gartens. Sehr zentral liegt der ansprechende Naturteich.

Zündorfbad »WELLNESS - ERHOLUNG - ENTSPANNUNG«

Groov/Trankgasse, 51143 Köln-Porz-Zündorf
02203-18353-0 | www.koelnbaeder.de

Eine Original Mongolische Jurte mit 7 Liegen dient als Aufenthalts- und Kommunikationsraum, und fügt sich harmonisch in die Aussenanlage ein.

Im inneren Ruheraum blicken Sie auf fünf Liegestühlen mit Leselampen an breiter Fensterfront auf den schönen Saunagarten. Direkt neben der Blockhaussauna finden Sie einen urgemütlichen Ruheraum mit 10 Holzliegen und Auflagen nebst einer Außensteinterrasse. Das aromatisierte Kaminhaus beherbergt einen Leseraum mit Kamin und gemütlichen Sitzmöglichkeiten und einen Schlafraum mit überdachter Sitzterrasse. Hier genießen Sie einen herrlichen Ausblick auf den Saunagarten.

RUHEMÖGLICHKEITEN

Im innenliegenden Ruheraum verwöhnt Sie ein Shiatsu-Massagestuhl.

MASSAGEN

Sporadisch werden Veranstaltungen mit besonderen Aufgüssen abwechselnd in den verschiedenen Saunen der Kölner Bäder durchgeführt.

EVENTS

Direkt an der Anlage parken Sie kostenlos.

PARKMÖGLICHKEITEN

Saunapark Siebengebirge »Hier entspanne ich«

Dollendorfer Str. 106-110, 53639 Königswinter-Oberpleis
02244 9217-0 | www.saunapark-siebengebirge.de | facebook/saunapark-siebengebirge

GEBOTEN WIRD:

DAS RESÜMEE	Urlaub wird hier wirklich großgeschrieben. Eine Sauna-Anlage mit einem großen Außenpark, altem Baumbestand und einem natürlichen Bachlauf, dazu noch in den Sommermonaten FKK-Schwimmen im 25-m Außenpool bieten Urlaubsflair par excellence. Der weitläufige Außenbereich ist natürlich in die Umgebung eingebunden. Ihren Saunagang in der Waldsauna mit anschließender Abkühlung genießen Sie unter den großen Bäumen. In der Gartensauna erleben Sie Eventaufgüsse mit Panoramablick auf den Saunagarten. Der »Saunapark Siebengebirge« ist mit dem Qualitätszeichen »Premium« des Deutschen Saunabundes ausgezeichnet.
DIE GRÖSSE	Der Innenbereich, der sich über zwei Ebenen erstreckt, hat eine Größe von 2.000 qm. Der Außenbereich ist fast 15.000 qm groß.
DER EMPFANG	Bademäntel und Saunatücher können hier geliehen werden.

DIE ÖFFNUNGSZEITEN

Saunalandschaft

Montag bis Donnerstag	11:00 – 23:00 Uhr
Freitag	11:00 – 24:00 Uhr
Samstag	10:00 – 24:00 Uhr
Sonntag	10:00 – 22:00 Uhr

Änderungen der Öffnungszeiten während der Laufzeit des Buches sind möglich, die aktuellen Zeiten finden Sie immer unter www.saunapark-siebengebirge.de.

Saunapark Siebengebirge »HiER ENTSPANNE iCH«

📍 Dollendorfer Str. 106-110, 53639 Königswinter-Oberpleis
📞 02244 9217-0 | 🌐 www.saunapark-siebengebirge.de | f facebook/saunapark-siebengebirge

183
KÖNIGSWINTER
GUTSCHEINHEFT S. 13

2-Stundenkarte*	18,00 / 20,00** Euro	DIE PREISE
4-Stundenkarte*	22,00 / 24,00** Euro	
unbegrenzter Aufenthalt* (Tageskarte)	26,00 / 28,00** Euro	
Jugendliche (12 bis 18 Jahren)***	18,00 / 19,00** Euro	
Studenten/Azubis (bis zum 30. Lj.)	20,00 / 20,00** Euro	
Abendkarte (Mo. – Fr. ab 19 Uhr, nicht an Feiertagen)	19,50 Euro	

*   Die Eintrittstarife werden nach Ihrer tatsächlichen Aufenthaltsdauer berechnet. Pro 30 Minuten 1 Euro bis max. zur Tageskarte. Es gilt die am Tag der Einlösung gültige Preisliste.

** Die Wochenend- und Feiertagstarife gelten bei einem Einlass in die Sauna nach 12 Uhr. Der Zuschlag gilt auch an Brauchtumstagen wie z. Bsp. Weiberfastnacht.

*** Bitte haben Sie dafür Verständnis, dass für Kinder der Zutritt erst ab dem 12. Lebensjahr gestattet ist. Aktuelle Preisinformationen finden Sie auf der Internetseite. Preisänderungen während der Laufzeit des Buches sind möglich, die aktuellen Preise finden Sie immer unter www.saunapark-siebengebirge.de.

Männer und Frauen haben jeweils einen separaten Umkleide- und Duschbereich. In den Duschen stehen Duschgel-Spender zur Verfügung.

UMKLEIDEN | DUSCHEN

Drei Finnische Saunen, eine Dampfbad und eine Kräutersauna befinden sich im Innenbereich. Komplettiert wird das Ganze durch eine Blockbohlen-Sauna und eine Gartensauna im Außenbereich. Die Aufgüsse, die alle 30 Minuten stattfinden, haben eine Dauer von sieben bis 15 Minuten und bieten wechselnde Düfte von »holzig« über »minzig« bis »fruchtig«. Eventaufgüsse dauern etwas länger; es gibt Wenik- und Primavera-Aufgüsse, Biosalis- und Früchte-Eis-Aufgüsse.

DIE SAUNEN

Die reine Trockensauna mit einer Temperatur von 90 – 100 °C bietet Platz für etwa 20 Personen. Die Sauna ist komplett holzverkleidet; das Licht ist gedämpft. Ein türgroßes Fenster erlaubt den Blick auf eine Terrasse sowie auf die Bäume der Außenanlage. Die Aromasauna ist mit 85 – 90 °C etwas niedriger temperiert und für ca. 30 Personen vorgesehen. Geheizt wird sie mit einem Elektro-Ofen, der per Holzverschlag von den Bänken abgetrennt

DIE FINNISCHEN SAUNEN
90 - 100 °C

Saunapark Siebengebirge »HiER ENTSPANNE iCH«

KÖNIGSWINTER

Dollendorfer Str. 106-110, 53639 Königswinter-Oberpleis
02244 9217-0 | www.saunapark-siebengebirge.de | facebook/saunapark-siebengebirge

ist. Sauna Steine auf dem Ofen sorgen für gute Wärmespeicherung. Hier finden klassische Aufgüsse mit unterschiedlichen Duftrichtungen statt. Die Primaverasauna bietet Platz für etwa 25 Personen und wird mit 80 – 85 °C temperiert. Gedämpftes Licht lässt einen zur Ruhe kommen. Ein großes Fenster gibt den Blick auf den Innenbereich der Anlage frei. Der mit Holz verkleidete Elektro-Ofen mit Steinen sorgt für die nötige Wärme. Bis zu 4 täglich stattfindende Wenik-Aufgüsse verwöhnen Sie mit 100 % naturreinen ätherischen Ölen der Marke Primavera.

DIE KRÄUTERSAUNA
60 °C

Die Innenbeleuchtung in dieser Kräutersauna wechselt im Rhythmus ihre Farbe von Rot nach Gelb, Grün und Blau. Ein mittig an der Wand befindlicher Elektro-Ofen mit Sauna-Steinen teilt die Sitzbänke in zwei Bereiche mit Platz für jeweils etwa fünf Personen. Oberhalb des Ofens ist ein Trichter mit frischen Kräutern, die je nach Aufguss gewechselt werden, angebracht.

DAS IRISCH-RÖMISCHE DAMPFBAD
48 – 55 °C

In einem separaten Bereich finden Sie das Dampfbad. Der mit 48 – 55 °C beheizte Raum bietet Platz für etwa zehn Personen und wird mit Zypresse-Rosmarin oder Eisminze beduftet.

DIE WALDSAUNA
85 – 90 °C

Im Außenbereich, idyllisch direkt am Bachlauf gelegen, bietet die Natur-Pur-Sauna bei einer Temperatur von 85 – 90 °C Platz für 35 Personen. Drei Fenster ermöglichen den Ausblick auf die Felsendusche und den Lützbach. In einer Ecke der Sauna befindet sich ein mit ca. drei Kubikmeter Sauna-Steinen bedeckter Pyramiden-Ofen. Die hohe Wärmespeicherkapazität der Steine erzeugt ein angenehmes Raumklima. Ein gemütlicher, mit Sitzgelegenheiten ausgestatteter Vorraum lädt zum Ausruhen ein. Hier finden regelmäßig Zeremonien statt. Die 3x täglich stattfindenden Wenik-Aufgüsse verwöhnen Sie mit natürlichen Aromen der Birke.

DIE GARTENSAUNA
80 – 90 °C

Mitten im Garten zwischen Bäumen, Sommerwiese und Kräutern gelegen, bieten die Gartensauna ca. 50 Personen Platz. Bei 80 – 90 °C erleben Sie Eventaufgüsse

Saunapark Siebengebirge »HiER ENTSPANNE iCH«

Dollendorfer Str. 106-110, 53639 Königswinter-Oberpleis
02244 9217-0 | www.saunapark-siebengebirge.de | facebook/saunapark-siebengebirge

185
KÖNIGSWINTER

mit Tees, Früchte-Eis und spanischem Meersalz. Der Ofen ist zentral angeordnet und unterteilt die Sauna in zwei Bereiche, sodass Sie sich, trotz der Größe, wohlfühlen und entspannen können.

Insgesamt stehen fünf verschiedene Abkühlbereiche mit Duschen zur Verfügung. Zwei separate Kaltduschräume warten mit warmen und kalten Kneippschläuchen, Schwallbrausen und Mehrstrahl-Druckkopf-Duschen auf. Ein weiterer ähnlich ausgestatteter Bereich befindet sich beim Dampfbad. Im Innenbereich gibt es zwei Tauchbecken. In der Waldsauna ist eine Schwalldusche, eine Kaltbrause sowie ein Kneippschlauch. Direkt neben der Waldsauna gibt es eine Felsendusche mit sehr breitem, permanentem Strahl in der Außenanlage sowie weitere Kneippschläuche. Schließlich können Sie sich an der Gartensauna noch auf einer Duschinsel mit vier Regenduschen abkühlen.

DAS ABKÜHLEN

Im Innenbereich lädt ein Bereich mit fünf Kneipp-Fußbädern zur Kommunikation oder zum Lesen ein, da sie um jeweils einen Tisch angeordnet sind.

DAS KNEIPPEN

Im Außenbereich gibt es einen schönen, natürlichen Kneipp-Gang. Zunächst werden die Arme im Armbecken abgekühlt, dann führt ein ca. fünf Meter langer brückenartiger Lauf durch den Bach in Richtung Liegewiese. Ein weiterer angelegter Lauf über acht Meter, der vom Bach gespeist wird, bringt den Kreislauf so richtig in Schwung.

DIE WHIRLPOOLS

Entspannen Sie sich bei 37 °C in einem der zwei achteckigen Pools im Innenbereich. Hier ist Platz für jeweils vier bis sechs Personen.

DAS SCHWIMMBAD

Im hinteren Teil des Innenbereiches befindet sich ein ca. 12 m langes und 5 m breites Bad, das mit 30 °C angenehm temperiert ist. Große Fenster ermöglichen den Blick ins Freie. Etliche Liegen stehen zur Verfügung. In der Sommersaison von Mai bis

DIE INFRAROT-KABINE

186 **Saunapark Siebengebirge** »Hier entspanne ich«
KÖNIGSWINTER
Dollendorfer Str. 106-110, 53639 Königswinter-Oberpleis
02244 9217-0 | www.saunapark-siebengebirge.de | facebook/saunapark-siebengebirge

DIE AUSSENANLAGE
Oktober ist auch die Nutzung des Strandgartens, mit einem 25-m-Becken und 600 qm Sandstrand, möglich. Dort ist zu bestimmten Zeiten auch FKK-Schwimmen möglich.

Das Highlight im »Saunapark«! Alter Baumbestand rahmt die Anlage fast rundherum ein. Ein natürlicher Bachlauf mit Wasserfall trennt die Liegewiese von der Waldsauna. Die Liegefläche ist mit vielen Liegen ausgestattet; ein großer Weidenbaum überdacht einige Liegen. Viele kleinere Sitzinseln sowie mehrere Holzschaukeln stehen parat. Interessant zu beobachten sind die Karpfen im Teich.

RUHEMÖGLICHKEITEN
Die Ruheräume befinden sich in der 1. Etage der Anlage. Sie haben die Auswahl zwischen vier unterschiedlichen Ruheräumen. Im Liegeraum gibt es 12 Liegen mit Auflagen und Decken außerdem gibt es Liegen auf der überdachten Terrasse; der Blick ins Grüne lässt Sie wunderbar entspannen. Ein weiterer Liegeraum mit 15 Liegen steht ebenfalls zur Verfügung. Etliche Liegen mit Auflagen und Decken

Saunapark Siebengebirge »HiER ENTSPANNE iCH«

Dollendorfer Str. 106-110, 53639 Königswinter-Oberpleis
02244 9217-0 | www.saunapark-siebengebirge.de | facebook/saunapark-siebengebirge

KÖNIGSWINTER

sowie ein Zugang zur größtenteils überdachten Terrasse runden das Angebot ab. Der Schlafraum ist ein abgedunkelter Raum mit 12 Schlafmöglichkeiten. Jedes »Bett« hat separate Nackenrollen und Decken. Stehlampen geben eine dezente Beleuchtung.

Sie können sich bei klassischer Massage und Physiotherapie, aber auch bei unterschiedlichen Wellness-Massagen verwöhnen lassen. Für den gewissen Teint sorgen drei professionelle Bräunungsgeräte.

MASSAGEN | SOLARIEN

Zeitlos entspannen. Eben alles loslassen. Für sich selber Zeit und Aufmerksamkeit finden. Das bietet Ihnen das neue Beauty & Spa im Saunapark Siebengebirge. Von Montag bis Sonntag steht Ihnen das Team von Kosmetikerinnen und Masseurinnen sieben Tage die Woche von 10:00 – 21:00 Uhr zur Verfügung. Neben kosmetischen Verwöhnbehandlungen, Anti Aging und spezielle Männerkosmetik werden Ihnen auch Wohlfühlmassagen und Peelings geboten.

BEAUTY & SPA

Sie sind herzlich eingeladen zu regelmäßigen Sauna-Events und Erlebnisnächten. Die Termine finden Sie auf der Internetseite.

EVENTS

Viel Platz zum Speisen und Trinken findet sich in zwei unterschiedlich gestalteten Räumen in der 1. Etage sowie auf der Sonnenterrasse, die mit 50 Sitzplätzen aufwartet. Kulinarisches der Saison und viele leichte Speisen werden geboten. Abgerechnet wird per per Chip an Ihrem Schlüssel beim Verlassen der Anlage.

GASTRONOMIE

Bezahlt wird am Ausgang entweder bar oder mit der EC-Karte.

ZAHLUNGSVERKEHR

Kostenfreie Parkplätze befinden sich unmittelbar am »Saunapark«.

PARKMÖGLICHKEITEN

188
KORSCHENBROICH
GUTSCHEINHEFT S. 13

Asia Therme »WELLNESS ...«

📍 Holzkamp 7, 41352 Korschenbroich
📞 02161 67608 | 📠 02161 67409 | 🌐 www.asia-therme.de

GEBOTEN WIRD:

| DAS RESÜMEE | Noch asiatischer, noch größer, noch erholsamer: Die Asia Therme in Korschenbroich (Kleinenbroich) präsentiert sich nach komplett Neubau und Neugestaltung nun einzigartig in NRW. Beheizte In- und Outdoorpools, Solebecken, Ayurveda-, Beauty- und Massageabteilungen, sowie der neue Saunabereich mit Pagoden-, Wadi-, und Himalaysalzsteinsauna, neben den bereits vorhanden Saunen, runden das Wellnesserlebnis ab. |

| DIE GRÖSSE | Die gesamte Asia Therme wurde auf ca. 15.000 qm erweitert – das Fitnessstudio Medi-Gym umfasst 1.500 qm. |

| DER EMPFANG | Schon der Eingangsbereich, in einem 10 m hohen Turm gelegen lässt darauf schließen, dass man sich hier an einem ganz besonderen Ort befindet. Hier können Bademäntel und -tücher geliehen werden. Außerdem können auch am Empfang die beliebten Wellnessgutscheine erworben werden. |

DIE ÖFFNUNGSZEITEN Montag bis Samstag von 10:00 – 23:00 Uhr | Sonn- und feiertags von 10:00 – 20:00 Uhr.

DIE PREISE

Tageskarte (Montag – Freitag)	31,50 Euro
Tageskarte (Samstag, Sonntag und feriertags)	34,50 Euro
4-Stunden-Karte (Montag – Freitag)	26,50 Euro
4-Stunden-Karte (Samstag, Sonntag und feiertags)	29,50 Uhr

Änderungen vorbehalten!

Asia Therme »WELLNESS ...«

Holzkamp 7, 41352 Korschenbroich
02161 67608 | 02161 67409 | www.asia-therme.de

Vor der Sauna steht ein Marmorbecken mit Salz zum Einreiben bereit. Der zentrale Ofen mit Sauna-Steinen beheizt die Sauna auf 95 °C. Die Wände sind aus vietnamesischem Granit gemauert. Hier finden zur vollen Stunde wechselnde Aufgüsse statt, die dem jeweiligen Aufgussplan zu entnehmen sind.

DIE SAUNEN
DIE SALZ-SAUNA
95 °C

Das wechselnde Farblicht umspielt die Saunagäste in dem holzvertäfelten Raum. Über dem schön gemauerten Ofen mit Sauna-Steinen hängt ein Kessel mit Kräutersud, dessen Duft sich angenehm im Raum verbreitet.

DIE BIO-SAUNA

Als moderne Alternative zur klassischen Sauna steht Ihnen die Infrarotsauna zur Verfügung. Hier erleben Sie Wärme, die unter die Haut geht. Die angenehme Umgebungstemperatur von 40 – 60 °C ist besonders kreislaufschonend und hilft bei Hautproblemen, Cellulitis, zur Muskelentspannung und Gewichtsabnahme. Umspielt werden Sie beim Saunieren mit wechselnden Licht- und Klanerlebnissen.

DIE INFRAROT-SAUNA
40 – 60 °C

Eine wundervolle Aussicht auf den herrlichen Sauna-Garten genießen Sie dank der großen Panoramafenster. Angenehme 70 °C und wohlriechender Kräuterduft umgeben den Saunagast. Leise Hintergrundmusik macht die Entspannung perfekt.

DAS PANORAMA-
»VITARIUM«
70 °C

Die massiven 80 Jahre alten Rundstämme des begrünten Blockhauses sind tief in die Erde eingelassen. An der Stirnseite lodert ein Feuer im Kamin. Der Ofen heizt den Sauna-Steinen mächtig ein. Die 100 °C sind erstaunlicherweise gut verträglich.

DIE ERD-SAUNA
100 °C

Asien beginnt bereits am Bosporus. Lassen Sie sich in der neuen Lichtersauna mit 90 °C verzaubern und genießen Sie die stimmungsvolle Amtosphäre.

DIE LICHTERSAUNA
90 °C

Komplett neu ist das in asiatischen Granit erstellte Dampfbad. Nebelschwaden unterschiedlichster Duftrichtung umgeben Sie beim Betreten des Raumes. Nach und nach erschließt sich das kuppelförmig angelegte und mit 50 °C beheizte Bad seinem Betrachter. In der Mitte öffnet sich eine Liegefläche mit Yin Yang Intarsien.

DAS DAMPFBAD
50 °C

Asia Therme »WELLNESS...«

Holzkamp 7, 41352 Korschenbroich
02161 67608 | 02161 67409 | www.asia-therme.de

DIE WADI-SAUNA Als Wadi bezeichnet man ein ausgetrocknetes Flussbett, dass nur nach starken Regenfällen Wasser führt. Wadis kommen unter anderem in Vorderasien vor. Die Wandgestaltung der Wadisauna ist einem sandigen, ausgewaschenen Flusslauf nachempfunden. Auch das Wadi der Asia Therme führt nur zeitweise Wasser, und zwar jeweils zur halben Stunden, wenn der Saunameister einen Aufguss zelebriert und Sie mit kleinen Erfrischungen und Obst verwöhnt.

DIE HIMALAYASALZ-SAUNA 50 °C 10 Minuten in der 50 °C heißen Sauna sind wie ein Wochenende an der See. Jod-haltiges Klima und tausende Salzkristalle sind Balsam für die Atemwege und schaffen eine mystische, meditative Atmosphäre. Leise Hintergrundmusik rundet das Saunaerlebnis ab. Ein Traum für alle Sinne!

DIE PAGODEN-SAUNA Ein besonderes Highlight ist die im Außenbereich entstandene Pagodensauna. Das Dach ist wie bei einer asiatischen Pagode konstruiert, die Wände im Inneren bestehen aus Naturstein. Jeweils zur vollen Stunden finden, durch einen Gong eingeleitete, fantasievolle Aufgüsse statt.

Asia Therme »WELLNESS ...«
Holzkamp 7, 41352 Korschenbroich
02161 67608 | 02161 67409 | www.asia-therme.de

Eine Schwall-, eine Eck-, eine Kalt- und zwei Regendruckduschen erwarten Sie im Innenbereich. Anschließend geht es ins Tauchbecken. An der Infrarot-Sauna finden Sie ein Tauchbecken und verschiedene Brausen als weitere Abkühlmöglichkeiten. An der Erd-Sauna erfrischt Sie eine Kübeldusche. Ebenfalls befinden sich am neuen Außenpool und an der Himalayasalzsauna weitere Brausen. Ein Crushed-Iced-Brunne in der Nähe der Wadi-Sauna sorgt für hinreichend Abkühlung. — DAS ABKÜHLEN

In einer herrlich gestalteten Pool-Landschaft im Innenbereich sprudeln zwei Hot-Whirlpools. — DIE WHIRLPOOLS

Das großzügige Solebecken im Außenbereich lädt zum Verweilen ein. Einzigartige Whirl-Massage-Liegen lassen den Alltag vergessen. Genießen Sie den Blick in den Saunagarten der Asia Therme. — DAS SOLEBECKEN

Parkartig sind Inseln aus Sonnenliegewiesen, vielen Grünpflanzen und hochgewachsene Bäume miteinander kombiniert. Zahlreiche Liegen laden zum Ausruhen — DIE AUSSENANLAGE

Asia Therme »WELLNESS...«

KORSCHENBROICH

Holzkamp 7, 41352 Korschenbroich
02161 67608 | 02161 67409 | www.asia-therme.de

und Entspannen ein. Der Getränkeservice an den Sonnenliegen macht das Urlaubsfeeling perfekt. Lounge Musik in Teilbereichen lassen das Afterwork-Saunieren zum Erlebnis werden.

DIE SCHWIMMBÄDER Wasserspiele und Gegenstromanlagen verteilen sich über das mit einer Schleuse verbundene, etwa 180 qm große Innen- und Außenbecken. Schwimmen Sie im 30 °C warmen Wasser und halten Sie sich fit mit wöchentlichen Aqua-Gymnastikkursen.Ebenfalls neu im Angebot ist ein Naturpool, der nicht wie herkömmliche Pools aus Keramikfliesen erstellt wurde, sondern komplett aus handgearbeiteten, grünen Natursteinen, die im Sonnenlicht ein unglaubliches Farbspiel bieten.

RUHEMÖGLICHKEITEN Gemütliche Liegen und schaukelstuhlähnliche Bastsessel säumen auf verschiedenen Ebenen die gesamte Anlage. Große Vasen, Buddha-Statuen und enorme Vasen, als Brunnen gestaltet, ergeben ein beruhigendes Ambiente. Asia pur!!!

DAS HAMAM Ebenfalls eingebettet in der asiatischen Wellnesslandschaft liegt das neue Hamam, mit einer Vielzahl an speziellen Angeboten und Zeremonien.

MASSAGEN | SOLARIEN Das umfangreiche Massageangebot reicht von traditioneller Thai-Massage, klassischen Teil- oder Ganzkörpermassagen, Hot-Stone- und Fußreflexzonen-Massagen über Ayurveda- bis hin zu Klangschalen-Massagen. Die kosmetische Abteilung bietet vielerlei Anwendungen, von der Gesichtbehandlung bis zur Maniküre und Pediküre, oder luxuriösen Anwendungen mit Kaviar oder Blattgold. Selbst Haarentfernung mit der IPL-Methode ist im Angebot.

GASTRONOMIE Kulinarisch verwöhnt werden Sie in der Gastronomie mit feinster thailändischer sowie ausgefallener europäischer Küche. Mit Holzterrasse über dem Naturpool gelegen, liegt das eigens erstellte Restaurantgebäude in Achteck-Form, welches

Asia Therme »WELLNESS ...«

Holzkamp 7, 41352 Korschenbroich
02161 67608 | 02161 67409 | www.asia-therme.de

KORSCHENBROICH

ebenfalls komplett aus Bangkirai erstellt wurde. Die Seitenwände des Restaurants lassen sich bei gutem Wetter komplett einfahren, so dass der Gast das Gefühl hat im Freien zu speisen.

Auf 1.500 qm Trainingsfläche stehen den Mitgliedern neueste Kardio- und Fitnessgeräte zur Verfügung. Ein zahlreiches Kursprogramm wie Pilates, Bodystyling, Rückenfit, Zumba, T-Bo, Cycling, Yoga u.v.m. bietet das Medi-Gym seinen Mitgliedern von 09:00 – 22:00 Uhr an 360 Tagen im Jahr.

FITNESS

One Point Cash beim Auschecken. Während des Aufenthalts in der Asia Therme brauchen Sie kein Bargeld. Verzehr, Eintritt, Anwendungen u.s.w. werden ganz bequem auf Ihren Zutrittscoin gebucht und am Ende beim Verlassen der Anlage abgerechnet.

ZAHLUNGSVERKEHR

Unmittelbar an der Anlage parken Sie kostenlos.

PARKMÖGLICHKEITEN

194 monte mare Kreuzau »MEINE PAUSE VOM ALLTAG«

KREUZAU
GUTSCHEINHEFT S. 13

Windener Weg 7, 52372 Kreuzau
02422 9426-0 | www.monte-mare.de/kreuzau

GEBOTEN WIRD:

DAS RESÜMEE — Im »monte mare Kreuzau« erleben Sie puren Badespaß auf über 1.000 qm mit Wellenbad, einem 25-m-Sportbecken, einer Wasserrutsche, einem Kinderbecken, einem Freizeit-Außenbecken und einer großen Liegewiese. Das Sportbecken verfügt über einen Hubboden, sodass auch Nichtschwimmer unterrichtet werden können. Die hochmoderne, sehenswerte Dachkonstruktion aus gebogenen Stahlträgern und rund 250 Luftkissen ist vergleichbar mit der Allianz-Arena in München. Die Dachfolien sind zwar nur 0,2 Millimeter stark, sie trotzen dennoch Wind und Wetter. Die professionelle Gastronomie mit einer zentralen Küche versorgt Bad, Sauna und Biergartenrestaurant (ganzjährig geöffnet) mit Essen für zusammen 250 Sitzplätze. Wohl einzigartig in der Region ist die Textilwellness mit Saunen und Dampfbädern, in denen die Gäste in Bikini oder Badehose verweilen.

DER SAUNABEREICH — Die attraktive Sauna-Landschaft besticht durch das Thema »Afrika«. Nach dem Eingangsbereich zur Sauna-Landschaft, mit separaten Duschen und ausreichend Taschenablagen, gelangt man in den zentralen Kommunikationsbereich mit Kneippbecken, dekorativer Felswand, Fußbecken, Liegemöglichkeiten und den drei innenliegenden Saunakabinen. Eine separate Kaminlounge lädt bei prasselndem, mittig gelegenem Kaminfeuer zum Verweilen ein. Im Obergeschoss befinden sich das Restaurant, sowie ein Ruheraum. Große Fensterfronten ermöglichen im Ober- und Untergeschoss einen wundervollen Ausblick auf den Saunagarten oder auf die idyllisch fließende Rur.

DIE GRÖSSE — Der Innenbereich umfasst 550 qm, der Sauna-Garten 700 qm.

DER EMPFANG — Über ein Drehkreuz gelangen Sie zu den Umkleidekabinen im Badebereich.

monte mare Kreuzau »MEiNE PAUSE VOM ALLTAG«

Windener Weg 7, 52372 Kreuzau
02422 9426-0 | www.monte-mare.de/kreuzau

KREUZAU

DIE ÖFFNUNGSZEITEN

Saunabereich: Täglich ab 10:00 Uhr | Montag bis Donnerstag bis 23:00 Uhr | Freitag und Samstag bis 24:00 Uhr | Sonntag bis 21:00 Uhr.

DIE PREISE

Frühstartertarif (Aufenthalt nur Montag bis Freitag von 10:00 – 15:30 Uhr) 16,00 Euro Feierabendtarif (Aufenthalt nur Montag bis Donnerstag von 18:00 – 23:00 Uhr) 17,00 Euro | 2-Stunden-Karte 16,00 Euro | 4-Stunden-Karte 20,00 Euro | Tagestarif 22,00 Euro. Bei Zeitüberschreitung gilt je angefangene 30 Minuten eine Nachzahlgebühr von 1,00 Euro. Wochenendzuschlag auf die 2-Stunden-, 4-Stunden- und Tageskarte je 1,00 Euro. Die Möglichkeit der Schwimmbadnutzung ist inklusive. Bitte beachten Sie die separaten Öffnungszeiten.

UMKLEIDEN | DUSCHEN

Männer und Frauen ziehen sich in Einzelkabinen um. Getrennt geschlechtlich wird im Badebereich geduscht, im Saunabereich gemeinschaftlich.

DIE SAUNEN

Unterschiedlichste Saunen für jeden Geschmack stehen Ihnen in der Saunalandschaft zur Verfügung: vom Tepidarium über eine Schwitzstube bis hin zur klassischen Finnischen Sauna. Im Sauna-Garten wird das Angebot mit einem Dampfbad, einer Schiefer-Sauna und einer Erd-Sauna abgerundet. Stündliche Aufgüsse werden wechselweise in der Aufguss- und Erd-Sauna zelebriert. Erfreuen Sie sich an Aufgüssen mit unterschiedlichen Aromen und ganz besonderen Aufgusserlebnissen wie beispielsweise dem Wenikaufguss.

DIE FINNISCHE AUFGUSS-SAUNA, 85 °C

Die großräumige Sauna bietet bis zu 50 Personen Platz. Die dezente Beleuchtung wirft Licht auf einen großen Ofen mit Sauna-Steinen in der Ecke. 85 °C finden Sie vor.

monte mare Kreuzau »MEINE PAUSE VOM ALLTAG«

Windener Weg 7, 52372 Kreuzau
02422 9426-0 | www.monte-mare.de/kreuzau

DIE »KREUZAUER SCHWITZSTUBE« 75 °C
Maximal neun Personen können auf drei Holzsitzbänken bei 75 °C entspannen. Salzsteine sorgen für eine angenehme Beleuchtung und in einem Kessel über dem Ofen verdampft Kräutersud.

DAS »TEPIDARIUM« 60 °C
Das Spiel der Farblichter können bis zu zwanzig Personen genießen. Rot wirkt anregend auf Haut und Drüsen, Gelb wirkt anregend auf Nerven, Blau wirkt beruhigend und senkt den Blutdruck, Grün wirkt beruhigend bei Schlafstörungen. Milde 60 °C und feine Aromastoffe erwarten den Gast in der holzverkleideten Sauna.

DIE SCHIEFER-SAUNA 100 °C
Richtig heiß geht es in dem Blockhaus aus Blockbohlen zu. Auf 100 °C erwärmt ein mit Schieferplatten verkleideter Ofen mit Sauna-Steinen den Raum. Das im Kamin lodernde Feuer beruhigt die Sinne. Durch ein Fenster blicken Sie auf den Sauna-Garten. Rund 30 Personen können sich an dem schönen Ambiente erfreuen.

DIE ERDSAUNA 90 °C
Diese Sauna ist einseitig in die Erde eingelassen. Ein langer, gemauerter Ofen mit Sauna-Steinen befeuert die Sauna auf 90 °C. Die angenehme Wärme und das rustikale Ambiente lassen die 50 Personen den Alltag schnell vergessen. Ein großes Fenster gewährt den Blick auf den Sauna-Garten.

DAS DAMPFBAD 45 °C
Das Dampfbad bietet bei 45 °C und einer Luftfeuchtigkeit von 100 % beste Voraussetzungen für eine Dampfbad-Zeremonie aus dem großen Angebot.

DAS ABKÜHLEN
Der Abkühlbereich wartet mit einem Tauchbecken, einer Schwallwasserbrause, einer Kaltbrause und einem Kneippschlauch auf. An der Erd-Sauna sind weitere Abkühlmöglichkeiten.

DAS KNEIPPEN
In unmittelbarer Nähe zur Felswand kneippen Sie in dem zentral gelegenen Kneippbecken oder entspannen auf Sitzbänken mit vier Fußwärmebecken.

DER AUSSENBEREICH
Die Liegewiese erstreckt sich über eine leicht hügelige Landschaft mit Inseln aus Grünpflanzen. Hochgewachsene Bäume rahmen den Sauna-Garten ein. Auf dem terrassenförmigen Liegebereich verweilen Sie bequem auf zahlreichen Liegen. Das Außenbecken lädt zudem dazu ein, zwischen den Saunagängen im Wasser zu entspannen. Gemütliche Liegemöglichkeiten mit Sonnenschirmen laden zum Träumen und Sonne tanken ein.

monte mare Kreuzau »MEINE PAUSE VOM ALLTAG«

Windener Weg 7, 52372 Kreuzau
02422 9426-0 | www.monte-mare.de/kreuzau

RUHEMÖGLICHKEITEN

Ein großzügiger Ruheraum im Obergeschoss lädt mit 30 bequemen Liegen, Wasserbetten und Ruheinseln zum Verweilen ein. In der Kaminlounge im Untergeschoss mit zentral gelegenem Kamin können Sie auf 27 Sitzplätzen, verteilt auf bequeme Sofas und Sessel, ausruhen, aber auch gerne lesen, kommunizieren oder einen Kaffee genießen.

MASSAGEN

Wellness-Massagen mit ätherischen Ölzusätzen, Hot-Stone-Massage, Lomi Lomi Nui, ayurvedische Teil- oder Ganzkörpermassagen und viele mehr bringen Entspannung und Revitalisierung pur.

TEXTILSAUNA

Im Textilsaunabereich (angekoppelt an den Freizeitbadbereich) wird in Badekleidung sauniert. Entspannung und Wohlfühlen in heimeliger Atmosphäre ist hier angesagt. Hier können Sie im Whirlpool, in den Erlebnisduschen, den Solarien und der Stollensauna die Seele baumeln lassen und gleichzeitig etwas für Ihre Gesundheit tun. Ein Besuch im Solebad sorgt zudem für eine angenehme Entspannung der Muskeln. Die Inhalation des Sole-Nebels ist eine hervorragende Möglichkeit, seine Abwehrkräfte zu stärken.

GASTRONOMIE

In der 1. Etage des Saunabereichs speisen Sie im edlen Ambiente der Gastronomie. Auch hier finden Sie, wie in der gesamten Anlage, viele exotische und afrikanische Wandmalereien, Dekorationen und Details. Die Theke ist mit einer Marmorplatte und gemütlichen Barhockern versehen. Viele Sitzgelegenheiten an Tischen und breiter Fensterfront laden nicht nur zur angeregten Unterhaltung ein. Köstlich zubereitete Speisen wie Pasta, Kartoffelgerichte, verschiedene Fisch- und Fleischgerichte sowie Salate der Saison versüßen Ihren Aufenthalt. Auf der ca. 100 qm großen Außenterrasse mit Holzboden haben Sie einen fantastischen Blick über den Sauna-Garten.

ZAHLUNGSVERKEHR

Alle in Anspruch genommenen Leistungen, inklusive dem Eintritt, werden auf einen Chip gebongt und beim Hinausgehen bezahlt.

PARKMÖGLICHKEITEN

Unmittelbar an der Anlage parken Sie kostenlos.

198 Splash! »Sich einfach wohl fühlen!«

KÜRTEN
GUTSCHEINHEFT S. 13

📍 Broch 8, 51515 Kürten
📞 02268 903-19 | 📠 02268 903-18 | 🌐 www.splash-kuerten.de

GEBOTEN WIRD:

DAS RESÜMEE

Ein traditionsreiches Bad erstrahlt in neuem Glanz. Im März 2008 wurde das »Splash!« rundum renoviert und umgebaut wiedereröffnet. Der Badebereich besticht durch einen Wasserfall, einen Wildwasserkanal und Blubberbuchten in einem Kommunikationsbecken und durch eine 72 m lange Wasserrutsche „Mysterious-Black-Hole" mit Lichteffekten und Zeitmessanlage. Im 25-m-Schwimmerbecken mit fünf wettkampftauglichen Bahnen geht es sportlich zu. Im Nichtschwimmerbecken finden Schwimmkurse statt. Das 33 °C warme Kinderplanschbecken lockt die Kleinen an – Kinderspielzeug kann geliehen werden. Hot-Whirlpoolwannen, das 35 °C behagliche Außensolebecken mit Natursole und Unterwasserliegemulden und nicht zuletzt das 32 °C warme Außenbecken mit Bodensprudlern runden das Angebot an erholsamen Nass ab. Ein Naturbachlauf unterteilt die großzügige Liegewiese, die mit Spielplatz, Bolzplatz und Außenkiosk alles für eine tolle Sommersaison bietet. Wassergymnastikkurse sorgen für gesunde Bewegung. Die Bergische Waldsauna verheißt Erholung und Saunieren pur.

DER SAUNABEREICH

Der attraktive Saunabereich mit 4 Saunen im Inneren verteilt sich über ca. 400 qm. Er ist ausgesprochen lichtdurchflutet, mit hellem Holz vertäfelt und stil- wie liebevoll dekoriert. Der großzügig verglaste Wintergarten erlaubt einen wundervollen Einblick in den Sauna-Garten. Der Kaminofen sorgt für angenehme Behaglichkeit. Der Sauna-Garten mit 2 weiteren Saunen umfasst rund 2.500 qm und vereint auf schöne Art und Weise die Bergische Landschaft mit einer reizvollen Sauna- und Erholungslandschaft. Seit Frühjahr 2012 steht den Saunagästen ein eigener Außenpool zur Verfügung.

Splash! »Sich einfach wohl fühlen!«

 Broch 8, 51515 Kürten
 02268 903-19 | 02268 903-18 | www.splash-kuerten.de

Am Empfang werden Bademäntel und Badetücher verliehen und verkauft. Zusätzlich sind Badeschlappen und Bade-Utensilien käuflich erwerbbar.

DER EMPFANG

Montag	13:00 – 22:00 Uhr	gemischte Sauna
Montags in den Ferien	10:00 – 22:00 Uhr	Montags in den Ferien
Dienstag	10:00 – 22:00 Uhr	Damensauna
Mittwoch	10:00 – 22:00 Uhr	gemischte Sauna
Donnerstag	10:00 – 22:00 Uhr	gemischte Sauna
Freitag (Mitternachtssauna)	10:00 – 24:00 Uhr	gemischte Sauna
Samstag	10:00 – 21:00 Uhr	gemischte Sauna
Sonntag und Feiertag	10:00 – 21:00 Uhr	gemischte Sauna

DIE ÖFFNUNGSZEITEN

Die aktuellen Preise finden Sie auf der Internetseite www.splash-kuerten.de.

DIE PREISE

Männer und Frauen kleiden sich in Sammelkabinen oder in separaten Kabinen um. Dort kann auch geduscht werden.

UMKLEIDEN | DUSCHEN

Die finnische Blockhaussauna und die Fässchensauna befinden sich im Saunagarten. Vier weitere, unterschiedlich temperierte Saunen liegen im Innenbereich der Anlage. Aufgüsse mit wechselnden Aromen werden stündlich zelebriert.

DIE SAUNEN

Auch Salz- und Honigpeelings gehören zum täglichen Aufgussprogramm.

Bis zu 20 Personen werden in den Bann des großen Amethysten aus Brasilien gezogen. Dieser thront auf dem attraktiven, mit ausgesuchten Natursteinen gemauerten Ofen mit Sauna-Steinen. Bei 80 °C entfalten sich hier aromatische Kräuterdüfte optimal.

DIE AMETHYST-SAUNA
80 °C

200
KÜRTEN

Splash! »SICH EINFACH WOHL FÜHLEN!«
Broch 8, 51515 Kürten
02268 903-19 | 02268 903-18 | www.splash-kuerten.de

DIE BERGKRISTALL-SAUNA
85 °C

Über dem riesigen, zentralen Sauna-Ofen befindet sich ein echter Bergkristall, ebenfalls aus Brasilien. Der 85 °C heiße, holzverkleidete Raum mit dezenter Beleuchtung fasst bis zu 40 Personen. Hier finden stündlich Aufgüsse statt.

DAS TEPIDARIUM
60 °C

Eine sanftere Art des Saunabadens bietet das Tepidarium mit 60 °C und einer wohligen Farblichttherapie.

DAS TÜRKISCHE DAMPFBAD
45 °C

Sie gilt als geeigneter Start für einen entspannenden Saunatag. Das Licht des eingebauten Sternenhimmels verbindet sich auf mystische Weise mit dem aufsteigenden, aromatisierten Nebel. Zehn Personen auf Steinsitzbänken können bei 45 °C dieses Schauspiel beobachten.

DIE FINNISCHE BLOCKHAUS-SAUNA
75 °C

In der finnischen Blockhaus-Sauna aus Massivholzbohlen fällt sofort der gigantische, gemauerte Ofen mit Sauna-Steinen auf. An die 50 Personen verweilen in rustikalem Ambiente mit wunderbar duftendem »Kelo«-Holz. Zwei Fenster gewähren einen schönen Ausblick in den Sauna-Garten. Auch hier finden Aufgüsse statt.

DAS ABKÜHLEN
28 °C

Im Innenbereich finden sich ein Kneippschlauch, eine Schwall- und zwei Kaltbrausen direkt neben dem runden Tauchbecken. Quirliges Sprudeln verspricht der 34 °C warme, große Whirlpool in wandbemaltem Karibikflair. Sechs Fußwärmebecken an beheizter, schön gefliester Sitzbank sind für Ihre Füße eine Wohltat. Im Sauna-Garten sorgen Spezialduschen, ein Tauchbecken, ein natürlicher Bachlauf zum Wassertreten und ein 10 m x 6 m großer Saunapool mit 28 °C für Abkühlung und Erfrischung.

RUHEMÖGLICHKEITEN
75 °C

Im Innenbereich verteilen sich Liegestühle und behagliche Liegen mit Decken. Es gibt einen gemütlichen Kaminofenbereich und einen Wintergarten mit einem

Splash! »Sich einfach wohl fühlen!«

Broch 8, 51515 Kürten
02268 903-19 | 02268 903-18 | www.splash-kuerten.de

herrlichen Blick in den Saunagarten. Draußen lädt ein Blockruhehaus und ein Glaspavillon zum Ausruhen ein. Im Sommer stehen Liegen auch auf der Liegewiese und auf der Natursteinterrasse.

DIE AUSSENANLAGE

Auf 2.500 qm, inmitten der bergischen Landschaft, wurde ein naturnaher Saunagarten mit einem pflanzenreichen Wasserbiotop, einem Naturkieselbachlauf und Bruchsteintreppen, -wegen und -terrassen angelegt. Bequeme Liegen stehen auf den Rasenflächen zur Verfügung. Außerdem gibt es einen Barfußpfad.

MASSAGEN | SOLARIEN

Lassen Sie sich mit klassischen Massagen, Fußreflexzonen- und Hot-Stone-Massagen ebenso verwöhnen wie mit Ayurveda und Wellnessmassagen. Kosmetikangebote und Gesichtspflege verschönern Ihre Haut. Ein Hochleistungsbräuner im Badebereich sorgt für natürlichen Teint.

EVENTS

An jedem Freitag findet die Mitternachts-Sauna bis 24:00 Uhr statt, an jedem Dienstag die Damensauna. Auf Wunsch gibt es für Sauna-Einsteiger eine kostenlose Einführung ins Saunieren.

GASTRONOMIE

Im »Molino« wird eine vielfältige Auswahl an Speisen und Getränken für den großen und den kleinen Hunger und Durst angeboten. Komplette Menüs, aber auch herzhafte Kleinigkeiten und knackige Salate werden in der Küche stets sorgfältig und frisch zubereitet. Außerdem gibt es köstliche Eisspezialitäten und Kuchen.

ZAHLUNGSVERKEHR

Alle in Anspruch genommenen Leistungen werden sofort bar oder mit EC-Karte beglichen.

PARKMÖGLICHKEITEN

Unmittelbar an der Anlage parken Sie auf dem großen Parkplatz kostenlos.

Eifel-Therme-Zikkurat »ERHOLUNG VOM ALLTAG«

MECHERNICH

📍 An der Zikkurat 2 (NAVI: Lohmühle 4), 53894 Mechernich
☎ 02256 9579-0 | 🌐 www.eifel-therme-zikkurat.de

GEBOTEN WIRD:

DAS RESÜMEE	Seit August 2004 bietet die Anlage Erholung und Entspannung pur auf dem Gelände der »Zikkurat« – einer ehemaligen Steinzeugfabrik. Das 32 °C warme Erlebnisbecken, der 34 °C heiße Whirlpool, das 25-m-Sportbecken und das ganzjährig auf 32 °C beheizte Außenbecken mit Massagedüsen sind mit Sole angereichert, sodass die natürliche Schutzschicht der Haut erhalten bleibt. Den Jüngeren steht im Kleinkinderbereich ein Becken mit Wasserrad und Wassersschlange für Kinder bei 34 °C zur Verfügung.
DER SAUNABEREICH	Im Innenbereich im Obergeschoss erwartet Sie auf einer Fläche von rund 300 qm eine warme und freundliche Atmosphäre. Anziehungspunkt der Saunalandschaft ist der im Oktober 2007 errichtete Saunagarten, der auf einer Fläche von rund 3.000 qm verschiedene Sauna-Typen, einen großen Naturteich und eine großzügige Gartenlandschaft beinhaltet.
DER EMPFANG	Am Empfang können Bademäntel, Badetücher sowie Badeschuhe gegen eine geringe Gebühr ausgeliehen werden. Badeutensilien (wie Pool-Nudeln, Wasserbälle, Bade-Moden) können im Shop gekauft werden.

DIE ÖFFNUNGSZEITEN

Saunalandschaft

Montag – Donnerstag	10:00 – 22:00 Uhr
Freitag – Samstag	10:00 – 23:00 Uhr
Sonn- und Feiertage	10:00 – 21:00 Uhr
Tage vor Feiertagen	bis 23:00 Uhr

Eifel-Therme-Zikkurat »ERHOLUNG VOM ALLTAG«

An der Zikkurat 2 (NAVI: Lohmühle 4), 53894 Mechernich
02256 9579-0 | www.eifel-therme-zikkurat.de

MECHERNICH

3-Stunden-Ticket 19,50 Euro | Tagesticket 22,50 Euro. Jeweils inklusive Erlebnisbad-Nutzung. Es gibt Rabatte zwischen 5 und 20 % durch verschiedene Wertkarten.

DIE PREISE

Die Saunagäste nutzen die Einzelkabinen gemeinsam mit den Gästen des Erlebnisbades. Erlebnisduschen stehen im Saunabereich zur gemeinsamen Nutzung (keine Geschlechtertrennung) zur Verfügung. Die Gäste des Saunabereiches können zusätzlich auch die Duschen des Erlebnisbades nutzen (Geschlechtertrennung).

UMKLEIDEN | DUSCHEN

Im Innenbereich auf der 1. Etage erwarten Sie zwei Saunen und ein Dampfbad. Vier weitere Saunen – davon zwei Aufguss-Saunen – stehen im Saunagarten zur Verfügung.

DIE SAUNEN

Bis zu 15 Personen finden Platz in der holzverkleideten, dezent beleuchteten Sauna, deren Highlight ein Stein aus Rosenquarz bildet. Zitrus- und Rosenöl in der Duftschale sorgen für ein angenehmes Aroma bei einer Temperatur von 85 °C.

DIE »JALO«-SAUNA
85 °C

Die Holzbänke zum gemütlichen Verweilen sind seitlich angebracht. Gut 20 Personen kommen bei 55 °C langsam, aber kontinuierlich ins Schwitzen. Farblichter und dezente Entspannungsmusik umspielen die schwitzenden Gäste.

DAS SANARIUM®
55 °C

45 °C herrschen in dem aromatisierten Dampfbad, das für elf Personen konzipiert ist. Nebelschwaden steigen stetig auf …

DAS DAMPFBAD
45 °C

Vom Fachpersonal werden in der aus Rundstämmen errichteten Blockhaus-Sauna wechselweise spezielle Aufgüsse wie Honig-, Salz- und Wenik-Aufgüsse durchgeführt. Zwei Öfen mit Sauna-Steinen heizen bis zu 50 Personen bei Temperaturen um die 90 °C ordentlich ein. Dank dezenter Beleuchtung kommt schnell eine gemütliche Atmosphäre auf.

DIE »PIHA«-BLOCKHAUS-SAUNA
90 °C

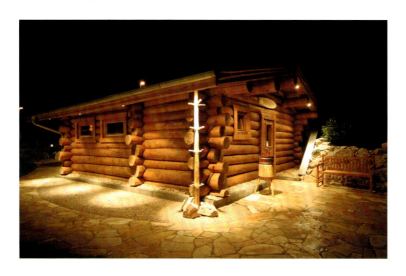

204
MECHERNICH

Eifel-Therme-Zikkurat »ERHOLUNG VOM ALLTAG«

An der Zikkurat 2 (NAVI: Lohmühle 4), 53894 Mechernich
02256 9579-0 | www.eifel-therme-zikkurat.de

DIE »MERI«-SAUNA
90 °C

Etwa 60 Personen genießen in der »Meri«-Sauna bei Temperaturen von 90 °C professionelle Klassische, Themen- oder Eventaufgüsse. Die hauptsächlich aus Glasflächen bestehende Front bietet dabei von den Sitzreihen einen herrlichen Blick in den weitläufigen Saunagarten und auf den Naturteich.

DIE »TAKKA«-SAUNA
85 °C

Bis zu 50 Personen umrunden den glasbedeckten Kamin – finnisch »takka«. Leise knistert das Buchenholz und 85 °C warme Luft verbreitet sich in dem behaglichen Raum. Ihr Blick schweift über das Biotop und den Naturteich – Sauna-Erlebnis pur.

DIE »MAA®«-SAUNA
110 °C

Die Sauna mit dem begrünten Dach ist größtenteils in die Erde eingelassen. Massive Rundstämme ragen über das Niveau der Erde und lassen bereits eine urige Rustikalität erahnen, die sich im Inneren der Sauna bestätigt findet. Enorme 110 °C liegen in der Luft – eine beachtliche Hitze, der sich an die 15 Personen aussetzen. Erstaunlicherweise ist die Wärme dank des erdigen Charakters sehr angenehm. Die Echtholzbefeuerung unterstreicht und verstärkt das wohlige Erdgefühl noch.

CRUSHED ICE

Die Aufgüsse in der PIHA-Blockhaus-Sauna werden mit Crushed Ice begleitet, das den Gästen während oder nach dem Saunagang zum erfrischenden Eisabrieb zur Verfügung steht. Im Saunagarten ist ein separater Eisbrunnen ebenfalls stets mit Crushed Ice gefüllt.

Eifel-Therme-Zikkurat »ERHOLUNG VOM ALLTAG«

An der Zikkurat 2 (NAVI: Lohmühle 4), 53894 Mechernich
02256 9579-0 | www.eifel-therme-zikkurat.de

Warm-Kalt-Brausen, zwei Schwall- und eine Kübeldusche sowie ein Kneippschlauch erfrischen Sie im Innenbereich. Eine großzügige Fußbeckenlagune sorgt für Entspannung in modernem Ambiente. Im Saunagarten verteilen sich Warm-Kalt-Brausen, Kneippschläuche, Regendruckduschen, Kübelduschen, Schwallbrausen, ein kleines rundes Tauchbecken und ein Eisbrunnen.

DAS ABKÜHLEN

Der Saunagarten wird seitlich von Grünpflanzen und Bäumen eingefasst. Über einen modern gepflasterten Gehweg passieren Sie zunächst die »PIHA«-Blockhaus-Sauna und gelangen dann in den neuangelegten Teil des Gartens. Die Holzhäuser mit ausladenden Vordächern, unter denen Sie angenehm ausruhen und verweilen können, fügen sich in die Landschaft ein. Eine Holzbrücke teilt das 100 qm große Biotop mit Zierpflanzen vom Naturteich ab. Liegewiesen mit zahlreichen bequemen Liegen, Hängematten und Relaxinseln laden zur Erholung ein. In der Dunkelheit schaffen im Garten aufgestellte Öllampen eine angenehme Atmosphäre. Vor zu viel Sonne schützen große Sonnensegel, die bei Bedarf aufgespannt werden und schattige Plätze bieten.

DIE AUSSENANLAGE

206 Eifel-Therme-Zikkurat »ERHOLUNG VOM ALLTAG«

MECHERNICH

An der Zikkurat 2 (NAVI: Lohmühle 4), 53894 Mechernich
02256 9579-0 | www.eifel-therme-zikkurat.de

RUHEMÖGLICHKEITEN

In zarten Brauntönen präsentiert sich der Ruheraum im Innenbereich, in dem Wasserbetten zur Erholung einladen. Die etwa 50 qm große, offene Sonnenterrasse mit modernen Loungemöbeln gewährt den Blick auf den Saunagarten. Im Saunagarten befindet sich ein Ruhehaus mit zwei separaten Ruheräumen, die attraktiv ausgestattet und mit viel Liebe zum Detail eingerichtet sind. Mit ihren gemütlichen Liegen, den passenden Auflagen und Decken bieten sie die ideale Voraussetzung für eine perfekte Erholung. Genießen Sie den herrlichen Blick durch die großzügigen Fensterflächen in den weitläufigen Saunagarten. Der Kaminraum ist mit freundlicher Holzvertäfelung und hellen Ledersitzgarnituren sehr stilvoll eingerichtet. Hier lässt es sich, gegenüber dem großen gemauerten Kamin, bei heißem Kaffee entspannt plauschen und lesen.

Lassen Sie sich mit Wellnessmassagen, Ayurveda-Behandlungen und hawaiianischer Massage verwöhnen. Oder probieren Sie einmal die Fussmassage oder Rosenherz-Gesichtsmassage aus. Dazu steht Ihnen ausgebildetes Fachpersonal zur Verfügung. Im Ergoline-Solarium erhalten Sie den richtigen Teint.

Eifel-Therme-Zikkurat »ERHOLUNG VOM ALLTAG«

An der Zikkurat 2 (NAVI: Lohmühle 4), 53894 Mechernich
02256 9579-0 | www.eifel-therme-zikkurat.de

Das Team der »Eifel-Therme-Zikkurat« lässt sich immer wieder etwas Neues einfallen, um den Gästen vielfältige monatliche Besonderheiten anzubieten. Verlängerte Öffnungszeiten und FKK-Schwimmen werden verbunden mit einem besonderen Motto sowie außergewöhnlichen Aufgüssen.
— EVENTS

Das Restaurant „Ravintola" lockt mit einem ausgefallenen Speisen- und Getränkeangebot, bei dem jeder Gast das Richtige findet. Das holzvertäfelte Bistro „Pikku Loma" mit edlem Thekenbereich im Saunagarten bietet Ihnen Getränke, Kaffee und täglich wechselnde Kuchenspezialitäten. Ob Sie im Bistro oder auf der Sonnenterasse des Bistros sitzen, Sie genießen jeweils den exquisiten Ausblick über den Saunagarten.
— GASTRONOMIE

Der Eintritt wird sofort fällig. Alle weiteren Leistungen werden auf einen Chip gebucht und beim Verlassen des Hauses bezahlt.
— ZAHLUNGSVERKEHR

Unmittelbar an der Anlage stehen Parkmöglichkeiten in ausreichender Anzahl zur Verfügung. Die Benutzung des Parkplatzes ist für Gäste der »Eifel-Therme-Zikkurat« kostenfrei!
— PARKMÖGLICHKEITEN

Freizeitbad am Lavalplatz »HIER KÖNNTE IHR SLOGAN STEHEN«

METTMANN
GUTSCHEINHEFT S. 13

Gottfried-Wetzel-Str. 2-4, 40822 Mettmann
02104 980408 | www.mettmann.de/hallenbad/sauna.php

GEBOTEN WIRD:

DAS RESÜMEE
Die Stadt Mettmann liegt in den Ausläufern des Bergisches Landes und grenzt an die nordrheinwestfälische Landeshauptstadt Düsseldorf. So ist die Stadt ein idealer Ausgangspunkt in die sowohl städtische als auch ländliche Umgebung. Das Freizeitbad am Lavalplatz liegt zentral in der Innenstadt Mettmanns. Sie besitzt neben unterschiedlichen Schwimmbecken und dazu idealem Kursangebot eine hübsche Saunalandschaft. In den vier großzügig gestalteten Saunabereichen, einem Außenbereich von 80 qm und nicht zuletzt aufgrund des behindertengerechten Zugangs, kann jeder Saunafreund seinen Aufenthalt voll und ganz genießen und den Alltagsstress hinter sich lassen.

DIE ÖFFNUNGSZEITEN
Die aktuellen Öffnungszeiten finden Sie auf der Homepage unter www.mettmann.de/hallenbad/sauna.php

Die Badezeiten enden 15 Minuten vor den genannten Schließungszeiten. Die Öffnungszeiten des Freizeitbads entnehmen Sie bitte der Webseite.

DIE PREISE
Eine Einzelkarte für die Sauna kostet 12,00 Euro, eine Zehnerkarte 110,00 Euro. Auch die Preise des Freizeitbads sind der Webseite zu entnehmen.

UMKLEIDEN | DUSCHEN
Männern und Frauen stehen in der Anlage insgesamt vier gemeinschaftliche Duschen zur Verfügung.

DIE SAUNEN
Inmitten der Mettmanner Innenstadt finden Sie eine kleine, aber feine Saunalandschaft, die allen Sauna- und Entspannungsfreunden einen erholsamen Aufenthalt beschert.

Freizeitbad am Lavalplatz »HiER KÖNNTE iHR SLOGAN STEHEN«

Gottfried-Wetzel-Str. 2-4, 40822 Mettmann
02104 980408 | www.mettmann.de/hallenbad/sauna.php

Die holzverkleidete Finnische Sauna ist die ursprünglichste Form des Saunabadens. Der Saunaofen heizt den großzügigen Raum auf eine Temperatur von 90 °C bei einer sehr geringen Luftfeuchte zwischen 4 – 10 %. Daher ist das Schwitzbad in diesem idealen Klima gut verträglich.

DIE FINNISCHE SAUNA
90 °C | 4 – 10 %

Temperaturempfindlichen Saunagästen und Saunaeinsteigern ist das Biosanarium® zu empfehlen. Dieses ist eine gute Alternative zur Finnischen Sauna, da die Temperatur bei gerade einmal 50 °C und die Luftfeuchtigkeit zwischen 10 – 80 % liegt. Wohlriechende Düfte werden dem Raum fürs Wohlbefinden zugeführt und auch ein eingebautes Farblichtsystem bringt Ruhe und Entspannung.

DAS BIOSANARIUM®
50 °C | 10 – 80 %

Das Farblichtsystem besitzt vier verschiedene Farbtöne, auf die der Körper auf un-

DAS BIOSANARIUM®

Freizeitbad am Lavalplatz »HiER KÖNNTE iHR SLOGAN STEHEN«

METTMANN

Gottfried-Wetzel-Str. 2-4, 40822 Mettmann
02104 980408 | www.mettmann.de/hallenbad/sauna.php

terschiedliche Weise reagiert: Rot wirkt anregend und durchblutungsfördernd, gelb steigert das Wohlbefinden und die Behaglichkeit, grün wirkt beruhigend und blau wirkt blutdrucksenkend, so wird der Körper auf Ruhe eingestellt.

EUKALYPTUSKABINE
60 °C | 50 %

Das Raumklima in diesem aromatisierten Schwitzraum beträgt 60 °C und 50 % relative Luftfeuchtigkeit. Über eine Wassertasche wird der Kabine Eukalyptus als Heilkraut zugesetzt. Das Einatmen der ätherischen Dämpfe wirkt beruhigend und reinigend, lindert Verspannungen und wirkt vorbeugend auf die Atemwege.

RÖMISCHES DAMPFBAD
50 °C | 95 %

Durch die hohe Luftfeuchtigkeit von 95 % und einer wohligen Wärme von etwa 50 °C wird sowohl das körperliche Wohlbefinden als auch das Hautbild verfeinert und gepflegt. Zudem sorgt die Inhalation des Dampfes nicht nur für eine Befreiung der Atemwege, sondern wirkt sich auch positiv auf verkrampfte Muskeln, Nervenanspannungen und sogar Erkältungserscheinungen aus – ideale Bedingungen für Ihre körperliche Erholung.

DAS ABKÜHLEN

Innerhalb der Anlage sind für Sie verschiedene Arten der Abkühlung vorhanden. Neben einer Eckdusche, einer Nageldusche und einem Kübelguss können Sie Ihren Körper ganz und gar in eine Kaltwassergrotte mit Schwalldusche oder ein Kaltwasserbecken tauchen. Darüber hinaus laden Sie in Gruppen angebrachte Fußbecken zum gemeinsamen Entspannen ein. Auch ein Kneippguss steht für Sie bereit.

DIE SCHWIMMBÄDER

Die Saunalandschaft befindet sich in einem Hallenbad, in dem Sie Zugang zu drei verschiedenen Schwimmbecken haben. Das 28 °C warme Sportbecken besitzt fünf 25-Meter-Bahnen, ein 1-Meter-Brett und 3-Meter-Turm sowie einen höhenverstell

Freizeitbad am Lavalplatz »HIER KÖNNTE IHR SLOGAN STEHEN«

Gottfried-Wetzel-Str. 2-4, 40822 Mettmann
02104 980408 | www.mettmann.de/hallenbad/sauna.php

METTMANN

baren Nichtschwimmerbereich. Das Lehrschwimmbecken ist mit einer kleinen Rutsche ausgestattet, bei einer Wassertemperatur von 30 °C. Familien mit Kleinkindern können sich einen erholsamen Aufenthalt im Kinderbereich gestalten – das Planschbecken hat eine Fläche von 9 qm und bietet mit einer kleinen Abstufung einen kinderleichten Einstieg. Bei einer Temperatur von 36 °C und einer Tiefe von 0,20 cm können die Kleinen nach Herzenslust planschen. Daneben finden Sie eine Liegefläche mit Wärmestrahlern, Wickeltischen und einem Laufstall.

Nachdem Sie einen belebenden Aufenthalt in einer der geräumigen Saunen genossen haben, können Sie sich auf einen Ruheraum mit sechs Liegen freuen. Doch nicht nur hier kann der Tag einen ruhigen Ausklang finden – auch der schöne Außenbereich mit einer Sonnenterrasse lädt zum Seele baumeln lassen ein.

RUHEMÖGLICHKEITEN

Alle in Anspruch genommenen Leistungen werden bar bezahlt.

ZAHLUNGSVERKEHR

Es gibt kostenpflichtige Parkplätze in der Umgebung.

PARKMÖGLICHKEITEN

212 Return Active Spa »DER BESONDERE SPORT- & WELLNESS-CLUB!«

MÖNCHENGLADBACH
GUTSCHEINHEFT S. 15

Return Active Spa im Dorint Parkhotel, Hohenzollernstraße 5, 41061 Mönchengladbach
02161 4777-00 | www.myreturn.club

GEBOTEN WIRD:

DAS RESÜMEE	Das »Return Active Spa« mit 1.500 qm Sport- und Wellnessfläche liegt mitten im grünen Herzen der Stadt Mönchengladbach. Eingebettet im Hause des »Dorint Parkhotels« erleben Sie hier ein schönes Ambiente bei Sport und Wellness der besonderen Art.
DER SAUNABEREICH	Im 200 qm großen Saunabereich mit einem angenehmen Ambiente aus Natursteinen werden Sie sich auf Anhieb wohlfühlen. Zwei unterschiedlich temperierte Saunen und ein Dampfbad bereiten Ihnen schöne Stunden der Entspannung.
DER EMPFANG	An der Rezeption im Erdgeschoss des »Active Spa« checken Sie ein und erhalten einen Schlüssel für Ihren Umkleideschrank. Sie können Badeschuhe erwerben. Bademäntel, Handtücher und Decken können Sie gegen Gebühr ausleihen.
DIE ÖFFNUNGSZEITEN	Montag bis Freitag von 7:00 – 23:00 Uhr	Samstag und Sonntag von 8:00 – 20:00 Uhr.
DIE PREISE	Tageskarte 18,00 Euro.
UMKLEIDEN	DUSCHEN	Bad- und Saunabesucher kleiden sich im Erdgeschoss in den zwei Sammelumkleiden nach Geschlechtern getrennt um. In der Badelandschaft finden Sie Einzelduschen mit Duschgel-Spendern.
DIE SAUNEN DIE FINNISCHE SAUNA 90 °C	Zu jeder halben Stunde wird für bis zu 25 Gäste bei 90 °C ein Aufguss zelebriert. Es gibt frische Menthol- & Eukalyptusaromen sowie viermal am Tag fruchtige Aufgüsse, zu denen Obst gereicht wird. Durch ein Panoramafenster blicken Sie auf die Badelandschaft.

Return Active Spa »DER BESONDERE SPORT- & WELLNESS-CLUB!«

MÖNCHENGLADBACH

Return Active Spa im Dorint Parkhotel, Hohenzollernstraße 5, 41061 Mönchengladbach
02161 4777-00 | www.myreturn.club

Erleben Sie im Römischen Dampfbad mit 45 °C und acht Sitzplätzen das angenehme Eukalyptus-Aroma!

DAS DAMPFBAD
45 °C

Wohltuende 60 °C herrschen in dieser Bio-Sauna, die für 10 Personen Platz bietet. Der Schale über dem Ofen entströmen belebende Fruchtdüfte. Das wechselnde Farblicht wirkt stimmungsaufhellend.

DIE »AROMA & LICHT«-SAUNA, 60 °C

Nach Ihrem Saunagang kühlen Sie sich unter der Kalt-Warm- und Regendusche oder in der sechsfachen Seitenbrause ab. Ein Tauchbecken, die Crushed-Ice-Bar und die Kübeldusche in einer Grotte sorgen für Erfrischung in wildromantischem Ambiente.

**DAS ABKÜHLEN
CRUSHED ICE**

Für ein kalt-warmes Fußbad stehen vier Becken bereit.

DAS KNEIPPEN

Der 180 qm große Außenbereich vor dem Schwimmbad lädt, umgeben von Bäumen, zum Relaxen ein. In der teilüberdachten Saunalandschaft können Sie neben der »Aroma & Licht«-Sauna ebenfalls Frischluft tanken.

DER AUSSENBEREICH

Ebenfalls im Bereich der Saunalandschaft liegt der Hot-Whirlpool mit 37 °C Wassertemperatur.

DER WHIRLPOOL

Die großzügig angelegte 400 qm große Badelandschaft (kein FKK-Bereich) verwöhnt Sie mit angenehm warmem Wasser (30 °C). Die Gegenstromanlage fördert Ihre Ausdauer, die Schwalldusche und das innenliegende Sprudelbecken werden Sie erfrischen.

DIE BADELANDSCHAFT

Nach Ihrem Saunagang erholen Sie sich direkt im Saunabereich oder auf den bequemen Boxspring-Betten in der Badelandschaft. Zusätzliche Liegen stehen im Außenbereich bei schönem Wetter zur Verfügung.

RUHEMÖGLICHKEITEN

Genießen Sie die kostenfreie »Thermarium«-Rotlichtbestrahlung auf drei Liegeplätzen. Gegen Aufpreis können Sie eine Hydromassage, zwei Sonnenbänke und eine SmartSun nutzen. Wellness- Massagen können nach Terminvereinbarung an der Rezeption gebucht werden.

**MASSAGEN | WELLNESS
SOLARIEN**

Knackige Salate, leckere Snacks, leichte Menüs, frische Obstsäfte und tolle Mineraldrinks stärken Sie.

GASTRONOMIE

Die von Ihnen in Anspruch genommenen Leistungen zahlen Sie beim Verlassen des »Return Active Spa« mit EC-/Kreditkarte.

ZAHLUNGSVERKEHR

In der direkten Nachbarschaft des »Return Active Spa« parken Sie kostenlos, oder direkt am Objekt für 1,20 Euro.

PARKMÖGLICHKEITEN

214 Return Lady Spa »SPORT&WELLNESS NUR FÜR DIE FRAU!«

MÖNCHENGLADBACH
GUTSCHEINHEFT S. 15

Wilhelm Schiffer Straße 41, 41239 Mönchengladbach
02166 1255-55 | www.myreturn.club

GEBOTEN WIRD:

DAS RESÜMEE	Das »Return Lady Spa« mit 1.500 qm Sport- & Wellnessfläche liegt zentral im Mönchengladbacher Stadtteil Rheydt und bietet – im vierten Stock gelegen – einen fantastischen Ausblick über die City.
	Einen Besuch in der hauseigenen Massage- & Beautylounge können Sie bei Ihrem Wellnesstag direkt mit einplanen. Diese ist vom »Return Lady Spa« aus direkt erreichbar.
DER SAUNABEREICH	Erleben Sie Sauna und Entspannung pur auf 200 qm in einem ansprechenden Wohlfühl-Ambiente! Zwei Saunen und ein Dampfbad sowie viele weitere Attraktionen laden Sie dazu ein.
DER EMPFANG	An der Rezeption des »Return Lady Spa« checken Sie ein und erhalten einen Schlüssel für Ihren Umkleideschrank. Badeschuhe können Sie käuflich erwerben. Bademäntel, Decken und Handtücher sind gegen Gebühr ausleihbar.
DIE ÖFFNUNGSZEITEN	Montag bis Freitag von 8:30 – 22:30 Uhr	Samstag und Sonntag von 10:00 – 18:00 Uhr. Die Nutzung aller Einrichtungen ist bis 30 Minuten vor Betriebsschluss möglich.
DIE PREISE	Tageskarte 16,00 Euro.
UMKLEIDEN	DUSCHEN	In den zwei Sammelumkleiden mit insgesamt 150 Schränken befindet sich jeweils auch eine Einzelkabine. Die Duschen aus Naturstein unterstreichen das edle Ambiente.

Return Lady Spa »SPORT&WELLNESS NUR FÜR DIE FRAU!«

Wilhelm Schiffer Straße 41, 41239 Mönchengladbach
02166 1255-55 | www.myreturn.club

MÖNCHENGLADBACH

Bis zu 25 Damen schwitzen bei 85 °C und genießen zu jeder halben Stunde einen Aufguss. Es werden klassische Menthol- und Eukalyptusaufgüsse sowie zwei- bis dreimal am Tag erfrischend fruchtige Aufgüsse zelebriert, zu denen ein Schälchen mit frischem Obst gereicht wird.	**DIE SAUNEN** DIE FINNISCHE SAUNA 85 °C
In der 60 °C warmen Kabine erleben 15 Gäste Entspannung pur bei belebendem Zitronenduft und wechselndem Farblicht.	DIE »AROMA & LICHT«-SAUNA, 60 °C
Bei Menthol-Duft können Sie im blau gefliesten 45 °C warmen Dampfbad tief durchatmen. Bis zu 12 Sitzplätze stehen dafür bereit.	DAS DAMPFBAD 45 °C
Für Abkühlung sorgen eine Kübeldusche, eine sechsfache Seitendusche und eine Erlebnisdusche.	DAS ABKÜHLEN
Sehr beliebt sind auch die Abkühlungen mit dem Kneippschlauch oder an der Crushed-Ice-Bar. Ein kalt-warmes Fußbad nehmen Sie in einem der zwei in den Boden eingelassenen Becken.	CRUSHED ICE DAS KNEIPPEN
Von der 120 qm großen Terrasse genießen Sie einen tollen Blick über die Innenstadt, ohne selber gesehen zu werden.	DIE AUSSENANLAGE
Im Hot-Whirlpool entspannen Sie im 36 °C warmen Wasser. Durch moderne Technik ist absolute Hygiene gewährleistet.	DER WHIRLPOOL
Ob im Ruheraum mit 12 Wasserbetten oder an der frischen Luft auf der Dachterrasse – relaxen Sie ganz nach Lust und Laune.	RUHEMÖGLICHKEITEN
In der Return Massage- & Beauty Lounge ist von der medizinischen Massage bis zu exotischen Wellnessmassagen alles möglich. Gegen Aufpreis können Sie auch das Hydrojet-Massagebett oder die Sonnenbänke nutzen.	MASSAGEN | WELLNESS
Leckere Snacks, leichte Menüs, frische Obstsäfte und tolle Mineraldrinks stärken Sie.	GASTRONOMIE
Die von Ihnen in Anspruch genommenen Leistungen werden auf Ihre Schlüsselnummer gebucht und beim Verlassen des »Return Lady Spa« mit EC-/Kreditkarte bezahlt.	ZAHLUNGSVERKEHR
Im Parkhaus des »Return Lady Spa« parken Sie zum Spartarif von 1,20 Euro so lange Sie mögen.	PARKMÖGLICHKEITEN

216 AKTIVITA »GESUND LEBEN!«

MONHEIM
GUTSCHEINHEFT S. 15

📍 Kurze Straße 7-9, 40789 Monheim am Rhein
📞 02173 51234 | ✉ info@aktivita-monheim.de | 🌐 www.aktivita-monheim.de

GEBOTEN WiRD:

DAS RESÜMEE

Das inhabergeführte »AKTIVITA« stellt sich als ein vielfältiges Gesundheitszentrum in Monheim dar. Es besteht aus drei Bereichen, »Wellness«, »Reha- und Gesundheitssport« & »Kurs-/Gerätetraining«, die einzeln nutzbar sind, aber auch eine sinnvolle Ergänzung zueinander darstellen. Durch ein speziell auf Sie abgestimmtes Training können Sie gezielt Ausdauer, Koordination, Flexibilität und Kraft steigern, Ihr Leistungsniveau erhöhen und spüren wie Ihr Alltag Ihnen leichter fällt. Hierfür steht Ihnen seit 40 Jahren ein kompetenes und kundenfreundliches Team zur Seite. Selbstverständlich haben Sie die Möglichkeit Ihren Alltag auch einfach mal hinter sich zulassen und einige erholsame Stunden in einer der 4 Saunaoasen zu genießen: holzbefeuerte finnische Sauna, wohltuendes Dampfbad, Vitalbad mit Farblicht- und Aromatherapie sowie Aufguss-Sauna.

DIE ÖFFNUNGSZEITEN

Montag	9:00 – 17:00 Uhr
Dienstag	13:00 – 21:00 Uhr
Mittwoch	14:00 – 21:00 Uhr
Donnerstag	9:00 – 21:00 Uhr
Freitag	14:00 – 21:00 Uhr
Samstag	12:00 – 18:00 Uhr
Sonntag	10:00 – 15:00 Uhr

Über eventuell abweichende Saisonöffnungszeiten oder über Öffnungszeiten an Feiertagen können Sie sich auf der Internetseite informieren.

DIE PREISE Saunalandschaft inklusive Schwimmbeckennutzung: Tageskarte 18,00 Euro.

AKTIVITA »GESUND LEBEN!«

Kurze Straße 7-9, 40789 Monheim am Rhein
02173 51234 | info@aktivita-monheim.de | www.aktivita-monheim.de

DER SAUNABEREICH

Die Saunalandschaft erstreckt sich insgesamt über rund 1.000 qm, davon entfallen 300 qm auf den grünen, im Freien liegenden Innenhof. Hell und freundlich, mit leicht mediterraner Farbgebung und vielen Holzelementen, präsentieren sich der Innenbereich der Saunalandschaft und das Gesundheitszentrum. Reha- und Gesundheitssport, Kurs- und Gerätetraining, Beautyangebote, inklusive vielfältige Massageauswahl – all das finden Sie im »AKTIVITA – Gesund leben!«.

UMKLEIDEN | DUSCHEN

Die Umkleiden und Duschen werden am gemischten Saunatag von Frauen und Männern gemeinsam genutzt.

DIE SAUNEN

Vier verschiedene Saunen mit Temperaturen von 45 – 95 °C verteilen sich auf die Saunalandschaft. Die Aufguss-Sauna liegt zentral am Schwimmbecken im Innenbereich. Die anderen Kabinen sind über den Innenhof zu erreichen.

DIE AUFGUSS-SAUNA
80 – 90 °C

Ein Ofen mit Saunasteinen erwärmt die verklinkerte Saunakabine, die Platz für bis zu 20 Personen bietet, auf 80 – 90 °C. Ein Fenster gewährt den Blick in den Innenbereich. Mehrfach täglich werden Aufgüsse mit wechselnden Düften, Eiswürfeln sowie Erlebnis-Aufgüsse zelebriert.

AKTIVITA »GESUND LEBEN!«

MONHEIM
Kurze Straße 7-9, 40789 Monheim am Rhein
02173 51234 | info@aktivita-monheim.de | www.aktivita-monheim.de

DAS VITAL-BAD
60 °C
Buntes Deckenfarblicht umhüllt bis zu 12 erholungssuchende Gäste in dem holzverkleideten Vital-Bad. Dezente Entspannungsmusik erklingt in der 60 °C warmen, aromatisierten Kabine.

DIE FINNISCHE SAUNA
85 – 95 °C
Die urgemütliche, sehr rustikale Saunakabine zeigt sich im finnischen Flair. Ein original skandinavischer Ofen wird mit Eichen-, Buchen- oder Birkenholz versorgt, sodass in der Sauna ein sehr natürliches, angenehmes Klima herrscht. Etwa 20 Personen kommen bei 85 – 95 °C ordentlich ins Schwitzen.

DAS DAMPFBAD
45 °C
Fünf Personen finden Platz in dem aromatisierten, 45 °C warmen Dampfbad. Der Dampferzeuger hüllt das Bad in tiefe Nebelschwaden.

AKTIVITA »GESUND LEBEN!«

Kurze Straße 7-9, 40789 Monheim am Rhein
02173 51234 | info@aktivita-monheim.de | www.aktivita-monheim.de

---

DAS ABKÜHLEN

Hinter dem Umkleidebereich finden Sie Warm-Kalt-Brausen, eine Regendruckdusche, einen Kneippschlauch und ein Tauchbecken. Vier Fußwärmebecken kümmern sich um Ihre Füße. Weitere Abkühlmöglichkeiten sind im Saunagarten gelegen.

DER INNENHOF

Viele Grünpflanzen und Bäume säumen das große Biotop und den plätschernden Wasserzulauf. Auf der angrenzenden Holzterrasse sowie einem gefliesten Liegebereich stehen Sitz- und Liegemöglichkeiten zur Erholung zur Verfügung.

DAS SCHWIMMBAD

Das 10 x 4 m große Schwimmbecken im Inneren der Anlage wird mit ca. 31 °C angenehm warm beheizt. Rundherum laden Sitz- und Liegemöglichkeiten zum längeren Verweilen ein.

RUHEMÖGLICHKEITEN

Der helle Ruheraum mit Liegemöglichkeiten bietet den Saunagästen besonders im Winter eine entspannende Atmosphäre.

MASSAGEN | BEAUTY

Lassen Sie sich mit Teil- und Ganzkörpermassagen, Fußreflexzonen- und Hot-Stone- sowie Ayurvedamassagen verwöhnen. Pflege von Kopf bis Fuß rundet den Saunabesuch ab. Termine bitte vorab vereinbaren.

EVENTS

Jährlich finden saisonbedingte Events statt. Informationen hierzu finden sie auf der Internetseite.

GASTRONOMIE

Salate und warme Speisen werden auf Wunsch aus der örtlichen Pizzeria frisch geliefert.

ZAHLUNGSVERKEHR

Alle in Anspruch genommenen Leistungen, auch die der Gastronomie, werden im Nachhinein beglichen.

PARKMÖGLICHKEITEN

Am Gebäude, sowie auch auf der parallel liegenden Straße können Sie kostenlos parken.

220 Parc Vitale Eichhöfer

MÜLHEIM/RUHR
GUTSCHEINHEFT S. 15

»SEIT ÜBER 50 JAHREN IM DIENSTE IHRER GESUNDHEIT!«

♀ Werdener Weg 47, 45470 Mülheim/Ruhr | ☎ 0208 35038/-39 | 🌐 www.parcvitale.de

GEBOTEN WIRD:

| DAS RESÜMEE | Das SPA Wellnesszentrum Parc Vitale bietet Ihnen sechs verschiedene Saunen, ein Hallen- und Freibad mit großzügiger Liegewiese sowie diverse medizinische Massagen, Krankengymnastik und Kosmetik-Behandlungen. Das Hallenbad mit separaten Einzelumkleiden kann auch ohne Saunabesuch gebucht werden. Reha Sport-Kurse sorgen für Ihr Wohlbefinden und Gesundheit in angenehm 30 °C warmem Wasser. Das angeschlossene Hotel am Oppspring – eine aufwendig sanierte und modernisierte Stadtvilla aus den dreißiger Jahren – verfügt über 16 individuell eingerichtete Einzel-, Doppel- und Familienzimmer. Die Benutzung der Saunen und Schwimmbäder ist für Hotelgäste kostenlos. |

DER SAUNABEREICH Der Innenbereich der Saunalandschaft, deren funktionelle Bereiche in freundlichen Farben gestaltet sind, erstreckt sich über gut 600 qm. Der mediterane dekorierte Saunagarten umfasst an die 1.000 qm.

DER EMPFANG Am Empfang werden Bademäntel und Handtücher gegen Gebühr verliehen.

DIE ÖFFNUNGSZEITEN Montag bis Freitag 8:00 – 22:30 Uhr | Samstag, Sonntag & Feiertag 11:00 – 19:00 Uhr.

DIE PREISE Tageskarte 19,50 Euro | Sauna ab 20:00 Uhr 14,50 Euro | 10er - Karte 175,00 Euro | 3-Stunden-Karte 16,50 Euro | Studententarif 12,50 Euro.

UMKLEIDEN | DUSCHEN Die Damen können sich sowohl in einem separaten Umkleidebereich als auch mit den Herren zusammen umkleiden. Das gleiche gilt für das Duschen. Montag bis Donnerstag ist zusätzlich Damensauna.

Parc Vitale Eichhöfer
»SEIT ÜBER 50 JAHREN IM DIENSTE IHRER GESUNDHEIT!«

📍 Werdener Weg 47, 45470 Mülheim/Ruhr | ☎ 0208 35038/-39 | 🌐 www.parcvitale.de

---

Im Innenbereich der Anlage erfreuen drei Saunakabinen und ein Dampfbad die Saunagäste. Die Bio-Sauna als auch die 95 °C Blockhaus-Sauna liegen jeweils in einem urigen Häuschen aus Holz mit überdachtem Sitzbereich im weitläufigen Saunagarten.

DIE SAUNEN

LED-Farbwechsel erhellen dezent die für 10 Personen konzipierte Saunakabine. Der unter den Sitzbänken befindliche Ofen erwärmt den holzverkleideten Raum auf rund 80 °C.

DIE LED-SAUNA
80 °C

Bei 85 °C kommen gut 20 Personen ordentlich ins Schwitzen. Der mittige Ofen mit Saunasteinen dient zum einen als Blickfang. Fenster gewähren einen schönen Einblick in den mediteranen Saunagarten.

DIE PANORAMA-SAUNA
85 °C

Wechselnde Farben umspielen die 8 Schwitzhungrigen bei Temperaturen um die 70 °C in der holzverkleideten Saunakabine. Ein Fenster ermöglicht den Blick auf den Außenpool.

DIE BIO-SAUNA
70 °C

Der Ofen mit Saunasteinen sorgt für wohlige 95 °C Temperatur, an denen sich gut 8 Personen erfreuen können.

DIE 95 °C BLOCKHAUS-SAUNA

Sechs Personen verteilen sich auf die rundherum angebrachten Sitzbänke in der aromatisierten, gefliesten Dampfkabine. Nebelschwaden liegen in der 50 °C warmen Luft.

DAS DAMPFBAD
50 °C

222 Parc Vitale Eichhöfer
MÜLHEIM/RUHR
»SEIT ÜBER 50 JAHREN IM DIENSTE IHRER GESUNDHEIT!«

♀ Werdener Weg 47, 45470 Mülheim/Ruhr | ☎ 0208 35038/-39 | 🌐 www.parcvitale.de

DAS ABKÜHLEN	Eine Schwall-, eine Eckbrause, ein Kneipp-Schlauch sowie ein Tauchbecken erfrischen Körper und Geist im Innenbereich. Vier Fußwärmebecken sind eine Wohltat für die Füße. Eine Kaltdusche an den außen liegenden Saunakabinen sorgt für weiteres kühles Nass.
DIE SCHWIMMBÄDER	Das innen liegende, 10 x 6 m große Bewegungsbad ist mit 30 °C angenehm warm temperiert. Das ca. 60 qm große unbeheizte Freibad liegt zentral im Saunagarten.
DIE AUSSENANLAGE	Alter, hoch gewachsener Baumbestand umrandet den grünen und großflächigen Saunagarten, der bei Einbruch der Dunkelheit stimmungsvoll beleuchtet wird. In der gemütlichen, überdachten Kaminecke lässt es sich angenehm plaudern. Das Freibad wird von vielen Liegen gesäumt.
RUHEMÖGLICHKEITEN	In zwei direkt aneinander liegenden Ruheräumen verteilen sich bequeme Kippliegen mit Nackenrollen mit Ausblick auf den Innenbereich der Sauna.

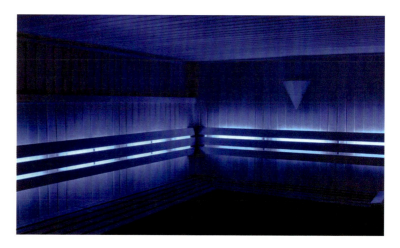

Parc Vitale Eichhöfer

»SEIT ÜBER 50 JAHREN IM DIENSTE IHRER GESUNDHEIT!«

Werdener Weg 47, 45470 Mülheim/Ruhr | 0208 35038/-39 | www.parcvitale.de

MÜLHEIM/RUHR

Neben medizinischen Massagen, Fango-Packungen und Lymphdrainagen stehen Rücken- und Ganzkörpermassagen, Kosmetik- und Ayurveda-Behandlungen auf dem Programm.

MASSAGEN | KOSMETIK-BEHANDLUNGEN

Jeden Dienstag, Freitag und Sonntag werden besondere Aufgüsse zelebriert.

EVENTS

In einem direkt am Saunagarten gelegenen Gartenbistro speisen Sie in gemütlicher, heimeliger Atmosphäre. Brotzeit, Salate, Suppen sowie warme und kalte Kleinigkeiten können an bequemen Sitzgelegenheiten und an der einladenden Theke zu sich genommen werden.

GASTRONOMIE

224 Finlantis »SAUNIEREN WIE DIE FINNEN«

NETTETAL
GUTSCHEINHEFT S. 15

Buschstraße 22, 41334 Nettetal
02157 89595-70 | 02157 89595-71 | www.finlantis.de

GEBOTEN WIRD:

DAS RESÜMEE — Die von einer finnischen Firma konzipierte, gut 4.300 qm große Saunaanlage sucht in der Region ihresgleichen. Sie grenzt direkt an das »NetteBad«, welches von Saunagästen kostenlos mit benutzt werden kann. Das »NetteBad« erlaubt ganzjährigen Badespaß für die gesamte Familie. Das 29 °C warme, 25-m-Sportbecken bietet neben einer Schwallwasserdusche eine Gegenschwimmanlage sowie Massagedüsen. Zu besonderen Terminen wird dort zudem zum FKK-baden eingeladen.

DER SAUNABEREICH — Die gesamte Anlage ist mit hochwertigem finnischen »Kelo«-Holz gebaut, sodass sich ein wunderbares, natürliches Flair ergibt. Die Architektur ist typisch skandinavisch gehalten – schlicht und reduziert und dennoch absolut hochwertig und modern. Finnische Landschaften werden zudem in Form von schönen Hintergrundbildern präsentiert. Dadurch ergeben sich konzeptionell gestaltete Bereiche, wie der Birkenwald im Eingangs- und Umkleidebereich und die Lichtung im Ruheraum. Das Haupthaus ist dank einer riesigen Fensterfront hell und lichtdurchflutet. Steinlandschaften sind auf schöne Art und Weise in das umgebende Holz eingearbeitet.

Auch das Saunieren wird nach finnischer Tradition zelebriert: Denn ganz wie in Finnland treffen sich Jung und Alt gemeinsam zum Schwitzen. Dabei gibt es keine festen Regeln über die Saunagänge, sondern jeder soll so lange Saunieren, wie er mag.

DER EMPFANG — Am Empfang werden Bademäntel, Handtücher und Badeschlappen sowohl verliehen als auch verkauft.

Finlantis »SAUNIEREN WIE DIE FINNEN«

📍 Buschstraße 22, 41334 Nettetal
📞 02157 89595-70 | 📠 02157 89595-71 | 🌐 www.finlantis.de

225 NETTETAL

DIE ÖFFNUNGSZEITEN

Montag*	14:00 – 22:00 Uhr
Dienstag – Mittwoch	10:00 – 22:00 Uhr
Donnerstag – Samstag**	10:00 – 23:00 Uhr
Sonn- & Feiertag	10:00 – 20:00 Uhr

* Jeden ersten Montag im Monat ist Ladie's Spa. (außer feiertags und in den Ferien).
** Jeden Samstag von 18 bis 23 Uhr (bei Events bis 24 Uhr) Nacktbaden möglich!

DIE PREISE

Ticket	Mo. – Fr.	(Sa., So. & feiertags)
Tagesticket	20,00 Euro	22,50 Euro
3 Stunden-Ticket	15,00 Euro	17,00 Euro
Ermäßigter Eintritt für Kinder bis 12 Jahre[1]	10,00 Euro	10,00 Euro
Vorteilspaket	33,00 Euro[2]	34,00 Euro[3]
Geldwertkarte Gold[4]	150,00 Euro	150,00 Euro
Geldwertkarte Platin[5]	400,00 Euro	400,00 Euro
Saunahandtuch	5,00 Euro	5,00 Euro
Bademantel	7,00 Euro	7,00 Euro

Zugang zum NetteBad immer inklusive.

[1] in Begleitung eines Erziehungsberechtigten
[2] Tageskarte inklusive 15,50 Euro Guthaben für Gastronomie, Wellness und Geschenke
[3] Tageskarte inklusive 14,50 Euro Guthaben für Gastronomie, Wellness und Geschenke
[4] inkl. 15 % Nachlass auf Eintritt sowie 3 % Nachlass auf Gastronomie und Wellness
[5] inkl. 20 % Nachlass auf Eintritt sowie 5 % Nachlass auf Gastronomie und Wellness

UMKLEIDEN | DUSCHEN

Männer und Frauen kleiden sich gemeinsam oder in Einzelkabinen um. Geduscht wird getrennt geschlechtlich.

NETTETAL

226 Finlantis »Saunieren wie die Finnen«

Buschstraße 22, 41334 Nettetal
02157 89595-70 | 02157 89595-71 | www.finlantis.de

DIE SAUNEN Der Saunagast findet vier unterschiedlich temperierte und schön konzipierte Saunakabinen vor. Mit Temperaturen von 45 – 90 °C sollte für jeden das Passende dabei sein. Drei Saunakabinen verteilen sich auf den Innenbereich. Die Panorama-Sauna ist im Saunagarten untergebracht und dient als Aufguss-Sauna. Stündlich werden hier Aufgüsse in großer Vielfalt zelebriert. Leichte, meditative FinWell-Aufgüsse, NaturPur-Aufgüsse mit natürlichen Kräuteressenzen und Biodüften, Erlebnis-Aufgüsse mit Spaß und Entertainment sowie urtypische Lapland Original©-Aufgüsse, mit der exklusiven Einladung zum originalen Feuerkaffee am LaaVu, stehen auf dem Programm. Gerne wird Obst und Eis zur Erfrischung gereicht.

DIE LAPPLAND-SAUNA
90 °C
Die verhältnismäßig hohen Temperaturen der Lappland-Sauna bringen Ihren Kreislauf schnell auf Touren. Bei stattlichen 90 °C kommen rund 10 Personen in der rustikal holzverkleideten, aromatisierten Kabine dank des seitlichen Ofens mit Saunasteinen ordentlich ins Schwitzen. Hier gilt: Wer die Kelle hat, hat das Wort!

Finlantis »Saunieren wie die Finnen«

Buschstraße 22, 41334 Nettetal
02157 89595-70 | 02157 89595-71 | www.finlantis.de

Ein Genuss auch für die Sinne. 70 – 80 °C bringen in dieser Sauna bis zu 20 Personen auf Temperatur. Den Blickfang bildet die bunt beleuchtete Salzwand aus rotem Steinsalz. Das Salz kommt direkt aus einem Salzbergwerk südwestlich des Himalayas. Dieses Salz soll den Selbstreinigungsmechanismus der Atemwege unterstützen.

SOLE-SAUNA
70 – 80 °C

Die »Erlebnis«-Sauna bietet ein Schwitzerlebnis par excellence. Gut 50 Personen verteilen sich um den mittigen, großen Ofen mit Saunasteinen in der großzügigen, mit massiven »Kelo«-Holz-Rundstämmen verkleideten Kabine. Die Temperaturen liegen bei 80 – 85 °C. Ausgesuchte Natursteine zieren den Boden der Sauna. Das enorme Panoramafenster erlaubt einen herrlichen Überblick über den gesamten Saunagarten.

DIE PANORAMA-SAUNA
80 – 85 °C

Die farbwechselnde Deckenbeleuchtung und der aufsteigende feine Nebel umschmeicheln mystisch die rund 12 Personen, die auf attraktiv gefliesten Sitzbänken Platz finden. Das aromatisierte Dampfbad hat bis zu 90 % Luftfeuchtigkeit und milde Temperaturen um die 46 °C.

DAS DAMPFBAD
46 °C | 90 %

Die Abkühlmöglichkeiten sind zentral in einer schönen Duschgrotte untergebracht. Neben Schwall-, Kalt- und Stachelkopfbrausen sorgen Kneipp-Schläuche für eine ordentliche Abkühlung. Zwei Paar Fußwärmebecken im Innenbereich freuen sich auf Ihre Füße.

DAS ABKÜHLEN

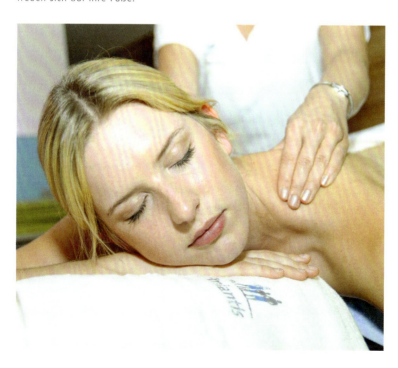

Finlantis »Saunieren wie die Finnen«

Buschstraße 22, 41334 Nettetal
02157 89595-70 | 02157 89595-71 | www.finlantis.de

DIE AUSSENANLAGE — Hochgewachsene Bäume bilden die natürliche Grenze des weitläufigen Saunagartens. Die Gestaltung ist mit Birken, Kiefern, Fahnen und Gräsern der finnischen Natur angelehnt. Großzügige Liegewiesen werden durch angelegte Beete miteinander verbunden. Ein Bachlauf schlängelt sich durch eine attraktive Landschaft aus Stein unter einer Holzbrücke hindurch.

DER POOL — Das gut 40 qm große Außenschwimmbecken ist im Winter beheizt. Dabei tauchen LED-Unterwasserscheinwerfer das Becken in ein magisches Licht. Der Pool wird gesäumt von gemütlichen Holzterrassendielen mit Liegestühlen und «Fatboys». So ergibt sich eine gelungene Mischung aus Erholung und natürlicher Landschaft.

RUHEMÖGLICHKEITEN — Im offenen Ruhebereich, mit gemütlichen Liegestühlen und Tischchen, besteht die Möglichkeit zu lesen und zu plaudern. Im anliegenden Ruheraum jedoch herrscht Stille vor. 24 bequeme und hochwertige Liegen mit Decken säumen den stilvollen Raum. Das große Panoramafenster ermöglicht den beruhigenden Ausblick ins Grüne.

LAAVU — Eine Erholungsstätte ganz besonderer Art bildet das LaaVu, das per Handarbeit in Finnland hergestellt wurde. Diese original finnische Grill- und Schutzhütte, die in Finnland an unzähligen Seen steht, ist das Zentrum aller Außenveranstaltungen. Bei Glühlachs und Feuerkaffee bietet sie magische Momente am offenen Feuer. Spaß und das Gruppenerlebnis stehen dabei an erster Stelle.

MASSAGEN — Neben klassischen Teil- und Ganzkörpermassagen sowie Kosmetikangeboten können sich Finlantis Besucher, aber auch Gäste ohne Saunakarte mit entspannenden Wellnessmassagen wie Ayurveda und Hot-Stone im »FinSpa« verwöhnen lassen.

Finlantis »SAUNIEREN WIE DIE FINNEN«

Buschstraße 22, 41334 Nettetal
02157 89595-70 | 02157 89595-71 | www.finlantis.de

EVENTS

Einmal im Monat finden an einem Samstag, nach Vorankündigung im Internet sowie in der Saunaanlage, spezielle Saunaabende mit verlängerten Öffnungszeiten und besonderen Aufgüssen statt. Dann kann das »NetteBad« zum FKK-Baden benutzt werden.

GASTRONOMIE

Die »FinLounge«-Gastronomie überzeugt mit leichter und gut bekömmlicher Küche. Salate, vegetarische Gerichte und Flammkuchen stehen ebenso auf dem Speiseplan wie Fleisch- und Fischgerichte. Abgerundet wird der Gaumenschmauß mit regionalen und saisonalen Gerichten. Der holzbefeuerte Kamin an den gemütlichen Sitzmöglichkeiten sorgt für ein stimmungsvolles Ambiente. In der wärmeren Jahreszeit stehen Sitzmöglichkeiten mit Schirmen im Saunagarten zur Verfügung. In der gesamten Außenanlage werden vom netten Servicepersonal erfrischende Getränke gereicht.

ZAHLUNGSVERKEHR

Alle in Anspruch genommenen Leistungen werden auf einen Chip gebongt und im Nachhinein beglichen (Bar oder EC-Karte).

PARKMÖGLICHKEITEN

Unmittelbar an der Anlage stehen ausreichend kostenlose Parkplätze zur Verfügung.

230 WELLNEUSS »SAUNA. NATUR. MEHR.«

NEUSS
GUTSCHEINHEFT S. 15

Am Südpark 45, 41466 Neuss
02131 531065511 | www.wellneuss-online.de

GEBOTEN WIRD:

DIE ANLAGE
»WELLNEUSS« liegt am Rande des Südparks, umgeben von Bäumen und Natur. Hier wird Saunieren auch in den Sommermonaten zum Erlebnis! Sie können auf einem der Holzdecks rund um den Naturbadesee ruhen, auf den Wegen oder über die Rasenflächen durch den Park streifen und sich ein schattiges Plätzchen unter den alten Bäumen suchen.

Die Anlage bietet Ihnen auf fast 10.000 qm Fläche pure Entspannung.

DIE ÖFFNUNGSZEITEN
Montag – Samstag von 10:00 – 23:00 Uhr | Sonntag und Feiertag von 10:00 – 23:00 Uhr. Jeden ersten Freitag im Monat findet eine Late-Night mit variierenden Themen statt. Dann ist die Anlage bis 2:00 Uhr geöffnet.

DIE TARIFE
Das "WELLNEUSS" verfügt über ein gestaffeltes Tarifsystem. Die aktuellen Preise entnehmen Sie bitte der Homepage unter www.wellneuss-online.de.

DIE SAUNEN
Im Innenbereich gibt es vier Saunen und ein Dampfbad, im Außenbereich drei »Kelo«-Holz-Häuser. Stündliche Aufgüsse können Sie in der »Kelo«-Sauna genießen. In keinem Fall sollten Sie sich den Genuss eines »Wenik«-Aufgusses entgehen lassen.

DIE FINNISCHE SAUNA
Diese Sauna ist bei einer Temperatur von ca. 90 °C der Klassiker unter den Saunen.

BIOSAUNA 50 °C
Sanfte Wärme und kombinierte Licht- und Farbspiele bieten bei ca. 50 °C Entspannung pur.

WELLNEUSS »SAUNA. NATUR. MEHR.«

Am Südpark 45, 41466 Neuss
02131 531065511 | www.wellneuss-online.de

Bei ca. 60 °C hat diese Sauna dank des hohen Salzgehalts gesundheitsfördernde Wirkung für Haut und Atemwege.

DIE SALZ-SAUNA
60 °C

Schilfapplikationen an den Wänden und der Blick in die grüne Außenanlage sorgen bei einer Temperatur von ca. 60 °C für eine naturnahe Atmosphäre.

DIE SCHILF-SAUNA
60 °C

100 % Luftfeuchtigkeit sorgen bei mäßiger Hitze von ca. 40 °C für freie Atemwege und kurbeln das Wohlbefinden an.

DAS DAMPFBAD
40 °C | 100 %

Saunieren in einer Sauna aus »Kelo«-Holz ist ein unvergleichliches Erlebnis! In allen Kelo-Saunen empfängt Sie der besondere Duft von kanadischem Hemlock-Holz und lässt die Temperatur von ca. 90 °C äußerst angenehm erscheinen. Wechselnde Aufgüsse finden stündlich statt.

DIE »KELO«-AUFGUSSSAUNA
90 °C

WELLNEUSS »SAUNA. NATUR. MEHR.«

📍 Am Südpark 45, 41466 Neuss
📞 02131 531065511 | 🌐 www.wellneuss-online.de

PANORAMA-SAUNA 80 – 85 °C	Sie ist ein weiteres Highlight. In dieses, ebenfalls aus »Kelo«-Rundstämmen errichtete Gebäude gelangen Sie über einen Steg, da die Sauna in den Naturteich gebaut ist. Wenn Sie dann in dem sechseckigen Gebäude Platz genommen haben, macht die Bezeichnung Panorama-Sauna ihrem Namen alle Ehre: Sie haben einen Rundum-Blick auf den gesamten Saunabereich. Der mittig stehende Ofen, um den die Bänke angeordnet sind, erwärmt den Raum auf ca. 80 – 85 °C.
KELO-ERD-SAUNA 90 °C	Die in das Erdreich gebaute Sauna hat es in sich: Bei einer Temperatur von trockenen 90 °C genießen Sie romantisches Kaminflair.
DAS VIERJAHRES-ZEITENBECKEN	Vom Innenbereich können Sie durch eine Wasserschleuse nach außen schwimmen und das angenehm temperierte Wasser mit Massagedüsen genießen.

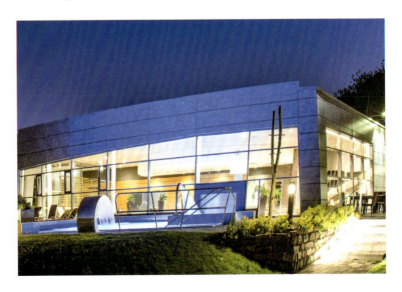

WELLNEUSS »SAUNA. NATUR. MEHR.«

Am Südpark 45, 41466 Neuss
02131 531065511 | www.wellneuss-online.de

Wer Ruhe und Entspannung sucht, ist im "WELLNEUSS" genau richtig. Es gibt unter anderem ein Wasserbettenhaus mit einem freien Blick in die parkähnliche Außenanlage, ein Liegehaus mit Kaminlounge am See oder ein gemütliches Kaminzimmer im Innenbereich.

RUHEMÖGLICHKEITEN

Genuss für alle Sinne wird im »WELLNEUSS« groß geschrieben. Sie haben die Wahl, aus einem breiten Angebot von unterschiedlichen Massagen, Rasul-Spa-Zeremonien, sowie verschiedenen Bädern wie beispielsweise das Kleopatrabad mit Ziegenmilch und Rosenblättern.

MASSAGEN | BÄDER

Perfekte Entspannung für Körper und Geist schließt auch das leibliche Wohl mit ein. Im "WELLNEUSS"-Restaurant werden Sie mit leckeren und vielseitigen Gerichten verwöhnt. Die immer frisch zubereiteten Gerichte können Sie im großzügigen Restaurant oder im Sommer auf der einladenden Außenterrasse genießen.

GASTRONOMIE

Kostenfreie Parkplätze gibt es unmittelbar vor dem »WELLNEUSS«

PARKMÖGLICHKEITEN

Deichwelle »HIER FINDEN SIE SPASS UND ENTSPANNUNG GLEICHERMASSEN«

Andernacherstr. 55, 56564 Neuwied
02631 851668 | 02631 851677 | www.deichwelle.de

GEBOTEN WIRD:

| DAS RESÜMEE | Die Saunalandschaft der Deichwelle ist Teil des Sport- und Familienbades. Das angeschlossene Hallenbad, und in den Sommermonaten auch das Freibad, sind bereits im Saunaeintritt enthalten und können mit genutzt werden. Die Deichwelle liegt im Innenstadtbereich von Neuwied. Die Anlage umfasst ca. 2.000 qm im Innenbereich und 2.000 qm im Außenbereich. |

DER EMPFANG — Am Empfang erhalten Sie Ihr Eintritts-Armband, mit dem Sie sowohl Zugang in die Saunalandschaft haben, als auch Ihren Umkleidespind verschließen können. Des Weiteren können Sie am Empfang Eintrittsgutscheine erwerben, Massageanwendungen buchen, Bademäntel, Saunahandtücher und Fleecedecken gegen eine geringe Gebühr ausleihen oder Artikel aus dem Bad-Shop erwerben. Außerdem können Sie im Eingangsbereich den Gastronomiebereich nutzen.

DIE ÖFFNUNGSZEITEN

Montag[1]	geschlossen
Dienstag – Freitag	12:00 – 22:00 Uhr
Samstag	09:00 – 22:00 Uhr
Sonntag und Feiertage	09:00 – 21:00 Uhr

[1] Während der Schulferien von Rheinland-Pfalz von 12:00 – 22:00 Uhr geöffnet.

Jeden 2. Mittwoch im Monat findet die Damen-Sauna statt (nicht innerhalb der Schulferien von Rheinland-Pfalz). Lange Saunanacht: jeden 2. Samstag im Monat ist die Saunalandschaft bis 24:00 Uhr geöffnet (nicht zwischen Juni – August) | An Heiligabend, am 1. Weihnachtsfeiertag, an Silvester und Neujahr bleibt die Deichwelle geschlossen.

Deichwelle »Hier finden Sie Spass und Entspannung gleichermassen«

Andernacherstr. 55, 56564 Neuwied
02631 851668 | 02631 851677 | www.deichwelle.de

NEUWIED

	Erwachsene	Ermäßigt*	DIE PREISE
2-Stunden-Karte	12,60 Euro	11,60 Euro	
4-Stunden-Karte	16,60 Euro	15,60 Euro	
Tageskarte	18,80 Euro	17,80 Euro	
Pro zusätzliche ½ Stunde	+1,00 Euro	+1,00 Euro	
Sonn- und Feiertagen	+1,20 Euro	+1,20 Euro	

*Ermäßigt sind: Kinder und Jugendliche bis einschl. 17 Jahre (in Begleitung eines Erwachsenen), Schüler, Studenten bis einschl. 25 Jahre, FSJ-ler, Behinderte ab 60 %.

Es stehen eine Damen- und eine Herrensammelumkleide zur Verfügung. In diesen stehen jeweils 100 Schränke zur Verfügung, in denen die Bekleidung verwahrt werden kann. Wertschließfächer mit einem Münz-Pfand-Schloss befinden sich im Eingangsbereich der Saunalandschaft und können nach Einwurf einer 2-Euro-Münze verschlossen werden. Beide Umkleiden haben separate Reinigungsduschen und Sanitäranlagen. Im Innenbereich der Sauna steht der Duschbereich mit Schwalleimer, Schwallduschen, Kneippschlauch und Duschen mit Kalt- und Warmwasseranschluss zur Verfügung. Im Sauna-Außenbereich finden sich weitere Kaltduschen und Kneippschläuche. Weitere Sanitäranlagen finden sich im Eingangsbereich der Saunalandschaft und im Ruhebereich im 1. Stock.

UMKLEIDEN | DUSCHEN

Die Düfte im Dampfbad mit einer Temperatur von 50 °C und einer Luftfeuchte von 80 – 100 % vitalisieren Haut und Haar und wirken gleichzeitig befreiend auf die Atemwege.

DIE SAUNEN
DAMPFBAD
50 °C | 80 – 100 %

Die Softsauna ist der ideale Einstieg in das Saunabaden und heizt Ihnen bei 60 °C und 30 % Luftfeuchte ein. Bei wechselndem Stimmungslicht und Entspannungsmusik können Sie den Alltag hinter sich lassen.

SOFTSAUNA
60 °C | 30 %

236
NEUWIED

Deichwelle »HIER FINDEN SIE SPASS UND ENTSPANNUNG GLEICHERMASSEN«
Andernacherstr. 55, 56564 Neuwied
02631 851668 | 02631 851677 | www.deichwelle.de

FINNISCHE SAUNA
95 °C | 5 – 10 %

Im Innenbereich erwartet Sie eine Finnische Sauna mit 95 °C und einer Luftfeuchte von 5 – 10 %, die zur körperlichen Erholung und Muskelentspannung dient. In der Finnischen Sauna bietet das Bad Ihnen abwechslungsreiche Aufgüsse an.

KRÄUTERSAUNA
85 °C

Hier ist der Name Programm! Bei einer Temperatur von 85 °C verstreuen die unterschiedlichen Kräuter in einem Kupferkessel auf dem Saunaofen ihren wohltuenden Duft.

ERDSAUNA
95 °C

Der Eingang der Erdsauna ist in einen Hang eingelassen. Das kühle Erdreich und die massiven Kelohölzer erzeugen ein mildes Klima, das trotz der hohen Temperatur von 95 °C außerordentlich gut verträglich ist. Das Flammenspiel des Kamins und der Duft des Holzes wirken beruhigend auf die Sinne.

GARTENSAUNA
90 °C

Genießen Sie ein Gefühl von Freiheit beim Blick durch die großen Panoramascheiben in den idyllischen Saunagarten. Erleben Sie auf drei Etagen und einer Temperatur von 90 °C abwechslungsreiche Aufgüsse.

Deichwelle »HIER FINDEN SIE SPASS UND ENTSPANNUNG GLEICHERMASSEN«

Andernacherstr. 55, 56564 Neuwied
02631 851668 | 02631 851677 | www.deichwelle.de

NEUWIED

Die richtige Abkühlung unmittelbar nach dem Schwitzen sorgt für das unverwechselbare, frische, wohltuende und freie Gefühl nach dem Saunieren. Wählen Sie selbst zwischen einem lauwarmen, sanften Schauer oder einer kalten Dusche. Das fördert die Durchblutung und strafft das Bindegewebe. Neben einem Tauchbecken stehen die klassischen Schwall- und Kübelduschen zum Abkühlen zur Verfügung. Fußwärmebecken machen das Angebot komplett.

DAS ABKÜHLEN

Für Kühlung des ganzen Körpers sorgt ein Tauchbecken mit 6 °C kaltem Wasser. Blutgefäße der oberen Hautschicht ziehen sich reflexartig zusammen, um sich anschließend wieder kribbelnd auszudehnen.

TAUCHBECKEN

Ein Fußbad – als warmkaltes Wechsel- oder beruhigendes Wärmebad – gehört zum traditionellen Saunagang. Vor allem Menschen mit anhaltend kalten Füßen bereiten ihren Körper mit einem 37 °C warmen Fußbad optimal auf den Saunagang vor. Die Gefäße weiten sich und sorgen für den ungehinderten Transport der Wärme ins Innere des Körpers. Auch nach der intensiven Abkühlung im Anschluss an den Saunagang hilft das warme Fußbad, über die geweiteten Blutgefäße den Wärmefluss in umgekehrte Richtung zu fördern.

FUSSWÄRMEBECKEN

238 NEUWIED

Deichwelle »HIER FINDEN SIE SPASS UND ENTSPANNUNG GLEICHERMASSEN«

📍 Andernacherstr. 55, 56564 Neuwied
☎ 02631 851668 | 📠 02631 851677 | 🌐 www.deichwelle.de

SCHWALLDUSCHE	Nach dem Saunabad gönnen Sie Ihrem Körper ein wenig Erholung, indem Sie sich zunächst eine lauwarme Dusche oder einen Spaziergang an der frischen Luft gönnen. Danach tauchen Sie in die Welt der Erfrischung ein, mit einer Schwalldusche oder einem Kneippguss mit dem kalten Schlauch. Unempfindliche Naturen wagen auch einen Besuch des Tauchbeckens.
DAS WARMSITZBECKEN	Das Warmsitzbecken verwöhnt Sie mit ca. 35 °C Wassertemperatur. Die hohe Temperatur hilft dem Körper bei der Entspannung und Regeneration.
AUSSENANLAGE	Im Außenbereich finden Sie die Gartensauna, die Erdsauna und die Kräutersauna. Des weiteren befindet sich hier ein Bereich mit Kaltduschen. Ruhemöglichkeiten bieten Ihnen der Ruheraum im Außenbereich, die große Sonnenterasse oder die gemütliche Saunawiese.
SCHWIMMBÄDER	Als Saunagast haben Sie die Nutzung des Hallenbades inklusive. Hier steht Ihnen ein 25-m-Sportbecken, ein Sprungbecken, ein Aktivbecken, ein Ganzjahresaußenbecken sowie eine 85m- Röhrenrutsche und ein Kleinkinderbecken zur Verfügung.
RUHEMÖGLICHKEITEN	In den großzügigen Ruheräumen stehen Ruhe und Entspannung im Vordergrund.
TERRASSE AUSSEN	Besonders im Sommer lädt die Terrasse zum Entspannen und Sonnenbaden ein.
SAUNAGARTEN	Nach dem Saunagang können Sie im Saunagarten an der frischen Luft flanieren oder es sich auf einer der Liegen gemütlich machen.
SCHLAFRAUM	Viele Gäste genießen nach dem Schwitzen die ausgiebige Ruhe. Ein Schlafraum mit Wasserbetten bietet Ihnen die Möglichkeit, einmal so richtig abzuschalten.

Deichwelle »Hier finden Sie Spass und Entspannung gleichermassen«

Andernacherstr. 55, 56564 Neuwied
02631 851668 | 02631 851677 | www.deichwelle.de

NEUWIED

Das neu gestaltete Kaminzimmer lädt zum gemütlichen Aufenthalt ein. Bequeme Lounge-Möbel und ein behagliches Ambiente laden zum relaxen in ruhiger Atmosphäre ein.	KAMINZIMMER
Hier erhalten Sie aus einem abwechslungsreichen Angebot alles was das kulinarische Herz begehrt, schauen Sie vorbei, der Pächter freut sich auf Ihren Besuch.	SAUNABAR
Das professionelle und hervorragend ausgebildete Thai-Massage-Team von Jirawan-Wellness entführt Sie in das Reich der Entspannung.	WELLNESS | MASSAGE
Damensauna (Beschreibung siehe unter „Öffnungszeiten") Lange Saunanacht (Beschreibung siehe unter „Öffnungszeiten) Sauna-Events: Hier werden über das Jahr verteilt Sauna-Events angeboten. Diese finden jeweils samstags von 17:00 – 24:00 Uhr statt. Die Termine sind teilweise variabel. Hier also bitte regelmäßig auf die Internetseite www.deichwelle.de vorbei schauen. Ein festes Event ist die Halloween-Saunanacht, die jeweils am 31. Oktober stattfindet.	EVENTS
Gastronomie befindet sich im Innenbereich der Sauna. Hier findet der Gast eine Auswahl an diversen Speisen und Getränken. Die Bezahlung in der Gastronomie erfolgt mit Bargeld.	GASTRONOMIE
Die Bezahlung am Empfang und in der Gastronomie kann in bar, per EC-Karte Oder mit einem Geschenkgutschein erfolgen.	BEZAHLMÖGLICHKEITEN
Es gibt einen eigenen kostenfreien Parkplatz mit genügend Parkmöglichkeiten auf dem Gelände der Deichwelle. Behinderten-Parkplätze sind im Eingangsbereich vorhanden.	PARKMÖGLICHKEITEN

240 Eifgen-Sauna »BADEN SIE SAUNA – WO SAUNA NOCH SAUNA IST!«

ODENTHAL-BLECHER
GUTSCHEINHEFT S. 17

📍 Naturheil-SAUNAtorium, Eifgenstraße 38, 51519 Odenthal-Blecher
☎ 02174 40135 | f facebook.com/eifgen-sauna | 🌐 www.eifgen-sauna.de

GEBOTEN WIRD:

DAS RESÜMEE	Das „Naturheil-SAUNAtorium" gibt sich urig, romantisch und gemütlich, idyllisch gelegen und perfekt für den kleinen Urlaub zwischendurch. Die familiär geführte Sauna-anlage liegt am Ende eines reinen Wohngebietes, oberhalb von Altenberg und am Ende der Eifgenstraße direkt am Wanderweg A 3 zum Altenberger Dom. Das Haupthaus mit viel Holz und großen Dachüberständen ist im alpenländischen Stil erbaut und strahlt einen privaten Charakter aus. Diese Anlage unterscheidet sich erheblich von den heutigen Großanlagen, nicht nur weil sie kleiner ist, sondern weil sie eine unvergleichliche Panoramaaussicht auf die malerische Landschaft der Grafen von Berg bietet. Es erwartet Sie ein nostalgisches, rustikales Ambiente, fast schon historisch. Schon der Blick aus dem Restaurant, mit offenem Kamin im Jagdhausstil und kleiner, kuscheligen Bar ist Wellness pur. Ein idealer Tipp für Freunde der Saunakultur. Ruhe- und Erholungsuchende fühlen sich hier wohl. Für Kulturbegeisterte und Wanderfreunde gibt es einiges zu sehen. Die Besichtigung des 1133 von den Zisterziensern errichteten Altenberger Doms mit dem größten, gotischen Kirchenfenster nördlich der Alpen, dem „Deutschen Märchenwald" mit der einmaligen, sonst nirgends zu findenden Wasserorgel mit Melodien von Jaques Offenbach, z.B. Orpheus in der Unterwelt.
DER SAUNABEREICH	Das zentrale Element der Saunaanlage ist das Holz. Die natürliche Bauweise paart sich mit wohnlichem Charakter. Die Sauna ist nach medizinischen Erkenntnissen konzipiert und war u.a. im Juli 2012 Drehort für eine siebenteilige Krimi-serie auf SAT 1.
DIE GRÖSSE	Der Innenbereich umfasst ca. 700 qm, der Sauna-Garten ca. 3.000 qm.

Eifgen-Sauna »BADEN SIE SAUNA – WO SAUNA NOCH SAUNA IST!«

Naturheil-SAUNAtorium, Eifgenstraße 38, 51519 Odenthal-Blecher
02174 40135 | facebook.com/eifgen-sauna | www.eifgen-sauna.de

ODENTHAL-BLECHER

DER EMPFANG

An der Rezeption geben Sie Ihren Namen an und Sie bekommen Ihren Schlüssel ausgehändigt. Die Schranknummer müssen Sie sich merken, alle Schränke sind abgeschlossen. Wenn Sie zum ersten Mal die Anlage besuchen, werden Sie nach dem Umkleiden herumgeführt und mit der Anlage vertraut gemacht. Bademäntel, -Tücher können geliehen werden.

DIE ÖFFNUNGSZEITEN

Donnerstag bis Sonntag von 9:30 – 22:00 Uhr. Montag bis Mittwoch kann die Sauna nach telefonischer Anfrage gemietet werden. Ausführliche Information hierzu auf der Homepage unter der Rubrik: Neuregelung. Die Betriebsferien finden Sie dort ebenfalls.

DIE PREISE

Die aktuellen Preise finden Sie immer unter: www.eifgen-sauna.de.

UMKLEIDEN | DUSCHEN

Männer und Frauen kleiden sich auf Wunsch getrennt um, das gleiche gilt für die Duschen. Jede Reinigungsdusche ist zusätzlich mit einer Handdusche versehen. In jeder Dusche befindet sich ein gemauerter Fußhocker, so lässt sich die Körperreinigung mit der Handdusche noch besser vollziehen. Gesundheitsförderndes Saunabaden ist bedeutend effizienter, wenn vor jedem Saunagang ein heißes Fußbad genommen wird. Man schwitzt dann schneller und besser. Vor der Haussauna befinden sich dafür extra Fußwärmebecken (keine Wechselfußbäder!).

DIE SAUNEN

Zahlreiche indianische Stilmittel, vor allen Dingen die Totems, erinnern an den Ursprung des Saunabadens: die Ur-Sauna – die Schwitzhütten der Nordwestküsten-Indianer Nordamerikas.

DIE BLOCKHAUS-SAUNA
90 – 95 °C

Ein Finnlanderlebnis ist die original holzbeheizte Blockhaussauna, mit kleinem Vorraum, im Garten. Der Ofen mit Saunasteinen sorgt für ein natürliches Raumklima, die Temperatur beträgt stattliche 90 – 95 °C. Durch mehrere Fenster blickt man in den schönen Saunagarten und auf den „Sauna-Badesee". Im Haupthaus befindet sich die Nordlandsauna mit einer Temperatur von 85 °C. In der dezent beleuchteten Sauna kommt man ordentlich ins Schwitzen. Es ist erwiesen, dass eine Sauna das beste Raumklima entwickelt, wenn die Fläche nicht größer als 4 x 5 m ist und die Höhe nicht mehr als 2,20 m beträgt. Dieses Prinzip ist in allen Saunen berücksichtigt.

DIE NORDLANDSAUNA
85 °C

Eifgen-Sauna »BADEN SIE SAUNA – WO SAUNA NOCH SAUNA IST!«

ODENTHAL-BLECHER

📍 Naturheil-SAUNAtorium, Eifgenstraße 38, 51519 Odenthal-Blecher
📞 02174 40135 | f facebook.com/eifgen-sauna | 🌐 www.eifgen-sauna.de

DIE WALD-KRÄUTER-HÜTTE 45 °C

In der Waldkräuterhütte, mit ihren milden 45 °C, lässt es sich angenehm verweilen und entspannen. Der wohltuende Duft von getrockneten Pflanzen und Heu, welches den Boden bedeckt, verbreitet sich angenehm im Raum. Das mit kleinen Laternen beleuchtete, nach bauernstubenart erbaute Häuschen macht einen längeren Aufenthalt möglich und ist äußerst gesundheitsfördernd. Diese Hütte wird gerne als Ruhephase zwischen den Saunagängen aufgesucht.

DIE AUSSENANLAGE

Viele Nischen und Rückzugsmöglichkeiten bietet der idyllische Saunagarten. In kleinen Holzhäuschen, Strandkörben, der Grillhütte (Kota: finnisch) und in der Gartenlaube vergessen Sie die Welt. Zahlreiche Liegen mit Auflagen sorgen für eine erholsame Zeit. Lagerfeuerromantik und grillen in einer original finnischen Grillhütte (Kota) und Mitternachtssaunabaden sind täglich mit Anmeldung möglich.

RUHEMÖGLICHKEITEN

Ein großer, rustikal, holzverkleideter Aufenthaltsraum mit 22 gemütlichen Ledersesseln und einer Panorama-Aussicht befindet sich zentral im Innenbereich der Anlage. Hier kann gequatscht und gelesen werden. Für die absolute Ruhesuchenden gibt es einen Schlafraum, vom Garten her zu erreichen. 13 gemütliche Liegen mit Matratzen (Gästebetten) und Wolldecken, acht Wasserbetten mit angenehmer Temperatur sowie Sitzmöglichkeiten werden von Grünpflanzen und Indianeraccessoires umgeben.

Eifgen-Sauna »BADEN SIE SAUNA – WO SAUNA NOCH SAUNA IST!«

📍 Naturheil-SAUNAtorium, Eifgenstraße 38, 51519 Odenthal-Blecher
📞 02174 40135 | f facebook.com/eifgen-sauna | 🌐 www.eifgen-sauna.de

ODENTHAL-BLECHER

Entspannung durch Teil-, Ganzkörper-, original Thaimassage und Wellnessmassage. Die Massageräume verteilen sich auf zwei Etagen. Die Leistungen werden dort beglichen. Im Sonnen-Studio erwarten Sie eine Pigmentdusche, eine Sonnendusche, ein Hochleistungsbräuner sowie eine Gesichts- und Dekolleté-Bräunung.	MASSAGEN | SOLARIEN
Jeden 3. Samstag im Monat finden Seemanns-Liederabende mit maritimem Flair statt. Nach dem Saunabad trifft man sich in der Seemannskajüte um zu essen, zu klönen und Seemannslieder zu hören.	EVENTS
Warme Küche von 12:30 – 20:00 Uhr. Geöffnet ist das »Bergische Panorama-Restaurant« bis 22:00 Uhr. Verzehr und Getränke werden im Restaurant beglichen. Vorbestellungen geben Ihnen mehr Freizeit. Verzehren Sie Hausmannskost (Oma's Küche), Salate, Fleisch- und Fischgerichte zu moderaten Preisen. Neu ist die Kooperation mit dem italienischen Restaurant Da Carlo, eine großartige Bereicherung für die schon vorhandene Küche.	GASTRONOMIE
Unmittelbar an der Anlage parken Sie kostenlos. Auf dem Wiesen- Schotterparkplatz haben 2 – 3 Wohnmobile Platz. Für Restaurant und Saunagäste kostenlos. Ansonsten 7,50 Euro plus evtl. Strom.	PARKMÖGLICHKEITEN
Der Saunabesuch ist ein »Wellnessurlaub«. In drei Sommerhütten kann man für 8,50 Euro pro Person pro Nacht übernachten. Oder auch in dem unteren Ruheraum auf Wasserbetten oder Gästeliegen. Reservierung erforderlich. Weiterhin stehen 2 kleine Appartements zur Verfügung (siehe Homepage). Die Übernachtung kostet hier 39,00 Euro pro Person und pro Nacht (bei Einzelbelegung 5 Euro plus), Standartfrühstück 8,50 Euro, erweitertes Frühstück 14,50 Euro.	ÜBERNACHTUNG

Aquarena Pulheim »WELLNESS ERLEBEN UND KRAFT SCHÖPFEN«
In den Benden, 50259 Pulheim
02238-305074-0 | www.aquarena-pulheim.de

GEBOTEN WIRD:

DAS RESÜMEE	Der attraktive Saunabereich in der Aquarena Pulheim befindet sich inmitten einer im Jahr 2016 neu eröffneten Bäderlandschaft. Diese bietet zudem ein Hallenbad sowie ein großzügiges, saisonal geöffnetes Freibad.

Die Bäderlandschaft ist verkehrsgünstig in Pulheim-Stommeln gelegen, mit öffentlichen Verkehrsmitteln gut erreichbar und bietet ausreichend kostenfreie Parkmöglichkeiten.

DIE GRÖSSE Der in 2016 neu errichtete Saunabereich bietet vier verschiedene Saunaformen sowie den Bistrobereich in der Aquarena Pulheim. Dieser lädt zum Verweilen und Entspannen ein.

Die Freibadanlage ist mit einem großen Sportbecken, einem Erlebnisbecken mit ca. 50m langer Wasserrutsche, einem separaten Springerbecken und einem Kinderplanschbecken ausgestattet. Abgerundet wird die attraktive Anlage durch eine weitläufige Liegewiese mit ausreichend Schattenplatz durch alten Baumbestand.

Das Hallenbad besticht ebenfalls durch seine Neuwertigkeit und präsentiert sich mit einem großen Sportbecken und einem Kursbecken mit Hubboden.

DER EMPFANG Im offen gestalteten Empfangsbereich kann neben kleinen Snacks, Softdrinks und Kaffee eine kleine Auswahl an Badezubehör erstanden werden.

DIE ÖFFNUNGSZEITEN Sauna: Mo - Sa 9:00 - 22:00 Uhr | So 9:00 - 21:00 Uhr.
Montag ist derzeit ausschließlich Damensauna.

Aquarena Pulheim »WELLNESS ERLEBEN UND KRAFT SCHÖPFEN«

In den Benden, 50259 Pulheim
02238-305074-0 | www.aquarena-pulheim.de

PULHEIM
GUTSCHEINHEFT S. 17

Sauna: 3-Stunden-Karte 12,50 Euro | Tageskarte 17,50 Euro.

DIE PREISE

Generell gibt es in der Aquarena Pulheim nach Geschlecht getrennte Duschen und Sammelumkleiden sowie Einzel- und Familienumkleiden.

UMKLEIDEN | DUSCHEN

DIE SAUNEN

In der Aufgusssauna können Sie bei heißen 90 °C stündliche Aufgüsse genießen.

AUFGUSSSAUNA, 90 °C

Der mit aromatisierten Nebelschwaden verhangene sattgrün gekachelte Raum lässt Sie bei 45 – 50 °C auf sanfte Weise schwitzen.

DAMPFBAD
45 – 50 °C

Die gut 31 qm große Saunakabine im Außenbereich der Saunalandschaft bringt Ihren Körper bei 70 – 75 °C auf Touren. Da hier keine Aufgüsse durchgeführt werden, herrscht hier ein warmes trockenes Klima.

FINNISCHE AUSSENSAUNA
70 – 75 °C

PULHEIM

246 Aquarena Pulheim »WELLNESS ERLEBEN UND KRAFT SCHÖPFEN«

In den Benden, 50259 Pulheim
02238-305074-0 | www.aquarena-pulheim.de

BIO-SAUNA, 55 – 60 °C — In der Bio-Sauna relaxen Sie bei 55 – 60 °C auf drei verschiedenen Höhenstufen.

Alle Saunen werden durch wechselnde Ambientebeleuchtung in Szene gesetzt.

DAS ABKÜHLEN — Im Saunabereich kann man sich entweder im Duschbereich mit verschiedenen Kaltwasseranwendungen oder im Tauchbecken abkühlen.

DER AUSSENBEREICH — Die Außenanlage im Saunabereich ist modern und neutral gestaltet und mit ausreichend Sitz- und Liegemöglichkeiten ausgestattet.

SCHWIMMBÄDER — Die Nutzung des Hallen- bzw. Freibades in der Aquarena Pulheim ist im Eintrittspreis eines Saunabesuches enthalten. Die diversen Möglichkeiten können mit entsprechender Badebekleidung genutzt werden.

Aquarena Pulheim »WELLNESS ERLEBEN UND KRAFT SCHÖPFEN«

In den Benden, 50259 Pulheim
02238-305074-0 | www.aquarena-pulheim.de

Der modern und beruhigend gestaltete Ruheraum im Saunabereich lädt zum Abschalten und Entspannen ein. Er bietet ausreichend Ruheliegen sowie einen Ausblick auf den Außenbereich.

RUHEMÖGLICHKEITEN

Für das leibliche Wohl sorgt der Bistrobereich der Aquarena Pulheim. Mit einer Auswahl an Salaten, belegten Baguettes, Wraps, Ofenkartoffeln und weiteren kulinarischen Angeboten sowie warmen und kalten Getränken in der Saunagastronomie bietet es Ihnen ein ausgewogenes Menü.

GASTRONOMIE

Die in Anspruch genommenen Leistungen können sowohl bar als auch mit der EC-Karte beglichen werden.

ZAHLUNGSVERKEHR

Direkt an der Anlage befinden sich ausreichend kostenfreie Parkmöglichkeiten.

PARKMÖGLICHKEITEN

life-ness »EINKEHREN & WOHLFÜHLEN«

life-ness Sport- & Freizeitcenter, Carl-Diem-Str. 33 **(Anfahrt über Kottenstr.)**, 42477 Radevormwald
02195 91620 | www.life-ness.de

GEBOTEN WiRD:

| | DAS RESÜMEE | Das life-ness Sport- und Freizeitcenter in Radevormwald bietet mit Fitness, Schwimmen, Sauna und Wellness das gesamte Spektrum für aktiven Sport und purer Entspannung an. Fit halten können Sie sich an modernen Kraft- und Ausdauergeräten oder in vielfältigen Fitnesskursen wie Indoor-Cycling, Wassergymnastik, BodyPump oder speziellem Krafttraining. Die Nutzung des Fitnessbereichs ist nur mit einer Mitgliedschaft oder der Buchung entsprechender Kursprogramme möglich. |

Ihre Bahnen können Sie im 25m-Schwimmbecken auf 6 Bahnen ziehen. Das anliegende geschwungene Mehrzweckbecken wird zum Erlernen des Schwimmens und auch für Aqua-Fitness-Kurse genutzt.

DER SAUNABEREICH Der zentrale Innenbereich der komplett neu gestalteten Saunalandschaft mit gemütlichen Sitzgelegenheiten erstreckt sich über 200 qm. Stilvoll wie modern präsentiert sich die hell und freundlich gestaltete Saunalandschaft. Geschwungene Elemente der Innenarchitektur lockern die Atmosphäre weiter auf. Der anschließende Saunagarten mit großzügigem Terrassenbereich hat eine Fläche von ca. 1.700 qm.

DER EMPFANG Am Empfang können Handtücher und Bademäntel ausgeliehen werden. Im Foyer stehen Wertschließfächer zur Verfügung.

DIE ÖFFNUNGSZEITEN Die Aktuellen Öffnungszeiten finden Sie immer unter www.life-ness.de.

DIE PREISE Die Aktuellen Preise finden Sie immer unter www.life-ness.de.

life-ness »EINKEHREN & WOHLFÜHLEN«

life-ness Sport- & Freizeitcenter, Carl-Diem-Str. 33 **(Anfahrt über Kottenstr.)**, 42477 Radevormwald
02195 91620 | www.life-ness.de

RADEVORMWALD
GUTSCHEINHEFT S. 17

Damen und Herren haben Umkleidemöglichkeiten und Duschen in separaten Einzel- und Sammelkabinen mit elektronisch verschließbaren Spinden. Im Saunabereich wird gemischt geschlechtlich geduscht.

UMKLEIDEN | DUSCHEN

Das life-ness wartet mit vier unterschiedlich temperierten Saunakabinen auf. Das Warmluftbad mit Helarium, die Finnische Sauna und das Dampfbad sind im Innenbereich der Anlage untergebracht, die Blocksauna im Saunagarten. Ein Aufgussplan informiert über alle Aufgüsse. Dieser steht auch im Internet zum Download auf der Homepage zur Verfügung.

DIE SAUNEN

Milde 60 °C erwarten bis zu 10 Personen in der attraktiv holzverkleideten Kabine. So lässt sich ein erholsamer Saunatag angenehm starten. Die aromatisierte Luft hat eine Luftfeuchtigkeit von ca. 15 %. Das integrierte Sound-Light-System sorgt mit wechselnden Farblichteffekten kombiniert mit Entspannungsklängen für ein besonderes Wohlgefühl.

DAS HELARIUM
60 °C | 15 %

Temperaturen um die 90 °C lassen den Saunagast ordentlich ins Schwitzen kommen. Über drei Ebenen können sich an die 12 Gäste sitzend verteilen. Stündlich werden Mentholkristalle in den dezent beleuchteten Saunaofen gelegt, dessen Duft wohltuend in der Kabine liegt und erfrischend und vitalisierend auf die Saunagäste wirkt und ein Wohlgenuss für die Atemwege ist.

DIE FINNISCHE SAUNA
90 °C

Zwei seitlich mit Saunasteinen beladene Öfen beheizen die massive Blockhaussauna mit ca. 90 °C. Gut 40 Schwitzhungrige kommen hier voll auf ihre Kosten. Hier werden stündlich Aufgüsse mit wechselnden Düften zelebriert. Dazu werden ab und zu Getränke, Obst oder andere kleine Aufmerksamkeiten gereicht.

DIE BLOCKHAUS-
SAUNA
90 °C

250 life-ness »EINKEHREN & WOHLFÜHLEN«

RADEVORMWALD

life-ness Sport- & Freizeitcenter, Carl-Diem-Str. 33 **(Anfahrt über Kottenstr.)**, 42477 Radevormwald
02195 91620 | www.life-ness.de

DAS DAMPFBAD 48 °C
Dicht, aromatisierte Nebelschwaden umhüllen den Liebhaber des neu gestalteten Dampfbades (2017). Bei Temperaturen um die 48 °C und ruhiger Musik vergessen Sie die Welt um sich herum. Das Dampfbad ist mit Mosaiksteinchen gefliest und mit einem LED-Farbhimmel ausgestattet. Einen besonders hohen Sitzkomfort bieten die ergonomischen und beheizten Sitzbänke.

DAS ABKÜHLEN
Nach dem heißen Saunabad kann sich der Saunagast im Innenbereich an warm-kalt Regenduschen und einem Kneipp-Schlauch abkühlen. Wer es mag, der findet im zentralen Tauchbecken mit schönen bläulichen Verzierungen seinen ultimativen Frischekick. Auf der anderen Seite der geschwungenen Wand liegen vier Fußwärmbecken mit lauschigem Blick in den Saunagarten. Auch im Saunagarten lockt das kühlende Nass mit Kneipp-Schläuchen, Regendruck- und Schwalldusche und einem Kübeleimer im 15 qm großen Kaltwasserbereich.

life-ness »EINKEHREN & WOHLFÜHLEN«

life-ness Sport- & Freizeitcenter, Carl-Diem-Str. 33 **(Anfahrt über Kottenstr.)**, 42477 Radevormwald
02195 91620 | www.life-ness.de

DER AUSSENBEREICH

Der weitläufige Saunagarten erschließt sich über einen beheizten, barrierefreien Rundweg. Große Liegeareale aus Rasen werden von Licht- und Steinelementen sowie angelegten Beeten gesäumt. Die Kamin-Lounge mit Echtholz-Kamin und das Panorama-Bistro sind in einem Steinhaus mit bodentiefen Fensterfronten untergebracht, die einen ungehinderten Blick in den Saunagarten bieten und in warmen Monaten komplett geöffnet werden können. Dem gegenüber ist eine einladende, große Terrasse mit Bastliegen, Sitzmöglichkeiten und einem überdachten Pavillon. Hochgewachsene Bäume umrunden die Außenanlage.

RUHEMÖGLICHKEITEN

Der Ruheraum der Entspannung – Wie ein Tag am Meer. Im Inneren prägen warme Farben und ein Gradierwerk. Dieses wurde im Jahr 2017 neu eingebaut und erzeugt durch die Himalaya-Salzsteine und den Solevernebler ein „Meeresklima". Die Fußbodenheizung erzeugt eine angenehme Wärme und es stehen bequeme Liegestühle mit Decken parat.

An den Ruheraum schließt eine kleine, sehr geschützte Vorterrasse an, die zur wärmeren Jahreszeit gerne genutzt wird. In der bequemen wie einladenden Kamin-Lounge im Saunagarten lodert leise ein Feuer im Eckkamin. Behagliche Sitzmöglichkeiten wie Ledersessel und eine große Eckcouch mit Fußhockern säumen den Kamin.

MASSAGEN

Lassen Sie sich im angeschlossenen Wellnessbereich mit Ayurveda und Aroma-Rückenmassagen verwöhnen. Massagen müssen im Voraus gebucht werden. Dies ist immer zum Wellness-Wochenende möglich. Bitte fragen Sie bei Bedarf telefonisch nach weiteren Terminen.

Genießen Sie pure Entspannung bei einer Massage zum neuen Wellness-Wochenende im life-ness. Tolle, kleine Highlights und eine besondere Auswahl an Gerichten runden das Angebot voller Ruhe und Erholung ab. Der lange Sauna-Abend "Sanft & Seele"

life-ness »Einkehren & Wohlfühlen«

RADEVORMWALD

life-ness Sport- & Freizeitcenter, Carl-Diem-Str. 33 **(Anfahrt über Kottenstr.)**, 42477 Radevormwald
02195 91620 | www.life-ness.de

LANGE SAUNA ABENDE findet jeden ersten Freitag im Monat statt und lädt wie gewohnt bis 24 Uhr zum Verweilen ein. Er ist gleichzeitig immer der Beginn vom Wellness-Wochenende. Ein Klangschalen-Aufguss in der großen Blockhaussauna zur späten Stunde lässt den Tag perfekt ausklingen und alle Alltagssorgen vergessen. Sowohl am Freitagabend, samstags zur Damensauna als auch am Sonntag zur gemischten Sauna werden die Gäste zusätzlich mit einer kostenlosen Phantasiereise verwöhnt. Die Massagen sind vorab buchbar und finden immer am Wellness-Wochenende statt; am Freitag von 16:00 – 18:30 Uhr und von 20:30 – 22:00 Uhr sowie am Samstag und Sonntag von 11:00 – 17:00 Uhr. Bei der Entspannungs-Pädagogin Dinah Keisinger-Fischer, die als APM Therapeutin und ehemalige Krankenschwester über das nötige „Know-how" verfügt, sind die Gäste in den besten Händen.

life-ness »EINKEHREN & WOHLFÜHLEN«

life-ness Sport- & Freizeitcenter, Carl-Diem-Str. 33 **(Anfahrt über Kottenstr.)**, 42477 Radevormwald
02195 91620 | www.life-ness.de

Wichtige Hinweise: Auch samstags zur Damensauna können Massagetermine von allen Gästen gebucht werden. Das Massage-Angebot zum Wellness-Wochenende ist unabhängig vom Saunabesuch und der Mitgliedschaft im life-ness. Sie mögen es lieber gesellig? Dann besuchen Sie die Anlage zum „fröhlichen, bergischen Abend" und freuen Sie sich auf fröhliches Schwitzen und einen lustigen Abend beim stimmungsvollen Zusammensein – jeden dritten Freitag im Monat bis 24:00 Uhr.

In der Zeit von **19:00 – 24:00 Uhr** dürfen sich die Saunagäste jeweils über stündlich wechselnde Aufgüsse in der großen Blockbohlensauna mit Platz für rund 40 Personen freuen.

Zuschlag pro Person: 4.50 Euro (zzgl. zum regulären Eintrittspreis).

Alle in Anspruch genommenen Leistungen werden in bar oder per EC-Karte beim Verlassen der Anlage am Ausgang beglichen.

ZAHLUNGSVERKEHR

Unmittelbar an der Anlage stehen mehr als 100 kostenlose Parkmöglichkeiten zur Verfügung. Campingfahrzeuge können über Nacht auf dem Parkplatz stehen bleiben. Die Anfahrt ist über die **Kottenstraße (Parkleitsystem)** möglich.

PARKMÖGLICHKEITEN

254 monte mare Reichshof »MEINE PAUSE VOM ALLTAG«

REICHSHOF
GUTSCHEINHEFT S. 17

Hahnbucher Straße 21, 51580 Reichshof-Eckenhagen
02265 99740-0 | 02265 99740-40 | www.monte-mare.de/reichshof

GEBOTEN WIRD:

DAS RESÜMEE	Das »monte mare« liegt idyllisch im Oberbergischen Land, eingerahmt von Hügeln, die mit großen Bäumen bewachsen sind. Erholung und Entspannung sind somit schon vorprogrammiert.
DER SAUNABEREICH	Genießen Sie die Vielfalt der Saunalandschaft. Sie haben die Wahl zwischen acht unterschiedlich temperierten Saunen, großzügigen Aufenthalts-, Schlaf- und Ruheräumen und einem Außenbecken.
DIE GRÖSSE	Der Sauna-Innenbereich umfasst rund 1.000 qm; der Außenbereich etwa 3.000 qm.
DER EMPFANG	Am Empfang können Sie Bademäntel und Handtücher leihen.
DIE ÖFFNUNGSZEITEN	Montag – Donnerstag, Samstag von 9:00 – 23:00 Uhr	Freitag von 9:00 – 24:00 Uhr Sonntag und Feiertage von 9:00 – 21:00 Uhr.
DIE PREISE	Werktags: 2-Stunden-Karte 18,00 Euro	4-Stunden-Karte 24,00 Euro	Tageskarte 27,00 Euro	Am Wochenende und feiertags: 2-Stunden-Karte 19,50 Euro	4-Stunden-Karte 25,50 Euro	Tageskarte 28,50 Euro. Frühstarter-Tarif (werktags 9:00 – 15:00 Uhr) 19,00 Euro	Mondschein-| Tarif (Montag bis Freitag ab 18:00 Uhr) 19,00 Euro.
UMKLEIDEN	DUSCHEN	Der Umkleidebereich wird gemeinschaftlich genutzt. Geduscht wird entweder im Umkleidebereich nach Geschlecht getrennt oder im Saunabereich in Gemeinschaftsduschen.

monte mare Reichshof »MEINE PAUSE VOM ALLTAG«

Hahnbucher Straße 21, 51580 Reichshof-Eckenhagen
02265 99740-0 | 02265 99740-40 | www.monte-mare.de/reichshof

REICHSHOF

DIE SAUNEN

Das Saunaparadies unterteilt sich in den Innenbereich mit vier unterschiedlich temperierten Saunen und einem Dampfbad und das Saunadorf im Saunagarten. Für Abwechslung wird mit stündlich wechselnden Aufgüssen wie zum Beispiel Wenik-, Meditations- und Früchte-Aufgüssen gesorgt.

DIE NIEDER-TEMPERATUR-SAUNA 60 °C

Milde 60 °C bei relativ hoher Luftfeuchte werden dem Saunagast geboten. Etwa 20 – 25 Personen finden hier Platz und können sich dank einiger größerer Fenster mit Blick zur Gastronomie auf köstliche Gerichte freuen. Farbige Beleuchtung sorgt für ein angenehmes Ambiente.

DIE TROCKEN-SAUNA 85 °C

In der Trocken-Sauna finden 10 – 15 Gäste Platz zum Schwitzen bei 85 °C. Ein Fenster erlaubt den Blick zum zentral gelegenen Gastronomiebereich.

DIE KELO-SAUNA 90 °C

Von außen ist die Sauna mit seitlich verstrebten Rundstämmen aus original finnischem Kelo-Holz versehen; innen fällt die rustikale Holzvertäfelung auf. Die gedimmte Beleuchtung lässt eine urige Atmosphäre entstehen. Hier können 35 Personen bei rund 90 °C entspannen. Ein Fenster gibt den Blick zum Sauna-Innenbereich frei.

DAS DAMPFBAD 45 °C | 100 %

Das modern gestaltete Dampfbad – ausgerichtet für bis zu acht Personen – wird durch eine milde Strahlungswärme von Wänden und Bänken aufgewärmt. Die hohe Luftfeuchtigkeit zusammen mit einem angenehmen Farbwechselspiel sorgen für ein erholsames Klima für Körper und Geist. Die Temperatur beträgt 45 °C bei 100 % rel. Luftfeuchtigkeit.

256 monte mare Reichshof »MEINE PAUSE VOM ALLTAG«

REICHSHOF

Hahnbucher Straße 21, 51580 Reichshof-Eckenhagen
02265 99740-0 | 02265 99740-40 | www.monte-mare.de/reichshof

DER »SAUNA-GARTEN«
DIE BANJA-SAUNA
100 °C

Die Dachleiste des Blockhauses aus Rundstamm ist mit russischen Ornamenten verziert. Im großen Vorraum dient eine kleine Küche zur Vorbereitung des Wenik-Aufgusses. 20 – 25 Personen kommen bei 100 °C in der sehr rustikalen Sauna so richtig ins Schwitzen. Aus zwei Fenstern schauen Sie auf die herrliche oberbergische Landschaft. Ein fast dörflicher Charakter ergibt sich aus der Kombination von Blockhaus mit Bänken.

DIE ERD-SAUNA
80 °C

Ein Blockhaus aus Rundstämmen beherbergt die dezent beleuchtete Erd-Sauna. Das Dach ist begrünt. Sechs bis acht Personen erfreuen sich an der urigen Atmosphäre, nicht zuletzt dank des Holzofens mit sichtbarem, loderndem Feuer bei 80 °C. Die Heizquelle – ein eingemauerter Elektro-Ofen mit Steinen – befindet sich stirnseitig.

DAS ABKÜHLEN

Im Bereich der Rosen-Sauna gibt es einen Raum mit einer Anzahl Warm-Kalt- Brausen und einem Kneippschlauch. Neben der Rosen-Sauna sind drei Fußwärmebecken. Im zentralen Innenbereich erwartet Sie nicht nur ein rundes Tauchbecken mit Frischwasserzufluss, sondern auch ein Areal mit diversen Warm-Kalt-Duschen, einer Kübeldusche, einer Schwallbrause und einem Kneippschlauch.

CRUSHED ICE

In unmittelbarer Nähe spendet ein Brunnen Crushed Ice. Im Außenkomplex dient eine Duschnische mit Warm-Kalt- Brausen und Kneippschläuchen, direkt an der russischen Banja, zur Abkühlung. Ein Fass mit Eis sowie ein rundes kleines Tauchbecken sorgen für weitere Erfrischung.

DAS KNEIPPEN

Im kleeblattförmigen Fußbecken mit Brunnen wärmen Sie Ihre Füße.

DIE AUSSENANLAGE

Der größere Bereich der Außenanlage erschließt sich über den Zugang durch die Gastronomie. Die Anlage bietet, dank der Bäume und der terrassenförmig angelegten Bepflanzung, einen herrlichen grünen Anblick. Auf diversen Sitzmöglichkeiten, direkt am Außenbecken, können Sie ruhen und speisen.

monte mare Reichshof »MEINE PAUSE VOM ALLTAG«

Hahnbucher Straße 21, 51580 Reichshof-Eckenhagen
02265 99740-0 | 02265 99740-40 | www.monte-mare.de/reichshof

DAS AUSSENBECKEN
Das große beheizte Becken mit vielen sprudelnden Massageliegen liegt zentral im Außenbereich.

RUHEMÖGLICHKEITEN
Großzügige Ruhebereiche laden zum Tagträumen und Entspannen ein. In der Bibliothek können Sie nach Herzenslust schmökern. Einen Ausblick zur Empore gewähren Ihnen große Fenster.

MASSAGEN | WELLNESS
Warme Farben, edle Materialien und aromatische Duftkompositionen verströmen eine Behaglichkeit, die alle Sinne anspricht. Erliegen Sie dem Zauber erlesener Anwendungen aus verschiedenen Ländern und Kulturen. Ob wohltuende Gesichts- und Körperbehandlungen oder entspannende Massagen und Badezeremonien in ganz privater Atmosphäre – im monte mare Reichshof gewinnt das Wort „Erholung" eine völlig neue Bedeutung. Hervorragend ausgebildete Mitarbeiter/-innen nehmen sich Zeit für Sie und Ihre Bedürfnisse und kreieren aus einem unerschöpflichen Wellness- und Beautyangebot individuelle Wohlfühlwelten.

GASTRONOMIE
Verzehren Sie leicht bekömmliche Speisen, Fleischgerichte und Fischspezialitäten im großzügig angelegten Gastronomiebereich. Fühlen Sie sich wie im Urlaub. Sandfarbene Bodenfliesen und die gelungene Einbettung in die Landschaft machen das Urlaubsambiente perfekt.

ZAHLUNGSVERKEHR
Alle in Anspruch genommenen Leistungen werden über einen Chip abgerechnet.

PARKMÖGLICHKEITEN
Parken Sie kostenlos direkt an der Anlage.

H2O »MOMENTE FÜR DIE SINNE«

📍 Hackenberger Straße 109, 42897 Remscheid
☎ 02191 164142 | 📠 02191 165205 | 🌐 www.h2o-badeparadies.de

GEBOTEN WIRD:

| DAS RESÜMEE WASSERLANDSCHAFT | Das »H₂O« – ist ein Paradies! Erleben Sie eine Wasserlandschaft, die nicht nur ambitionierte Schwimmer im 25-Meter-Sportbecken innen oder außen, sondern auch Erholungssuchende, dank diverser Entspannungsbecken, wie das Solebecken innen oder außen, Erlebnisbecken oder Lehrschwimmbecken, fasziniert. Den ultimativen Kick holen Sie sich auf den Erlebnisrutschen – der Steil- und Röhrenrutsche, im 60 Meter langen »Crazy River« oder auf dem Sprungturm mit 1- und 3-Meter-Brett. |

SAUNALANDSCHAFT   In der Saunalandschaft können Sie sich in über 11 Saunen und Dampfbädern entspannen. Herausragend ist sicherlich die von renommierten Landschafts-Architekten gestaltete Außenanlage. Im einzigartigen »Garten der Sinne« mit großzügigen Wasserbetten und einem Warmwasserpool, sowie einer Meditationssauna können Sie sich erholen und Kraft tanken. Die Anlage ist außerdem weitestgehend behindertengerecht angelegt.

DIE GRÖSSE   Der Innenbereich umfasst etwa 3.000 qm, der Außenbereich ca. 10.000 qm.

DER EMPFANG   Im lichtdurchfluteten Eingangsbereich werden Sie von den Mitarbeitern empfangen. Von hier gelangen Sie über den Umkleidebereich der Wasserlandschaft zur Saunalandschaft. Am Empfang können Bademäntel und Badetücher ausgeliehen werden.

UMKLEIDEN | DUSCHEN   Im Umkleidebereich können Frauen und Männer sich gemeinsam umziehen. Das angrenzende Duschrondell teilt sich in zwei Duschbereiche (Männer/Frauen) auf.

H2O »MOMENTE FÜR DIE SINNE«

Hackenberger Straße 109, 42897 Remscheid
02191 164142 | 02191 165205 | www.h2o-badeparadies.de

REMSCHEID
GUTSCHEINHEFT S. 17

Saunalandschaft

DIE ÖFFNUNGSZEITEN

Sommer	Mai – September	**Winter**	Oktober – April
Montag	12:00 – 22:00 Uhr	Montag	12:00 – 23:00 Uhr
Dienstag – Donnerstag	09:00 – 22:00 Uhr	Dienstag – Samstag	09:00 – 23:00 Uhr
Freitag & Samstag	09:00 – 23:00 Uhr	Sonntag	09:00 – 22:00 Uhr
Sonntag	09:00 – 22:00 Uhr		

Jeden Mittwoch (außer feiertags) ist Damentag.

Wasserlandschaft

Montag	12:00 – 22:00 Uhr
Dienstag – Samstag	09:00 – 22:00 Uhr
Sonntag	09:00 – 21:00 Uhr

Sauna & Bad	2 Stunden	4 Stunden	Tageskarte
Montag – Freitag	20,00 Euro	24,00 Euro	27,00 Euro
Samstag, Sonntag & feiertags	22,50 Euro	26,00 Euro	29,00 Euro

DIE PREISE

Das Saunieren im »H$_2$O« ist äußerst kontrast- und variationsreich. Sehr rustikale, kleine und große Finnische Saunen, mit ursprünglichem Charme, in Blockhäusern im Außenbereich, erinnern an die lange Tradition finnischer Saunakultur. Moderne Stilelemente, wie Wechsel der farblichen Beleuchtung, dezente Hintergrundmusik und filigrane Gestaltung der Räume, finden sich in den Saunen im Innenbereich. Das Aufguss-Sortiment reicht von Meditations-, Wellness- und »Gute-Nacht«-Aufgüssen bis zu klassischen finnischen Birken-Aufgüssen.

DIE SAUNEN

H2O »MOMENTE FÜR DIE SINNE«

Hackenberger Straße 109, 42897 Remscheid
02191 164142 | 02191 165205 | www.h2o-badeparadies.de

DAS »BAD DER SINNE« — Bei dem »Bad der Sinne« im Herzen der Saunalandschaft eröffnet sich dem Besucher bereits beim Betreten eine eigene kleine Wohlfühlwelt, ganz unter dem Motto: Erleben mit allen Sinnen. Im Mittelbereich entspannen sich die Besucher auf einer modern gestalteten Sitzbankanlage, um ein warmes Fußbad zu nehmen – als Einstimmung oder gelungenen Abschluss des Saunaerlebnisses.

DAS »TECALDARIUM« — Hierbei handelt es sich um einen Wärme- und Entspannungsraum mit rundum beheizten Wänden, Bänken und einem beheizten Fußboden. Die milde Strahlungswärme wirkt wohltuend und entspannend auf den ganzen Körper – ähnlich wie bei einem Kachelofen. Lichtinszenierungen und wechselnde Düfte sind Teil eines besonderen Sinneserlebnisses und sorgen für eine angenehme Atmosphäre. Leise Entspannungsmusik und Klänge aus der Natur verleihen dem Raum eine nahezu meditative Note.

DAS DAMPFBAD
40 – 55 °C | 100 % — Im Dampfbad beträgt die Luftfeuchtigkeit nahezu 100 %, die Raum-Temperatur erreicht ca. 40 – 55 °C. Bei dieser milden Wärme lässt es sich herrlich entspannen – insbesondere auch dann, wenn man die finnische Trockensauna (80 – 100 °C) nicht so gut verträgt. Zusätzliche Duftessenzen regen die Sinne an und entfalten ihre befreiende Wirkung auf die Atemwege. Das Dampfbad kann – bei guter Verträglichkeit – auch als Vorbereitungsraum für eine heißere, trockene Sauna genutzt werden.

DIE »REGENSTRASSE« — Ein Rundgang durch die »Regenstraße« wird zu einem prickelnden und erfrischenden Erlebnis für jeden, der sich bereits vorher in einem der Bäder aufgewärmt hat. Einmal aktiviert, begleiten verschiedene Arten von Regen mit unterschiedlichen Temperaturen den Gast. Dabei variiert die Lichtfarbe mit der Wassertemperatur.

DAS »RHASSOUL«-BAD — Das »Rhassoul«-Bad ist ein Kräuter- und Naturschlammbad mit einer Kombination aus Wärmestrahlungswänden und moderner Dampfbadtechnik. Der Naturschlamm bewirkt eine natürliche und milde Säuberung (Peeling) und zaubert gleichzeitig eine schöne und sanfte Haut.

H2O »MOMENTE FÜR DIE SINNE«

Hackenberger Straße 109, 42897 Remscheid
02191 164142 | 02191 165205 | www.h2o-badeparadies.de

REMSCHEID

Der Abkühlbereich mit prickelndem Crush-Eisbrunnen rundet das Wohlfühl-Erlebnis ab.

DER »EISBRUNNEN«

An der Decke dieser Licht-Sauna sind farbwechselnde Kugellichter angebracht. Vier Farben wirken auf Körper und Geist. Der mit schwarzem Granit ummantelte Sauna-Ofen im Zentrum beheizt das Bad mit milden 65 °C. Auf dem Ofen ruht eine Granitkugel, die mit ätherischen Ölen angereichertes Wasser, zur milden Freisetzung der Düfte, entspringt. Leise Entspannungsmusik untermalt den angenehmen Aufenthalt für 15 – 20 Personen.

DAS »VALO«-BAD
65 °C

Das finnische »Ruusu« bedeutet Rose. Das H2O setzt sie mit Schönheit und Vollendung gleich. Formvollendet zeigen sich liebevolle Rosenschnitzereien in den Sauna-Leuchten und Rückenlehnen. Ein mit Naturstein ummantelter, mit großen Rosenquarzen belegter Sauna-Ofen bringt nicht nur 10 – 15 Personen bei 85 °C zum Schwitzen, sondern belebt gleichzeitig das Rosenaroma im Wasser einer Edelsteinschale.

DIE »RUUSU«-SAUNA
85 °C

Die Majava-Sauna ist eine der Aufguss-Saunen und befindet sich im Innenbereich des Saunaparadieses. Hier können sich 30 – 35 Personen bei 90 °C wundervoll entspannen und neue Energie tanken.

DIE MAJAVA-SAUNA
90 °C

Das Panorama steht hier im Vordergrund. Bei 70 °C haben 20 – 25 Personen die Möglichkeit, durch eine Fensterfront den Blick ins Freie schweifen zu lassen. Ein großer Steinofen mit integriertem Feuer in der Sauna sorgt für die nötige Wärme.

DIE MEDI-SAUNA
70 °C

Im Außenbereich finden Sie ein exorbitantes Blockhaus, gebaut aus massiven »Kelo«-Holzstämmen, das zwei Saunen beherbergt.

DAS SAUNABLOCKHAUS

Teilweise von Erde umgeben, erwartet Sie die »Löyly«-Aufguss-Sauna (Löyly ist ein spezielles Sauna-Wort, das den aufsteigenden Dampf von heißen Steinen beschreibt) mit gediegenen 95 °C. Die rustikale Holzverkleidung, eine dezente Beleuchtung und spärlicher Lichteinfall durch ein Fenster, lassen Finnland näher rücken. Ein riesiger Gas-Ofen mit Saunasteinen steht mittig im u-förmigen Sitzbereich für 50 bis 60 Personen.

DIE »LÖYLY«-AUFGUSS-SAUNA
95 °C

H2O »MOMENTE FÜR DIE SINNE«

Hackenberger Straße 109, 42897 Remscheid
02191 164142 | 02191 165205 | www.h2o-badeparadies.de

DIE »TAKKA®«-SAUNA
85 °C

Über eine massive Holztreppe erreichen Sie die »Takka®«-Sauna (Kamin-Sauna) in der 1. Etage. Hier geht es um Feuer: Im Mittelpunkt ist ein verglaster Kamin mit offenem Holzfeuer auf Natursteinen aufgebaut. Acht Fenster erhellen den Raum rustikaler Bauweise. Die Öfen unter den Liegeflächen erhitzen die Sauna mit Sitzgelegenheit für 40 – 45 Personen auf 85 °C.

DIE »KELO«-SAUNA
80 °C

Ein weiteres Blockhaus mit riesigen Rundstämmen aus »Kelo«-Holz, begrüntem Dach und rustikaler Innenausstattung. Ein großer, eingemauerter Ofen im Zentrum mit Saunasteinen lässt die Temperaturen auf 80 °C steigen. Das möge gut und gerne 40 Personen erfreuen. Zwei Fenster sorgen für Licht und Ausblick.

DIE »KAMMI«-SAUNA
110 °C

110 °C – hier kommt garantiert jeder ins Schwitzen. »Kammi« ist finnisch und bedeutet soviel wie »kleiner, versteckter Ort«. Fast könnte man die Sauna übersehen, da das Blockhaus mehr oder weniger komplett in die Erde eingelassen ist. Archaisches Ambiente im Inneren – sehr dunkel gehalten, Platz für maximal 8 – 10 Personen, stirnseitig eine gemauerte Wand mit offenem Feuer im Kamin und dem Sauna-Ofen.

DER GARTEN DER SINNE

Auf dem 1.000 qm großem Areal werden Erlebnisse für die Sinne geboten. Zentrales Element ist die Meditations-Sauna mit Vorraum und Duschmöglichkeiten. Davor findet sich ein fast 50 qm großer beheizter Pool mit Massagedüsen. Auf einem Holzpodest gibt es Sonnenliegeplätze, unmittelbar angrenzend an die überdachten Liegemöglichkeiten.

Hinter der Sauna erschließt sich eine wunderschön gestaltete Gartenlandschaft mit saisonal blühender Bepflanzung, die angenehmen Duft verströmt. Hier finden sich

H2O »MOMENTE FÜR DIE SINNE«

Hackenberger Straße 109, 42897 Remscheid
02191 164142 | 02191 165205 | www.h2o-badeparadies.de

REMSCHEID

auch das Kneipptretbecken und der stimulierende Barfußerlebnispfad. Das sanfte Plätschern der Wasserkaskaden erzeugt dabei eine wohltuende Geräuschkulisse.

Natürlich bietet auch der Außenbereich genügend Gelegenheit zur Abkühlung, zum Beispiel das gegenüberliegende Gradierwerk mit der Abkühlgrotte »Heiß und Kalt«: einen mit Holzstämmen überdachten Duschbereich mit drei Warm-Kalt-Brausen, einer Kübeldusche, einer Schwalldusche und Kneippschläuchen. Eine Dusch-Schnecke mit Kieselsteinen zur Fußmassage, eine Kübeldusche, Schwallbrausen und Kneippschläuche gibt es neben der »Kelo«-Sauna. Ein kaltes Entspannungsbecken liegt direkt an der Außengastronomie. Im Innenbereich bilden Warm-Kalt-Brausen, Schwallduschen und Kneippschläuche einen halbkreisförmigen Duschgang. Direkt daneben fordert Sie ein großes Kalt-Tauchbecken heraus.

DAS ABKÜHLEN

Nach der Abkühlung lockt das mit 33 °C angenehm warme Entspannungsbecken mit sprudelnden Massageliegen. Die nötige Wärme für Ihre Füße holen Sie sich in den Fußwärmebecken, die sich im Foyer des »Bad der Sinne« befinden.

DAS WARMBECKEN

264 H2O »MOMENTE FÜR DIE SINNE«
REMSCHEID

Hackenberger Straße 109, 42897 Remscheid
02191 164142 | 02191 165205 | www.h2o-badeparadies.de

DIE AUSSENANLAGE Die Anlage gleicht einem finnischen (Sauna-)Dorf. Die Einpassung der Blockhäuser, der diversen Liege-Inseln und Sitzgelegenheiten in die hügelige und grüne Landschaft wirkt äußerst natürlich. Bäume und das Gradierwerk umrahmen die Anlage. Viele Gebäude besitzen ein begrüntes Dach.

DAS GRADIERWERK Das mit Schwarzdorn-Reisig bestückte Gradierwerk ist ca. 40 Meter lang und 8 m hoch. Darüber rieselt mineralhaltige Sole, gewonnen aus 450 m Tiefe im Leinetal zwischen Harz und Solling. Die Sole bildet beim Auftreffen auf die Dornen einen Solenebel, sodass die umgebende Luft des Gradierwerks salzhaltig wird und dadurch ein meerähnliches „Mikroklima" entsteht. Gegenüber des Gradierwerks können Sie sich auf den treppenförmigen Holzterrassen zum Genuss der Sole ausruhen.

RUHEMÖGLICHKEITEN Im »Lepo-Talo« (Haus der Stille) geht es wesentlich rustikaler zu. Dieser Bereich erstreckt sich über drei Räume. Er besteht fast komplett aus Holz. Der mittige Raum besitzt einen offenen Kamin mit Holzfeuer. Verweilen Sie auf einer von etlichen Liegen, mit Auflage und Decke, und blicken Sie durch das Panoramafenster auf das Gradierwerk. Ausruhen können Sie sich auch im Ruhehaus, im Raum der Stille, im Lukusali und im ebenerdigen Ruheraum, mit Blick zur Außenanlage. Überall stehen zahlreiche Liegen zur Verfügung.

SPA2O | SOLARIEN In den Beauty- und Massageräumen in der 1. Etage können Sie sich mit wohltuenden Anwendungen so richtig verwöhnen lassen. Das Angebot reicht von Teilkörper-, Ganzkörper- und Wohlfühlmassagen bis hin zu Elemente- & Aroma-Massagen. Bei dieser Massage wird ein ganzheitliches Massagekonzept individuell auf Ihren Typ, mit eigens entwickelten Ölmischungen, angepasst.

H2O »MOMENTE FÜR DIE SINNE«

Hackenberger Straße 109, 42897 Remscheid
02191 164142 | 02191 165205 | www.h2o-badeparadies.de

REMSCHEID

Der neue Spa-Bereich ist ein Refugium voller Wärme und entspannender Düfte. In stilvollen und modern eingerichteten Kabinen, die jeweils über eine Dusche verfügen, lässt es sich wunderbar bei einer Beauty- oder Wellness-Anwendung entspannen. Auch eine Partnerkabine steht zur Verfügung. Für eine gesunde Hautfarbe sorgen zwei Hochleistungsbräuner im Kellergeschoss des Ruhehauses.

Verschiedene Events mit außergewöhnlichen Aufgüssen zu ausgewählten Themen machen Ihren Saunagang zum besonderen Erlebnis. Lassen Sie sich überraschen (näheres hierzu erfahren Sie unter www.h2o-badeparadies.de/besucherinfos/veranstaltungskalender). — EVENTS

Im Restaurant mit großer »Sauna-Bar« oder auf der Sonnenterrasse direkt neben dem Naturteich, können Sie aus einem breiten Angebot an Speisen wählen. Leicht Bekömmliches, Pasta sowie Fisch- und Fleischgerichte sind ebenso erhältlich, wie exotischere Wok-Gerichte. Löschen Sie Ihren Durst am Kaminrondell. — SAUNA-GASTRONOMIE

Die Gastronomie und auch die Anwendungen im SPA2O werden über Ihren Schlüssel abgerechnet. — ZAHLUNGSVERKEHR

Parken Sie kostenfrei unmittelbar vor der Anlage. — PARKMÖGLICHKEITEN

266 monte mare Rheinbach »MEINE PAUSE VOM ALLTAG«

RHEINBACH
GUTSCHEINHEFT S. 19

Münstereifeler Straße 69, 53359 Rheinbach
02226 9030-0 oder 9030-28 (Sauna / Wellness) | www.monte-mare.de/rheinbach

GEBOTEN WIRD:

DAS RESÜMEE	Die Anlage des »monte mare« gliedert sich in das Sport- und Freizeitbad, das Indoor-Tauchzentrum und das Sauna- & Wellnessparadies. Jeder einzelne Bereich bringt Ihnen den Urlaub ganz nah. Im Freizeitbad sind es tropisch warmes Wasser, sommerliche Temperaturen, rauschende Wellen und rasante Riesenrutschen, die zu begeistern wissen. Die Kleinen sind in der Kindererlebniswelt optimal versorgt.
TAUCHEN	Tauchen Sie in über 200 qm Wasserfläche bis zu 10 m tief und erleben Sie eine einzigartige Rifflandschaft, sprudelnde Unterwasservulkane und ein versunkenes Bootswrack.
DER SAUNABEREICH	Das »Saunaparadies« schließlich gleicht einer Oase. Die orientalisch anmutende Gestaltung im Innenbereich verzaubert jeden Besucher. Arabische Lampen, verzierte Fenster und Rundbögen finden sich auf farblich freundlicher Wandgestaltung und blau gemaltem Himmel. Viele Pflanzen erzeugen ein angenehmes Raumklima. Im Außenbereich erwartet Sie eine einzigartig gestaltete Landschaft.
DIE GRÖSSE	Der Sauna-Innenbereich umfasst 2.500 qm.
DER EMPFANG	An der Kasse können Bademäntel und Handtücher geliehen werden. Im direkt anliegenden Tauchshop werden neben Tauch-Utensilien auch Badesachen verkauft. Pflegemittel und Öle sind auch im Saunabereich erhältlich.
DIE ÖFFNUNGSZEITEN SAUNA	Montag bis Donnerstag von 9:00 – 23:00 Uhr	Freitag und Samstag von 9:00 – 24:00 Uhr	Sonntag von 9:00 – 21:00 Uhr.

monte mare Rheinbach »MEINE PAUSE VOM ALLTAG«

Münstereifeler Straße 69, 53359 Rheinbach
02226 9030-0 oder 9030-28 (Sauna / Wellness) | www.monte-mare.de/rheinbach

RHEINBACH

4-Stunden-Karte 29,50 Euro | Tageskarte 35,50 Euro. Frühstartertarif (9:00 – 15:00 Uhr) 24,50 Euro | Samstag, Sonntag und feiertags 3,00 Euro Aufschlag. Im jeweiligen Preis ist die Nutzung des Sport- und Freizeitbades mit eingeschlossen.

DIE PREISE

Gäste ziehen sich in Einzelkabinen um. In der Badelandschaft duschen Frauen und Männer getrennt, im Saunabereich gemeinsam.

UMKLEIDEN | DUSCHEN

Die Sauna-Landschaft gliedert sich in die Bereiche »Oase der Sinne«, »Sauna innen« und »Sauna außen« und bietet insgesamt elf Saunen und Dampfbäder, in denen es mindestens zu jeder vollen Stunde einen Aufguss mit ätherischen Ölen und Salz-Abrieb, »Wenik« oder süßem Honig gibt. Die Oase der Sinne ist mit einer Aufguss-Sauna, einem Brechelbad, einem Dampfbad, einem Maurischen Schlammbad, einem Kräuterbad, einem »Laconium« und einer Aroma-Zisterne ausgestattet. Der Sauna-Innenbereich wartet mit einer Niedertemperatur- und einer Mental-Sauna auf Sie.

DIE SAUNEN

Im Außenbereich vollenden die Erd- und die Teich-Sauna sowie die Gartensauna die Sauna-Landschaft.

monte mare Rheinbach »MEiNE PAUSE VOM ALLTAG«

Münstereifeler Straße 69, 53359 Rheinbach
02226 9030-0 oder 9030-28 (Sauna / Wellness) | www.monte-mare.de/rheinbach

»OASE DER SINNE«
DIE AUFGUSS-SAUNA
85 – 95 °C

Diese Sauna besitzt einen symmetrischen Aufbau in klassischer finnischer Bauweise. Zwei Öfen bringen den Raum auf eine Temperatur zwischen 85 – 95 °C. Etwa 30 Personen finden hier Platz. Unterschiedliche Aufgüsse wie z. B. Pfefferminz, Vanille, Kräuter oder natur pur runden das Angebot ab.

DAS BRECHELBAD
60 – 70 °C

Eine trockene Finnische Sauna, die mit Rundbögen als Wandverkleidung, Lichtstrahlern von der Decke und einem Amethysten ausgestattet ist. Ein Ofen hält die Temperatur bei 60 – 70 °C. Die Sauna ist für etwa 30 Personen konzipiert.

DAS DAMPFBAD
42 – 45 °C

Angenehme 42 – 45 °C laden zum Verweilen auf erwärmten Sitzbänken ein. Das Dampfbad ist rund und gefliest, der Dampferzeuger in der Mitte sorgt für die nötige Luftfeuchte. Platz für etwa 20 – 25 Personen ist vorhanden.

DAS MAURISCHE SCHLAMMBAD
37 – 42 °C

Das Bad befindet sich in einem separaten Bereich mit zwei Duschen. Im Bad selber gibt es Einzelsitze. Genießen kann man unterschiedliche Zeremonien u.a. mit feuchtigkeitsspendender Ganzkörperpflege dank eines Heilschlammes, dessen Zusammensetzung auf uralten Rezepten basiert. Die Temperatur im Bad liegt bei 37 – 42 °C. Eine Voranmeldung zur Nutzung gegen Aufpreis ist notwendig.

DAS KRÄUTERBAD
37 – 42 °C

Ein Dampfbad mit angenehmem Duft von wechselnden Kräuter-Essenzen, das Platz für acht Personen bietet. Der runde, gefliest Raum ist mit 37 – 42 °C temperiert.

DAS »LACONIUM«
55 – 65 °C

Dieses Römische Schwitzbad ist im klassisch-römischen Stil erbaut – mit Rundbögen an den Wänden und dezenter Farbgestaltung. In der Mitte befindet sich ein Brunnen. Daneben ist ein körpergeformter, erwärmter Liegebereich für etwa sechs Personen; Granitliegen links und rechts des Eingangs bieten Platz für vier Personen, die sich bei 55 – 65 °C erquicken können.

DIE AROMA-ZISTERNE
37 – 42 °C

Ein achteckiger Raum mit einer Temperatur von 37 – 42 °C, der Platz für 12 Personen bietet. Mittig gibt es einen kleeblattförmigen Brunnen mit automatischem Aufguss. Vier auf dem Brunnen sitzende Frösche spucken von Zeit zu Zeit Wasser auf Steine, die sich ebenfalls auf dem Brunnen befinden.

monte mare Rheinbach »MEINE PAUSE VOM ALLTAG«

📍 Münstereifeler Straße 69, 53359 Rheinbach
☎ 02226 9030-0 oder 9030-28 (Sauna / Wellness) | 🌐 www.monte-mare.de/rheinbach

Eine orientalische Sauna mit musikalischer Untermalung und großem Fenster, das einen weiten Einblick auf den Außenbereich gewährt. Die obere Fläche ist ein großer Liegebereich mit Platz für 12 – 15 Personen, die weiteren Flächen bieten nochmals Platz für etwa 12 – 15 Personen, sodass in dieser Sauna gut 30 Personen gleichzeitig schwitzen können. Ein verzierter Ofen sorgt über zwei Ebenen für Temperaturen um die 55 – 75 °C bei 15 – 30 % relativer Luftfeuchtigkeit.

DIE NIEDERTEMPERATUR-SAUNA
55 – 75 °C | 15 – 30 %

Links und rechts des Ofens sind vertikal Lichtröhren an der Wand angebracht, die die Sauna wechselseitig mit unterschiedlichen Farben ausleuchten. Bei 50 °C und ca. 50 % Luftfeuchtigkeit finden 25 – 30 Personen Platz.

DIE MENTAL-SAUNA
50 °C | 50 %

Eine Rundstamm-Sauna, die mit loderndem Kaminfeuer aufwartet. Rechts des Kaminfeuers befindet sich mit dem Ofen und seinen gehäuften Steinen die eigentliche Wärmequelle. Die rustikale Bauweise und 9 – 100 °C lassen 25 – 30 Personen eine gesunde Erdverbundenheit spüren. Das Grasdach sowie die harmonische Eingliederung der Sauna in die Außenanlage verwöhnen auch das Auge des Saunierers.

DIE ERDSAUNA
90 – 100 °C

Ebenfalls eine Rundstamm-Sauna mit Grasdach, die mit »Kelo«-Holz aus Finnland erbaut wurde. 70 – 80 °C bringen bis zu 35 Personen ins Schwitzen. Die Sauna hat einen kleinen Vorraum und zwei Fenster, die den Blick auf die Holzterrasse – direkt an einem Teich gelegen – zulassen. Hier gibt es den »Wenik«- Aufguss oder sogar den Doppel-»Wenik«-Aufguss.

DIE TEICHSAUNA
70 – 80 °C

Diese Sauna ist aus den Stämmen der Polarkiefer gefertigt. Aufgrund der Größe können Sie hier bei 85 – 95 °C einen unvergleichlichen Saunagang genießen. Entspannen Sie bei Aufgüssen oder Klangschalenzeremonien in der Gartensauna, in der bis zu 100 Personen Platz finden.

DIE GARTEN-SAUNA
85 – 95 °C

Jeder einzelne Saunabereich hat seine eigenen Abkühlmöglichkeiten. Im Bereich »Sauna innen« erwarten Sie eine als Eckdusche konzipierte Erlebnisbrause, eine

DAS ABKÜHLEN

monte mare Rheinbach »MEINE PAUSE VOM ALLTAG«

📍 Münstereifeler Straße 69, 53359 Rheinbach
☎ 02226 9030-0 oder 9030-28 (Sauna / Wellness) | 🌐 www.monte-mare.de/rheinbach

Schwalldusche sowie etliche Warm-Kalt-Brausen. Zudem gibt es ein sehr großes, halbrundes Tauchbecken. Im Bereich »Sauna außen« steht, neben den in einen Felsen integrierten Warm-Kalt-Duschen, ein tipi-förmiges Zelt mit weiteren Duschen. Neben der Gartensauna befindet sich auch ein großer Duschbereich.

In der »Oase der Sinne« schließlich befindet sich die Eisgrotte, die zum Abrieb mit Scherbeneis nach dem Saunagang einlädt oder für eine Kühlung zwischendurch geeignet ist. Eiszapfen und blaues Licht geben der Eisgrotte eine zusätzlich kühlende Note. Eine Erlebnisdusche, Schwallduschen, Regendruckduschen, Warm-Kalt-Brausen sowie eine Kübeldusche runden die Vielfalt an Abkühlung ab.

DAS KNEIPPEN — Auch den Freunden des Kneippens werden viele Möglichkeiten geboten: diverse Kneippschläuche in den verschiedenen Bereichen, ein Kneipp-Fußbecken und ein Kneipp-Gang. Zudem gibt es ein zentral gelegenes Kneipp-Rondell mit Brunnen in der Mitte, das zum Verweilen und angenehmen Plauschen einlädt.

DER WHIRLPOOL — Jeweils ein Whirlpool befindet sich im Innen- und im Außenbereich.

DIE AUSSENANLAGE — Der Außenbereich ist, durch die gewachsene Struktur mit Bäumen und Pflanzen, sehr harmonisch und naturverbunden. Die Saunen sind schön in die Umgebung eingepasst. Ein Bachlauf mit zwei Brücken, der schließlich in einen Teich mündet, befindet sich mittig. Es gibt reichhaltige Möglichkeiten, sich auf Liegen auszuruhen, teilweise ist die Liegefläche auch überdacht. Eine großzügige Sonnenterasse lädt zu einem kühlen Getränk oder einem leckeren Snack ein.

DIE SCHWIMMBÄDER — Es gibt ein Außenbecken mit Sprudel- und Massageliegen sowie einen Innenpool mit Massageliegen. Diese beiden Becken sind miteinander verbunden.

RUHEMÖGLICHKEITEN — Das monte mare WellnessHaus bietet auf über 1.000 qm viel Platz für die Wellness-Anwendungen und im ersten Stock mehrere, großzügige und stilvoll eingerichtete Ruheräume wie beispielsweise die Kaminlounge oder das „Atrium", hier fällt

monte mare Rheinbach »MEINE PAUSE VOM ALLTAG«

📍 Münstereifeler Straße 69, 53359 Rheinbach
☎ 02226 9030-0 oder 9030-28 (Sauna / Wellness) | 🌐 www.monte-mare.de/rheinbach

das Licht über ein großes Dachfenster in der Mitte des Raums ein. Der »Mental-Ruheraum« ist höhlenartig gebaut und beinhaltet drei Wasserbetten und vier Wärmeliegen. Der Schlafraum oder »Orientalische Ruheraum« ist frei nach dem Motto »1000 und eine Nacht« gestaltet. Das Firmament ist mit Stoff abgehangen und mit wechselnden Farblichtern dekoriert. Die Wände sind handbemalt. Große Matratzen, die entweder einer oder zwei Personen Platz zum Ausruhen und Schlafen bieten, sowie zusätzlich ausreichend Decken, sorgen für Erholung pur.

Der Ruheraum ist sehr großzügig gestaltet und mit über 50 Liegen mit Unterlage und Decken ausgerüstet. Orientalische Wandgemälde und Lampen erzeugen unterschiedliche Stimmungen. Teilweise trennen Holzwände Unterbereiche ab. Eine komplette Fensterfront ermöglicht den Blick in den Außenbereich.

MASSAGEN
Eine Vielzahl von Massagen laden zum Entspannen ein. Von klassischer Massage als Teilkörper- oder Ganzkörpermassage und Fußreflexzonenmassage über unterschiedliche Wellnessmassagen sowie Rasul-Anwendungen reicht das Angebot.

EVENT
Die Halloween-Saunanacht oder Grillabende im Saunagarten sind nur einige Beispiele. Weitere Informationen erhalten Sie am Empfang oder unter www.monte-mare.de/rheinbach.

GASTRONOMIE
Im Eingangsbereich der Sauna liegt der große, orientalisch gestaltete Gastronomiebereich. Hier gibt es leicht bekömmliche Speisen, Pasta, Fisch und Fleisch. Die Speisen können auch im Außenbereich verzehrt werden.

ZAHLUNGSVERKEHR
Abgerechnet wird mit einer Chipkarte, auf der ebenfalls verzehrte Speisen und Getränke gespeichert werden, im Anschluss an den Besuch der Anlage. Barzahlung, EC-Karte und Visa- oder Master-Karte sind möglich.

PARKMÖGLICHKEITEN
Vor der Anlage parken Sie kostenfrei.

272 Dennenmarken Sauna & Beauty »YOUR WELLNESS CENTER«

NL-ROERMOND
GUTSCHEINHEFT S. 19

Elmpterweg 46, NL-6042 KL Roermond
0031 475 324546 | www.saunadennenmarken.nl

GEBOTEN WIRD:

| DAS RESÜMEE | Die Anlage »Dennenmarken« ist verkehrsgünstig, ungefähr fünf Kilometer von der deutschen Grenze, gelegen. Das großzügige Angebot umfasst Fitness&Health sowie Sauna & Beauty. Sie können an modernsten Cardio- und Kraftgeräten im lichtdurchfluteten Fitness-Center trainieren. Die unterschiedlichen, modernen »LesMills«-Kurse verbessern Kraft, Kondition und Konzentration mit Musik. Aquajogging und Schwimmkurse werden ebenso angeboten wie Tennis und Squash. Eine Kinder-betreuung ist im Fitnessbereich inklusive. |

DER SAUNABEREICH
In der modern und stilvoll gestalteten Sauna-Landschaft werden Ambiente, Erholung und Service groß geschrieben. An das zentrale Fußwärmebecken schließt sich die gediegene Gastronomie und das große Innen-Schwimmbad an. Von hier gelangen Sie in den attraktiven und ruhigen Sauna-Garten.

Die großzügige Anlage weist insgesamt eine Fläche von 24.000 qm auf. Überbaut sind etwa 10.000 qm, wovon die Sauna-Landschaft 3.000 qm in Anspruch nimmt. Der Rest der Fläche ist Außenanlage.

DER EMPFANG
Am Empfang werden Bademäntel und Handtücher verliehen. Badeschlappen können käuflich erworben werden.

DIE ÖFFNUNGSZEITEN
Sonntag bis Donnerstag von 10:00 – 23:00 Uhr | Freitag und Samstag von 10:00 – 23:30 Uhr.

DIE PREISE
Tageskarte 32,50 Euro

Dennenmarken Sauna & Beauty »YOUR WELLNESS CENTER«

Elmpterweg 46, NL-6042 KL Roermond
0031 475 324546 | www.saunadennenmarken.nl

NL-ROERMOND

Die gemeinsamen Umkleiden sind mit modernster Technik in Form eines elektronisches Codes für den Umkleideschrank ausgestattet. Männer und Frauen duschen gemeinsam.

UMKLEIDEN | DUSCHEN

Im Innenbereich verteilen sich drei Sauna-Kabinen und ein Dampfbad um das zentrale Fußwärmebecken. Die drei Saunen gewähren jeweils den Ausblick auf das schöne Becken, das zum längeren gemütlichen Verweilen und Plauschen einlädt. Am inneren Schwimmbad befindet sich die Infrarotkabine. Im Sauna-Garten sind zwei weitere Saunen untergebracht. 10 – 15 Minuten lange Aufgüsse werden zwei- bis dreimal täglich in der Panorama-Sauna mit wechselnden Düften sowie Früchten, Eis und Überraschungen zelebriert.

DIE SAUNEN

Unter farbigem Sternenhimmel kommen bis zu 15 Personen bei 70 – 80 °C ins Schwitzen. Das angenehme Aroma in der Kabine unterstützt das Wohlbefinden.

DIE AROMA-SAUNA
70 – 80 °C

Fackelleuchten und die farbchangierende Deckenbeleuchtung erhellen die attraktiv holzvertäfelte Sauna-Kabine. Der Ofen mit Sauna-Steinen erwärmt die Sauna auf 80 – 90 °C. Bis zu 15 Personen haben Ausblick auf das große Fußwärmebecken sowie das innen liegende Schwimmbad.

DIE AMBIENTE-SAUNA
80 – 90 °C

Angenehme 60 – 70 °C und die vierfarbige Lichttherapie erwarten bis zu 25 schwitzhungrige Personen. Die milde Temperatur ermöglicht einen längeren, intensiven Aufenthalt in der tollen Kabine.

DIE BIO-SAUNA
60 – 70 °C

Die rondellartige Infrarotkabine kann bis zu sechs Personen beherbergen. Infrarotstrahler erwärmen Sie individuell bei einer Temperatur um die 60 °C von vorne und von hinten. Fakelleuchten spenden angenehmes Licht.

DIE INFRAROT-SAUNA
60 °C

Nebelschwaden empfangen gut zehn Personen, die in der aromatisierten Kabine Platz finden. Das Türkische Dampfbad weist eine Temperatur von 50 °C auf.

DAS DAMPFBAD
50 °C

274 Dennenmarken Sauna & Beauty »YOUR WELLNESS CENTER«

NL-ROERMOND

Elmpterweg 46, NL-6042 KL Roermond
0031 475 324546 | www.saunadennenmarken.nl

DIE RUSSISCHE BLOCKHÜTTE
100 °C

Die Blockhütte aus hellen Rundstämmen wartet mit rustikalem und urigem Charme auf. Ein natürliches und außergewöhnliches Saunaerlebnis für rund 20 Personen. Der große Ofen mit Sauna-Steinen sorgt für Temperaturen um die 100 °C, die Dank des atmungsaktiven Holzes erstaunlich gut zu vertragen sind.

DIE PANORAMA-SAUNA
100 °C

Die Sauna-Kabine ist in einem »Sommerhäuschen« mit individuellem Ambiente untergebracht. Ein großes Fenster ermöglicht einen herrlichen Panoramablick über den gesamten Sauna-Garten. Rund 30 Personen können sich in der Sauna verteilen und sowohl den Ausblick als auch die Aufgüsse bei Temperaturen um die 100 °C genießen.

DAS ABKÜHLEN

Kaltduschen, ein Kneippschlauch sowie eine Kübeldusche erfrischen nach einem intensiven Sauna-Aufenthalt. Wer noch mehr Abkühlung benötigt, wird mit dem Tauchbecken bestens bedient. Abenteuerliches Duschen verheißen zwei Nebelbrausen. Salz zum Einreiben steht in einem separaten Raum mit Dusche zur Verfügung. Das große Fußwärmebecken mit zentraler massiver Granitkugel, aus der beständig warmes Wasser entspringt, ist eine Wohltat für die Füße.

DER WHIRLPOOL

Der Hot-Whirlpool im Innenbereich hat mit 37 °C genau die richtige Temperatur, die zum längeren Verweilen einlädt.

DIE SCHWIMMBECKEN

Sowohl innen als auch außen liegen sehr zentral zwei jeweils etwa 100 qm große Schwimmbecken. Innen säumen gemütliche Liegen, edle Liegegarnituren und Grünpflanzen das Becken, außen umrunden Palmen das kühle Nass und versprühen so Mittelmeer-Flair.

DIE AUSSENANLAGE

Viele hochgewachsene Bäume tragen zur natürlichen Atmosphäre und Beruhigung bei. Ausruhen lässt es sich vorzüglich auf der Liegewiese, auf der überdachten Terrasse oder auf der Sonnenterrasse mit vielen bequemen Liegen.

Dennenmarken Sauna & Beauty »YOUR WELLNESS CENTER«

Elmpterweg 46, NL-6042 KL Roermond
0031 475 324546 | www.saunadennenmarken.nl

NL-ROERMOND

RUHEMÖGLICHKEITEN

Gemütliche Liegen, Sitzkissen und eine Couch verteilen sich auf den Ruheraum. Im anliegenden TV-Raum verweilen Sie auf bequemen Fernsehsesseln.

WELLNESS | MASSAGEN

Entspannungs-, Sport- und Aromamassagen gehören ebenso zum Programm wie Hot-Stone-Massagen. Beauty-Behandlungen für sie und ihn und »Hamam«-Behandlungen runden das Angebot ab. Die hochwertigen Arrangements sind das Tüpfelchen auf dem i.

SOLARIEN

Das Sonnenstudio befindet sich gegenüber dem Empfang. Vier hochmoderne Bräuner sorgen für einen natürlichen Teint.

GASTRONOMIE

Hier können Sie sich nach Herzenslust verwöhnen lassen. Sie haben die Wahl zwischen Suppen, Vorspeisen und Salaten, aber auch Pasta, Fleisch- und Fischgerichte werden in der stilvollen Innen- und überdachten Außengastronomie serviert. Selbstverständlich gibt es auch eine große Getränkeauswahl. Gemütliche Sitzgelegenheiten sind auch in der edlen Lounge mit offenem Kaminfeuer zu finden. Sie werden sich hier wohlfühlen, während Sie in der großen Auswahl an Zeitschriften schmökern. Eine breite Glasfront ermöglicht den Blick in den Sauna-Garten.

ZAHLUNGSVERKEHR

Alle in Anspruch genommenen Leistungen werden im Nachhinein beglichen.

PARKMÖGLICHKEITEN

Unmittelbar an der Anlage parken Sie kostenlos.

Roetgen-Therme

📍 Postweg 8, 52159 Roetgen
📞 02471 1203-0 | ✉ info@roetgen-therme.de | 🌐 www.roetgen-therme.de

GEBOTEN WIRD:

| DAS RESÜMEE | Genießen Sie echtes finnisches Saunabaden in der prickelnden Luft der Eifel. Unweit von Aachen (10 Km) in der Eifel,(knapp 500 Hm) bekommen Sauna- und Wohlfühl-Fans alles geboten, was sie brauchen. Vom Bett direkt in die Sauna oder von der Sauna direkt ins Bett! |

Die Roetgen Therme mit zugehörigem Hotel verfügt über 7 verschiedene Themen-Saunen und Warmluftbäder, in denen Sie fachlich gut betreut schwitzen können. Die Aufgüsse in der finnischen Sauna stehen unter monatlich wechselnden Mottos. In 5 Pools finden Sie zudem Einklang von Körper und Seele. Highlight ist der große Meerwasser-Pool (open Air), ausgestattet mit modernster Hightech für Sound- und Lichteffekte für ein einmaliges Klangerlebnis unter Wasser. Lassen Sie sich überraschen!! Neben dem großen Sauna-Garten in der einmaligen Natur und der prickelnden Luft der Eifel zieht sich wie ein roter Faden eine immer währende jedoch wechselnde Ausstellung moderner Künstler aus der Region durch das gesamte Terrain.

DAS HOTEL Zur Roetgen Therme gehört ein kleines 3 *** Hotel mit 15 Zimmer. Die Zimmer sind schön eingerichtet mit eifeler Charme. Es wird ein sehr gutes Frühstück vom Buffet gereicht. Die Hotelgäste können die Saunalandschaft im Bademantel erreichen.

DIE GRÖSSE Der Innenbereich hat eine Größe von 2.000 qm; der Außenbereich umfasst etwa 4.500 qm.

DER EMPFANG Am Empfang werden Bademäntel und -tücher ausgeliehen; verkauft werden Bademäntel und -schuhe.

Roetgen-Therme

📍 Postweg 8, 52159 Roetgen
☎ 02471 1203-0 | ✉ info@roetgen-therme.de | 🌐 www.roetgen-therme.de

ROETGEN

GUTSCHEINHEFT S. 19

Montag – Donnerstag	11:00 – 23:00 Uhr	DIE ÖFFNUNGSZEITEN
Freitag und Samstag	11:00 – 24:00 Uhr	
Sonn- und Feiertage	10:00 – 22:00 Uhr	

2-Stunden-Karte 19,00 Euro | Tageskarte 24,00 Euro.
DIE PREISE

Männer und Frauen kleiden sich gemeinsam um und duschen gemeinschaftlich.
UMKLEIDEN | DUSCHEN

Sie haben die Auswahl zwischen zwei Saunen und einem Dampfbad im Innenbereich sowie vier Saunen im Saunagarten. Jede Kabine besitzt ihren eigenen Charme.
DIE SAUNEN

90 °C herrschen im Urwald für etwa 25 Personen mit tropischer Geräuschkulisse! Ein Aquaviva-Element sorgt für das grüne Ambiente. Die Finnische Sauna ist trotz dreier Fackelleuchten dunkel gehalten. Über dem Ofen mit Saunasteinen befindet sich eine Trichterlampe. Ein Fenster erlaubt den Blick zum Innenbereich.
DIE URWALD-SAUNA 90 °C

Milde 60 °C und unterschiedlich wirkende Aromastoffe verbreiten sich im Raum für 20 bis 25 Personen. Zwei Lichtspiele in vier Farben tragen zur Beruhigung bei.
DAS TEPIDARIUM-AROMABAD, 60 °C

Der angenehme, mit Blütenaroma angereicherte Dampf dehnt sich im Blütenbad für 15 bis 20 Personen aus. Farbchangierende Kugellämpchen leuchten von der Decke auf rundherum angebrachte, beheizte Sitzbänke.
DAS CALDARIUM-BLÜTENBAD

Die Inneneinrichtung erinnert an ein Bauernzimmer. Gardinen hängen an den Fenstern; Blumenkästen hängen von den Wänden. Anstatt mit Blumen sind sie mit Heu gefüllt. Tannenzweige aus der Eifel bedecken den Boden. Sie nehmen ein angenehmes, natürliches Heubad bei 70 °C mit leiser Entspannungsmusik.
DIE EIFELER SCHWITZHÜTTE 70 °C

278 Roetgen-Therme

ROETGEN

Postweg 8, 52159 Roetgen
02471 1203-0 | info@roetgen-therme.de | www.roetgen-therme.de

DIE JUNGBRUNNEN-SAUNA
95 °C

Sie haben nicht nur den Schwitzeffekt bei 95 °C, sondern können reinen medizinischen Sauerstoff tanken. Der Jungbrunnen kann Ihr Reaktionsvermögen beschleunigen, ist gut gegen Vergesslichkeit und fördert die körperliche Leistungsfähigkeit.

AUFGUSS-ARENA
100 °C

Im Sommer 2018 wurde die neue Aufguss-Arena eröffnet. In der 70 qm großen und 3,20m hohen Sauna haben bis zu 80 Gäste Platz. Das große Panoramafenster schafft die perfekte Verbinung zu dem 5.000 qm großen Saunagarten mit altem Baumbestand.

DAS ABKÜHLEN

Im Aquavital-Center können Sie sich so richtig abkühlen. Ein Kaltbecken mit 15 °C wird über einen Brunnen ständig mit frischem Wasser versorgt. Neben dem Becken finden Sie eine Schwalldusche, eine Warm-Kalt-Brause, eine Wasserfalldusche, eine Erlebnisbrause und einen Kneipp-Schlauch. Im Außenbereich sind weitere Kaltbrausen und ein Crushed-Ice-Brunnen.

SCHWIMMBÄDER | WHIRLPOOLS

Neben einem Open Air Whirlpool 34 °C (nur im Sommer) befindet sich im Saunagarten der Therme als Highlight der Meerwasserpool (32 °C) der 2016 durch eine aufwendige Sanierung zum „Konzertsaal" unter Wasser umgestaltet wurde. Ausgestattet mit modernster Hightech für Sound- und Lichteffekte wird er zum einmaligen Klangerlebnis unter Wasser. Lassen Sie sich überraschen.

Im Innenbereich befindet sich ein Mega-Whirlpool bei 34 °C für 20 Personen. Der Swimming-Pool im Innenbereich der Anlage wurde 2017 ebenfalls modernisiert. Modernste Lichteffekte und harmonisch aufeinander abgestimmte Farben verleihen dem Schwimmbad Wohlfühlcharakter. Hochgewachsene Bäume säumen den Saunagarten.

DIE AUSSENANLAGE

Auf der Liegewiese stehen zahlreiche Liegen mit Beistelltischen. Freundliches Servicepersonal bedient Sie an Ihren Liegeplätzen.

Roetgen-Therme

📍 Postweg 8, 52159 Roetgen
☎ 02471 1203-0 | ✉ info@roetgen-therme.de | 🌐 www.roetgen-therme.de

Im Saunagarten befinden sich gleich 2 Ruheräume. Ein schönes Kaminzimmer in Holzbauweise mit großzügiger Verglasung lädt zum verweilen ein. Ein zweiter Ruhebereich ist erst im Sommer 2017 im hinteren Bereich des Gartens entstanden. Die großen Fensterfronten gewähren einen Blick in den Saunagarten und auf den Außenpool.

RUHEMÖGLICHKEITEN

Im Beauty & Spa Bereich können Sie sich wahlweise mit klassischer Massage und Wellnessmassagen mit warmen aromatischen Ölen verwöhnen lassen oder aus eine der zahlreichen kosmetischen Behandlungen wählen.

BEAUTY & SPA

Im Außenbereich sorgt ein Hochleistungsbräuner für den notwendigen Teint.

SOLARIEN

Als erste Sauna Deutschlands bietet die Roetgen Therme ihren jährlich 70.000 Besuchern ein 140 qm großes Fitnessstudio mit 22 Stationen an. Das Studio steht den Sauna- und Hotelgästen kostenfrei zur Verfügung.

FITNESS-STUDIO

In der Roetgen Therme steht jeder Monat unter einem neuen Motto. Verschiedene Blüten oder Früchte oder Saunarituale ferne Länder – es ist für jeden etwas dabei. Tradtionell wird die Sommersonnenwende und Halloween in jedem Jahr gefeiert.

EVENTS

Im Bademantelrestaurant »Galleria« speisen Sie mit schönem Ausblick auf den Saunagarten. Eine lange Holztheke mit Barhockern windet sich durch den Raum. Verwöhnt werden Sie mit gehobener mediterraner Küche auf höchstem Niveau. In vielerlei Variationen werden Salate, Pasten, Fisch, Rumpsteaks und Schnitzel aufgetischt. Erweitert wird das Angebot mit einer Tageskarte. Diese vielen Variationen können Sie auch im Textilrestaurant »Brasserie« genießen.

GASTRONOMIE

Der Eintritt wird sofort fällig. Speisen und Getränke bei Verlassen der Sauna bezahlt.

ZAHLUNGSVERKEHR

Unmittelbar vor der Anlage stehen ausreichend Parkplätze kostenlos zur Verfügung.

PARKMÖGLICHKEITEN

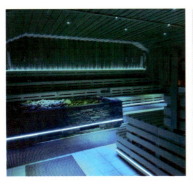

Thermæ2000 » SPA, RESORT UND HOSPITALITY «

📍 Cauberg 25-2, NL-6301 BT Valkenburg aan de Geul
📞 0031 42 6092000 | 🌐 www.thermae-2000.de

GEBOTEN WIRD:

DAS RESÜMEE
Die »Thermæ 2000« ist direkt über heilenden, warmen Quellen errichtet. Das Thermalwasser stammt aus drei jahrhundertealten Thermalquellen, die speziell für die Thermae 2000 angebohrt worden sind. Genießen Sie dieses Geschenk der Natur in der vor zwei Jahren komplett renovierten modernen, lichtdurchfluteten und weitläufigen Anlage – und nutzen die 20-jährige Erfahrung. Das 32 °C warme Wasser verteilt sich in einer einzigartigen Wasserlandschaft aus Whirlpools, Whirlbänken und geschwungenen Innen- und Außenbecken. Da sich das Wasser im Laufe der Jahrhunderte ständig gefiltert und mit Mineralien angereichert hat, ist es äußerst erfrischend und ein Hochgenuss für Körper und Geist. Das abwechslungsreiche Kurprogramm mit Entspannungsübungen mit Licht und Unterwasserklangtherapie, mit aktiver Wassergymnastik und dem Floaten – einem völlig entspannten Treiben im warmen Thermalwasser – kann kostenlos genutzt werden. Eine besondere Attraktion ist das Entspannungskino. Kinder ab zehn Jahren sind in der Anlage herzlich willkommen. Es lohnt sich in jedem Fall ein Wochenendaufenthalt. Bestens geeignet ist dafür das 4-Sterne-Hotel, das ebenfalls zur Wellnessanlage gehört. Schauen Sie auf die Internetseiten, Sie finden sicher das für Sie richtige Arrangement. Seit November 2016 ist Thermæ 2000 erneuert.

DER SAUNABEREICH
Die attraktive und weitläufige Sauna-Landschaft zeigt sich in modernem Gewand. Schwarzer Granitstein wechselt mit schöner Holzvertäfelung ab. Sitzinseln aus Holz lockern die Atmosphäre auf. Der Innenbereich der Sauna erstreckt sich über rund 750 qm, der Sauna-Garten über 2.000 qm. Ein Trinkbrunnen im Inneren spendiert kostenlos wohlschmeckendes Wasser.

Thermæ2000 »SPA, RESORT UND HOSPITALITY«

📍 Cauberg 25-2, NL-6301 BT Valkenburg aan de Geul
📞 0031 42 6092000 | 🌐 www.thermae-2000.de

281
NL-VALKENBURG
GUTSCHEINHEFT S. 19

Am großzügigen Empfang werden Bademäntel, Handtücher und Badeschlappen verliehen und verkauft. Ebenso können Sie Bade-Utensilien erwerben. Die Mitarbeiterinnen und Mitarbeiter sprechen Deutsch und erklären Ihnen bei Ihrem Erstbesuch freundlich die Anlage.

DER EMPFANG

Die aktuellen Öffnungszeiten finden Sie immer unter de.thermae.nl

DIE ÖFFNUNGSZEITEN

Die aktuellen Preise finden Sie immer unter de.thermae.nl/informationen/preise/

DIE PREISE

Die Gäste kleiden sich in Einzelkabinen um. Vor dem Saunabereich stehen nach Geschlechtern getrennte Duschen zur Verfügung, in der Sauna wird gemeinschaftlich geduscht.

UMKLEIDEN | DUSCHEN

Im Innenbereich befinden sich fünf tolle Sauna-Kabinen und zwei Dampfbäder. Vier weitere Saunen sind im Sauna-Garten untergebracht. Halbstündlich bis stündlich werden in der »Pyörä«-Sauna und der außenliegenden Aufguss-Sauna siebenminütige Mini-Aufgüsse, Aufgüsse mit Honigeinreibung oder 20-minütige Themenaufgüsse mit wechselnden Düften zelebriert.

DIE SAUNEN

Der farbwechselnde Sternenhimmel beleuchtet malerisch den mit Granit ummantelten Sauna-Ofen. Aus einer großen Kugel, die auf dem Ofen thront, entspringt aromatisiertes Wasser. Die Temperatur in der Kabine ist mit 60 °C angenehm mild und erlaubt einen gemächlichen Start in einen erholsamen Saunatag. Dezente Entspannungsmusik umspielt bis zu 15 Personen.

DIE »VALO®«-SAUNA
60 °C

»Ruusu« – die Rose – findet sich in vielerlei Hinsicht in der Kabine wieder: in schönen Verzierungen auf der Beleuchtung und auf Holzarmaturen, als intensiver Rosenduft und als Rosenquarz, der auf dem Ofen mit Sauna-Steinen liegt. 70 °C erwärmen an die 10 – 12 Personen.

DIE »RUUSU«-SAUNA
70 °C

282 Thermæ2000 »SPA, RESORT UND HOSPITALITY«

NL-VALKENBURG

Cauberg 25-2, NL-6301 BT Valkenburg aan de Geul
0031 42 6092000 | www.thermae-2000.de

DIE »PŸORÄ«-SAUNA — Ein großes Wasserrad (Pÿorä ist das finnische Wort für Rad) ist die Attraktion dieser schönen und großen Sauna, die bis zu 50 Personen beherbergen kann. Das Wasserrad befindet sich hinter dem Ofen mit Sauna-Steinen und von Zeit zu Zeit wird vom Rad Wasser auf den Ofen befördert. Die Sauna-Kabine ist hell und freundlich und erlaubt den Blick in den Außenbereich der Sauna-Landschaft.

DIE 80 °C-SAUNA
80 °C

Bis zu zehn Personen finden in der holzverkleideten Kabine Platz. Ein Fenster gewährt den Blick in den Innenbereich. Der Ofen mit Sauna-Steinen erhitzt die Sauna auf 80 °C. Saunagäste können mit dem bereitgestellten Eimer selbst Wasser aufgießen.

DIE EUKALYPTUS-
SAUNA
70 °C

Der wohltuende Duft von Eukalyptus verbreitet sich in der 70 °C warmen Sauna. Die Kabine ist von außen mit Blockbohlen verkleidet und gewährt im Inneren Raum für zehn Personen.

Thermæ2000 »SPA, RESORT UND HOSPITALITY«

Cauberg 25-2, NL-6301 BT Valkenburg aan de Geul
0031 42 6092000 | www.thermae-2000.de

NL-VALKENBURG

Mittig knistert leise das Holz in der offenen Feuerstelle. 15 bis 20 Personen sitzen rund um das Feuer und können sich der behaglichen und ruhigen Atmosphäre hingeben. 90 °C herrschen in der rustikalen, spärlich beleuchteten Sauna-Kabine, die aus massiven Rundstämmen erbaut ist.

DIE »TULI®«-SAUNA
90 °C

Die original Finnische Freiluft-Sauna aus ansehnlichem, hellem Holz wird mit Holz in einem alten, großen Ofen beheizt. Dadurch ergibt sich ein sehr natürliches und ursprüngliches Saunaerlebnis bei Temperaturen um die 95 °C.

DIE »STUGA-REX« SAUNA
95 °C

Zwei Sauna-Kabinen, die wahlweise als Aufguss-Sauna benutzt werden, sind in einem großen Holzhaus mit großem, überdachten Sitzbereich im Sauna-Garten untergebracht. Beide Kabinen werden mit 90 °C betrieben, gewähren einen tollen Ausblick in die grüne Landschaft des Sauna-Gartens und bieten Platz für bis zu 20 Personen.

DIE AUFGUSS-SAUNA
90 °C

Der mittige Dampferzeuger verbreitet seinen wohligen, aromatisierten Duft bei 45 °C nebelartig im Bad. Wie in der Aufguss-Sauna gibt es auch hier Aufgüsse.

DAS RÖMISCHE DAMPFBAD
45 °C

Vor dem Dampfbad steht Salz zum Einreiben bereit. Sodann erschließt sich das turmförmige, in Stufen angelegte kuppelförmige Bad. Je höher Sie die Stufen erklimmen, desto wärmer wird es. Ein zarter Duft von Eukalyptus umgibt die Liebhaber des Dampfbades. Wie in der Aufguss-Sauna gibt es auch hier Aufgüsse.

DAS TÜRKISCHE DAMPFBAD

Diverse Abkühlmöglichkeiten verteilen sich auf die gesamte Sauna-Landschaft. Warm-Kalt-Brausen, Kneippschläuche, Regendruck- und Schwallduschen finden sich ebenso wie Kaltduschen und Crushed Ice. Die Bereiche mit den Fußwärmebecken sind äußerst kommunikativ und bequem gestaltet und laden zum längeren Verweilen ein.

DAS ABKÜHLEN

284
NL-VALKENBURG

Thermæ2000 »SPA, RESORT UND HOSPITALITY«

📍 Cauberg 25-2, NL-6301 BT Valkenburg aan de Geul
📞 0031 42 6092000 | 🌐 www.thermae-2000.de

DIE AUSSENANLAGE — Im Sauna-Garten mit großer Liegewiese gibt es mehr als 60 gemütliche Liegen an der sonnigen Hanglage. Viele hochgewachsene Bäume säumen den Garten, der in manchen Bereichen parkähnliche Qualitäten aufweist. Es ergibt sich ein phantastischer Ausblick in grüne, hügelige Landschaften.

DIE SCHWIMMBÄDER — Zwei große Schwimmbäder – jeweils mit Innen- und Außenschleuse – sind mit 19 °C bzw. 23 °C temperiert.

RUHEMÖGLICHKEITEN — Im separaten Ruhebereich stehen über 20 Liegen, mit bequemen Auflagen und Nackenrollen, mit Ausblick auf die Wasserlandschaft der Anlage bereit. Für das Entspannen zwischendurch sind auch in der Sauna-Landschaft zahlreiche Liegen aufgestellt.

WELLNESS | MASSAGEN SOLARIEN — Das vielfältige Massageangebot ist ein großartiger Genuss für die Sinne. Lassen Sie sich mit Teilkörper-, Ganzkörper- und Fußreflexzonen-Massagen verwöhnen. Oder schwelgen Sie bei Ayurveda-Behandlungen, Hot-Stone-, Shiatsu-, Thai-Massagen oder bei der Russischen Honig-Massage dahin ... Beauty-Behandlungen und Physiotherapie runden das reichhaltige Angebot ab. Die Skin & Body-Abteilung erstreckt sich über drei Etagen, hier werden Sie ausschließlich von diplomierten Schönheitsspezialisten und staatlich geprüften Masseuren und Krankengymnasten behandelt. Die Solarien werden mit dezenter Entspannungsmusik untermalt und sind in einem separaten Bereich im Keller der Sauna-Landschaft untergebracht. Acht Solarien und zwei Sonnenduschen sorgen für eine schöne Bräune.

EVENTS — Thermae 2000 bietet außerdem ein umfassendes Aktivitäten -Programm. Die ge-

Thermæ2000 »SPA, RESORT UND HOSPITALITY«

Cauberg 25-2, NL-6301 BT Valkenburg aan de Geul
0031 42 6092000 | www.thermae-2000.de

NL-VALKENBURG

nauen Daten finden sie auf der Internetseite unter www.thermae-2000.de

- Täglich abwechslungsreiche Aufgüsse
- Animationen/Kurse im Bewegungsbad
- ThermaeMotion: eine kurze Entspannungsübung mit Licht und Unterwasserklang therapie
- Thermae Aquafit: eine aktive Gymnastikeinheit im Wasser
- Floaten: völlig entspanntes Treiben im warmen Thermalwasser
- Massageworkshop – nur paarweise möglich
- Nacktbadetag: Jeden Donnerstag ist Nacktbadetag bei Thermae 2000. An diesem Tag muss man alle Bade- und Saunaanlagen ohne Badekleidung nutzen.
- Jeden Dienstag und das erste ganze Wochenende des Monats (Freitag ab 17 Uhr) findet der Textil-Sauna-Tag statt. An diesem Tag ist im Bade- und Saunabereich das Tragen von Badekleidung vorgeschrieben.

GASTRONOMIE

Die großzügige Brasserie »Restaurant Senses« erstreckt sich über die gesamte Empore im Innenbereich sowie in Teilen des Sauna-Gartens. Von hier hat man einen schönen Ausblick auf die Sauna-Landschaft. Auf dem Speiseplan stehen Salate, Suppen, Pasta, Muscheln und Fleischgerichte. Appetitliche 3-Gang-Menüs werden täglich neu kreiert. Coole Drinks können Sie in der Lounge am offenen Kaminfeuer auf gemütlichen Sofas genießen. Ein großer Baum spendet seinen Schatten in der Außengastronomie mit angenehmem Flair. Das ist aber nicht alles: Besuchen Sie auch die Bar »T&C«, das Grand Cafe »B&B« oder das Restaurant »Pure«.

ZAHLUNGSVERKEHR

Alle in Anspruch genommenen Leistungen werden im Nachhinein beglichen.

PARKMÖGLICHKEITEN

Unmittelbar an der Anlage können Sie gegen ein Tages-Endgeld parken.

GUTSCHEIN

Der Gutschein ist online unter www.thermae.nl/vouchercodes mit dem Rabattcode: sauna20de einlösbar.

286 Art Spa »SAUNIEREN UND SICH INSPIRIEREN LASSEN«

WACHTENDONK
GUTSCHEINHEFT S. 19

Kempener Straße 1a, 47669 Wachtendonk
02836 911393 | info@artspa-wachtendonk.de | www.artspa-wachtendonk.de

GEBOTEN WIRD:

DAS RESÜMEE	Das schöne Art Spa in Wachtendonk wurde im Januar 2010 eröffnet. Es liegt sehr zentral in Wachtendonk und zeichnet sich dennoch durch seine idyllische Ruhe aus. Das umgebaute Hauptgebäude war vorher eine Scheune und dient nun der Erholung par excellence. Auf drei Etagen verteilen sich die Saunakabinen, ein Kosmetik-Raum, ein Hamam mit Duschmöglichkeit und beheizter Steinliege mit Handdusche, Ruheareale sowie das Private Spa. Das ca. 80 qm große Private Spa ist separat buchbar und verspricht Wohlbefinden und private Zweisamkeit mit Whirlwanne und eigener kleiner Sauna. Beauty-Behandlungen, Fußpflege, vielfältige Massage-Angebote, Peelings und Packungen nebst Wohlfühl-Bädern untermalen einen äußerst geruhsamen Aufenthalt.
DER SAUNABEREICH	Die edle und moderne Einrichtung der Anlage wird durch liebevolle Dekorationen sowie wechselnde Kunstausstellungen aufgelockert. Dank rundum fensterverglastem, großem Wintergarten mit bequemen Liegen ist der ca. 500 qm Innenbereich lichtdurchflutet, hell und freundlich. Der Saunagarten erstreckt sich über weitere 500 qm.
DER EMPFANG	Am Empfang können Bademäntel und Handtücher käuflich erworben und ausgeliehen werden. Badeschlappen stehen zum Verkauf bereit.

DIE ÖFFNUNGSZEITEN		
	Montag	geschlossen
	Dienstag | Damentag	08:30 – 22:00 Uhr
	Mittwoch – Samstag	14:00 – 22:00 Uhr
	Sonntag, Feiertage	10:00 – 20:00 Uhr

Art Spa ›SAUNIEREN UND SICH INSPIRIEREN LASSEN‹

Kempener Straße 1a, 47669 Wachtendonk
02836 911393 | info@artspa-wachtendonk.de | www.artspa-wachtendonk.de

Tagesticket 21,00 Euro | Wochentags ermäßigt 19:00 – 22:00 Uhr 16,00 Euro, außer an Sonn- und Feiertagen.	**DIE PREISE**
Für Männer und Frauen stehen jeweils getrennte Umkleidemöglichkeiten und Duschen zur Verfügung.	**UMKLEIDEN | DUSCHEN**
Drei unterschiedlich temperierte Saunakabinen, mit Temperaturen von 55 bis an die 90 °C sowie ein Dampfbad in attraktiven Ambiente erwarten die schwitzhungrigen Gäste im Art Spa. Handtuchaufgüsse und Fächeraufgüsse werden zweistündlich bzw. abends stündlich mit wechselnden Düften zelebriert. Dazu werden Obst, Getränke oder kleine Erfrischungen oder Honig und Body-Milch zum Einreiben gereicht.	**DIE SAUNEN**
Rund 10 Personen verteilen sich in der schön holzverkleideten Trockensauna mit dezenter Beleuchtung. Der Ofen mit Saunasteinen erwärmt die Saunakabine mit Ausblick auf den Saunagarten auf rund 80 °C.	**DIE FINNISCHE SAUNA** 80 °C
Die farbwechselnde Deckenbeleuchtung umspielt auf sanfte Art und Weise bis zu acht Personen bei dezenter Entspannungsmusik. Angenehme 55 °C versprechen einen erholsamen Start in aromatisierter Umgebung.	**DAS SANARIUM** 55 °C
Der enorme Ofen mit Saunasteinen erhitzt die bis zu 30 Personen fassende Saunakabine auf stattliche 90 °C. Fenster gewähren einen schönen Ausblick in den Saunagarten. Die Außen-Sauna ist in einem holzverkleideten Häuschen mit Vorraum untergebracht.	**DIE AUSSEN-SAUNA** 90 °C
Nebelschwaden verteilen sich auf mystische Art und Weise unter dem farbwechselnden Sternenhimmel in dem stilvoll gefliesten, aromatisierten Dampfbad. Beruhigende Entspannungsmusik untermalt den Aufenthalt für bis zu sechs Personen bei 45 °C.	**DAS DAMPFBAD** 45 °C

Art Spa »Saunieren und sich inspirieren lassen«

 Kempener Straße 1a, 47669 Wachtendonk
 02836 911393 | info@artspa-wachtendonk.de | www.artspa-wachtendonk.de

DAS ABKÜHLEN
Die „Walddusche" im Innenbereich wartet mit Erlebnisduschen mit Handduschen, Kübeldusche und einem Kneipp-Schlauch auf. Gegenüber befindet sich der Crushed-Ice-Brunnen. An einer beheizten Sitzbank sorgen zwei Fußwärmebecken für Ihre Füße. Auch an der Außen-Sauna garantieren ein Kneipp-Schlauch, zwei kalte Schwallduschen und zwei warm / kalte Regenduschen ausreichende Erfrischung.

DER AUSSENBEREICH
Über 60 qm erstreckt sich der zentral im Saunagarten gelegene, auf ca. 29 °C beheizte Außenpool mit Gegenstromanlage.

Art Spa »Saunieren und sich inspirieren lassen«

Kempener Straße 1a, 47669 Wachtendonk
02836 911393 | info@artspa-wachtendonk.de | www.artspa-wachtendonk.de

Schöne Steinlandschaften sind mit Holz- und Grünarealen kombiniert. Angepflanzte Beete, eine Bambushecke und vielerlei Topfpflanzen erfreuen das Auge des Betrachters. Gemütliche Liegestühle mit Decken verteilen sich im Saunagarten mit Liegewiese. Die offene Feuerstelle dient dem Aufwärmen wie der Sinneslust.	DIE AUSSENANLAGE
Im Stilleraum stehen sechs beheizte Wasserbetten in lauschiger Atmosphäre zur Erholung bereit. Davor liegt ein offener Ruhebereich mit bequemen Liegestühlen und zwei elektrischen Massagestühlen mit wunderbarem Ausblick in den Saunagarten.	RUHEMÖGLICHKEITEN
Lassen Sie sich mit Ganz- und Teilkörpermassagen, Kräuterstempel- und Hot-Stone-Massagen, Fußdruckpunktmassagen, Babor-Massagen, Ayurveda-Behandlungen wie Aromaölmassagen verwöhnen. Radfahrer bringt die Rad-Fit-Massage wieder auf die Beine. Ein Hamam sowie Beauty-Anwendungen (z.B. Maniküre und Pediküre) für sie und ihn runden das reichhaltige Angebot ab.	MASSAGEN | BEAUTY
Sporadische Themenabende mit besonderen Aufgüssen werden im Internet angekündigt oder können an der Rezeption erfragt werden.	EVENTS
Im Art Spa Bistro speisen Sie an stilvollen Sitzgelegenheiten im Innen- und Außenbereich. Salate und Nudeln stehen ebenso auf dem Speiseplan wie gesunde und leckere Kleinigkeiten.	GASTRONOMIE
Alle in Anspruch genommenen Leistungen werden im Anschluss entweder bar oder per Karte beglichen.	ZAHLUNGSVERKEHR
Unmittelbar an der Anlage stehen kostenlose Parkmöglichkeiten zur Verfügung.	PARKMÖGLICHKEITEN

Vitalium »SAUNA IM NATURPARK RHEIN-WESTERWALD«

290 WINDHAGEN
GUTSCHEINHEFT S. 19

Am Sportpark 1, 53578 Windhagen
02645 972717 | 02645 99596 | www.vitalium.de

GEBOTEN WIRD:

DAS RESÜMEE	Die multifunktionale, familiär geführte Freizeitanlage des Vitaliums erstreckt sich über rund 25.000 qm. Hier wird Sportlern, Erholungssuchenden und Saunafans so ziemlich alles geboten, was das Herz höher schlagen lässt. Für Tennis stehen vier Hallenplätze sowie fünf Außenplätze zur Verfügung. Badminton kann ebenfalls auf drei Hallenplätzen gespielt werden. Im gesundheitsorientierten Fitnessstudio werden u. a. im Milonzirkel das Herz-Kreislauf-System, wie auch die Kraft und Ausdauer an über 100 Geräten gestärkt. Über 40 Kurse werden pro Woche in den Kursräumen angeboten. Dazu zählen z. B. Les-Mills-Kurse wie Bodybalance, Bodypump, Yoga und Pilates sowie zertifizierte Reha-Kurse.
DER EMPFANG	Am Empfang des Sportparks können Bademäntel, Handtücher sowie Badeschlappen ausgeliehen werden.
DIE ÖFFNUNGSZEITEN	Montag bis Samstag 11:00 – 23:00 Uhr	Sonn- und Feiertage 11:00 – 20:00 Uhr. Um Ihnen ein Erlebnis der vollkommenen Ruhe und Entspannung zu gewährleisten, wird Jugendlichen erst ab 16 Jahren der Eintritt gestattet.

DIE PREISE

2 Stunden	17,50 Euro
3 Stunden	19,00 Euro
4 Stunden	20,50 Euro
Tageskarte	23,00 Euro

UMKLEIDEN	DUSCHEN	Die Saunagäste können sich sowohl gemeinsam als auch nach Geschlechtern getrennt umkleiden. Die Vorreinigung erfolgt separat.

Vitalium »SAUNA IM NATURPARK RHEIN-WESTERWALD«

Am Sportpark 1, 53578 Windhagen
02645 972717 | 02645 99596 | www.vitalium.de

WINDHAGEN

DIE SAUNEN

Die gepflegte Saunalandschaft ist für 120 Schwitzhungrige konzipiert. Sie erstreckt sich im Inneren über gut 1.500 qm. Daran schließt ein ca. 5.500 qm großer Saunagarten mit einmaligem Naturteich an. Das Vitalium ist mit der natürlichen Einbettung dieser einzigartigen Sauna- und Erholungswelt vor den Toren des Westerwaldes ein Beispiel für finnische Tradition und den bewahrenden Umgang mit der Natur.

DIE KUIVA-SAUNA
85 – 90 °C

Bis zu 25 Saunagäste verteilen sich um den zentralen, mit rosa Granitstein ummantelten Saunaofen. Dank der Ummantelung verteilt sich die 85 – 95 °C heiße Luft gleichmäßig in der aromatisierten Saunakabine. Zwei Fenster erlauben den Ausblick in den Innenbereich.

DAS VALO-BAD
60 °C

Der Sternenhimmel mit farbigen Kugellichtern umspielt an die 25 Personen bei milden 60 °C Temperatur. So lässt es sich angenehm auch länger verweilen. Der mittige Ofen mit Saunasteinen ist mit ätherischen Ölen angereichert und dessen Duft liegt wohltuend in der Luft.

DIE TAPAHTUMA®-SAUNA
80 °C

Die echtfinnische Tapathuma®-Sauna aus Blockbohle ist eine großräumige Event-Sauna, die bis zu 50 Schwitzhungrige beherbergen kann. Von den über drei Ebenen angelegten, großzügigen Liege- und Sitzflächen haben Sie einen herrlichen Ausblick auf den Naturteich und den Saunagarten. Der mit Natursteinen gemauerte und mit 300 kg Peridotitsteinen belegte Saunaofen ermöglicht intensivste Aufgüsse. Der effektvoll beleuchtete Ofen erwärmt die große Kabine auf Temperaturen um die 80 °C.

DIE TULI®-SAUNA
100 °C

Massive und urwüchsige finnische Polarkiefern definieren die Blockhaus-Sauna mit mittigem Saunaofen, der die Kabine auf bis zu 100 °C erhitzt. Unter dem zentralen Saunaofen befindet sich ein holzbefeuerter Kamin, dessen Knistern und Lodern außerordentlich zum behaglichen Ambiente beiträgt. Panoramafenster ermöglichen gut 20 Gästen den Blick in die umliegende Landschaft.

DIE MAA®-SAUNA
100 – 120 °C

Tief in die Erde eingebettet thront die Erd-Sauna aus massiven Rundstämmen idyllisch seitlich neben dem Naturreich. Dank erdigem Klima sind die, vom kopfseitigen Ofen mit Saunasteinen und holzbefeuertem Kamin ausgehenden, 100 – 120 °C Temperatur erstaunlich gut zu vertragen. An der urigen Atmosphäre können sich bis zu 20 Personen erfreuen.

WINDHAGEN

292 Vitalium »SAUNA IM NATURPARK RHEIN-WESTERWALD«

Am Sportpark 1, 53578 Windhagen
02645 972717 | 02645 99596 | www.vitalium.de

DIE SUMU-BÄDER
45 °C

»Sumu« bedeutet soviel wie »Dampf«. Zwei Sumu- bzw. Dampfbäder liegen im Innenbereich direkt nebeneinander. Beide sind wohlriechend aromatisiert und werden mit 45 °C betrieben. Das Licht des Sternenhimmels verbindet sich auf schöne Art und Weise mit dem aufsteigenden Nebel. 10 Liebhaber des Dampfbades finden in dem größeren Bad Platz; im kleineren sind es 6 Gäste.

DAS ABKÜHLEN

Im Innenbereich kühlen sich die Gäste an Warm-Kalt-Brausen, vier Schwallduschen, zwei Kneipp-Schläuchen und zwei Kübelduschen ab. Freunde des Tauchbeckens finden ihren Abkühlort zentral im Innenbereich unter einem farbigen Sternenhimmel. Gesäumt wird das schneckenförmige Tauchbecken von zehn Fußwärmebecken mit beheizter Sitzbank. Sicherlich ein sehr kommunikativer Ort in der kälteren Jahreszeit. Auch im Saunagarten ist für ausreichende Abkühlung gesorgt. An der Maa-Sauna findet sich eine Duschschnecke aus schönem Naturstein mit Kneipp-Schläuchen, Schwallbrausen und einer Kübeldusche. Die Gäste der Tuli-Sauna können sich in einem »Stein-Iglu« an weiteren Abkühlungsmöglichkeiten erfrischen.

DER AUSSENBEREICH

Hochgewachsene Bäume säumen den weitläufigen, idyllischen Saunagarten mit zentralem Naturteich. Gepflasterte Wege schlängeln sich zu den Außensaunen mit anliegenden Sitz- und Liegemöglichkeiten. Die sehr großzügige Liegewiese mit schattenspendenden Bäumen sowie zahlreichen Liegen finden die Gäste im hinteren Teil des Saunagartens. Die Außenanlage ist eine einzigartige Kombination aus Holzelementen wie Bäumen und den Saunen, Wasserelementen sowie Steinelementen mit Kieselsteinbeeten und weiteren schönen Steinformationen. Der Duft von Kaminfeuer aus den beiden Saunakabinen verbreitet sich angenehm im Garten.

DER NATURTEICH

Ein Highlight der Saunaanlage ist sicherlich der 450 qm große Naturteich. Ein terrassenförmig angelegter Frischwasserzulauf aus Stein versorgt den Teich beständig mit kühlem Wasser. Das Plätschern ist äußerst angenehm und beruhigend im Umkreis vernehmbar. Über einen kleinen Holzsteg gelangen die Gäste ins Wasser, welches abends schön illuminiert wird. Ausgesuchte Steine, Schilf wie weitere Wasserpflanzen säumen den Rand des Teiches.

DER SWIMMINGPOOL

Der außenliegende Pool ist mit 23 °C temperiert und ca. 20 qm groß. Bodensprudler und ein Schwanenhals sorgen für Bewegung und Abwechslung im Wasservergnügen.

RUHEMÖGLICHKEITEN

Der ebenerdige Ruheraum zeigt sich in warmen Farben und vielen Holzelementen. Bequeme Liegen mit Auflagen und Decken sowie unterschiedlich stark beruhigte Wasserbetten laden zum erholsamen Verweilen ein. Von hier genießen Sie den tollen Ausblick in den Saunagarten. Im Anschluss an die Gastronomie befindet sich in der ersten Etage ein Leseraum mit weiteren Liegen mit Auflagen und Leselam-

Vitalium »SAUNA IM NATURPARK RHEIN-WESTERWALD«

Am Sportpark 1, 53578 Windhagen
02645 972717 | 02645 99596 | www.vitalium.de

pen. Ein großer, zentraler Steinbrunnen plätschert beständig im lichtdurchfluteten Entspannungsraum mit diversen Sitzmöglichkeiten.

In der Massageabteilung können Sie sich auf vielfältigste Weise verwöhnen lassen. Neben Rückenmassagen stehen ayurvedische Massagen auf dem Programm. Ebenso können Sie in den Genuss von Shaitsu-Anwendungen und Peelings kommen. Arrangements runden das Angebot ab. Zwei Collagen-Sonnenbänke zur Lichttherapie stehen ebenfalls zur Nutzung bereit. — MASSAGEN | SOLARIEN

Die beliebten Saunanächte werden monatlich angeboten. Jeweils am ersten Freitag im Monat werden zu einem bestimmten Motto bis 00:00 Uhr nachts stündlich Vital-Aufgüsse zelebriert. Weitere Events mit besonderen Angeboten werden von Zeit zu Zeit durchgeführt. — EVENTS

In der behaglichen Gastronomie stehen Salate, Nudeln und Flammkuchen, leckere Kleinigkeiten sowie Fleischgerichte auf der Speisekarte. Speisen können Sie auf gemütlichen Sitzmöglichkeiten entlang der halbrunden Theke oder, zur wärmeren Jahreszeit, auch auf der erhöhten Außenterrasse mit Blick auf den Saunagarten. Die gemütliche Kaminecke auf der Empore mit zentralem Kamin ist von bequemen Lederhockern geprägt. — GASTRONOMIE

Alle in Anspruch genommenen Leistungen können im Nachhinein in bar, per EC-Karte ode Kreditkarte beglichen werden. — ZAHLUNGSVERKEHR

Unmittelbar an der Anlage stehen ausreichend kostenlose Parkplätze zur Verfügung. — PARKMÖGLICHKEITEN

Walter-Leo-Schmitz-Bad »SAUNIEREN UND SCHWIMMEN MIT NATURFLAIR«

Ostlandstraße 32, 51688 Wippefürth
02267 887970 | dirk.osberghaus@wipperfuerth.de | wls.wipperfuerth.de

GEBOTEN WIRD:

DAS RESÜMEE Mitten in der Bergischen Landschaft gelegen, passt sich das Walter-Leo-Schmitz-Bad mit seiner gipfelförmigen Architektur harmonisch in die umliegende Natur ein. Die großen Fensterfronten lassen viel Licht in das Innere und vermitteln den Gästen das Gefühl, mitten im Grünen zu stehen. Sauna-Freunde können in den zwei Finnischen Saunen und dem Dampfbad relaxen. Im Anschluss lädt der gepflegte Außenbereich mit seinen Liegewiesen dazu ein, die frische Luft zu genießen. Drei gemütliche Ruheräume und diverse Abkühlmöglichkeiten runden den perfekten Sauna-Tag ab. Daneben bietet das Walter-Leo-Schmitz-Bad natürlich auch mehrere moderne Schwimmbecken und ein vielfältiges gastronomisches Angebot.

DER EMPFANG Im Empfangsbereich stehen Kassenautomaten, an denen Sie Chips erwerben können, die als Eintrittskarten dienen. Die Wechselkabinen können Sie während der Gültigkeit Ihrer Eintrittskarte nutzen.

DIE ÖFFNUNGSZEITEN

	Schwimmen	Sauna
Montag	Ruhetag	Ruhetag
Dienstag	06:00 – 08:00	14:00 – 20:00 Uhr	09:00 – 20:00 Uhr (Damen)
Mittwoch	14:00 – 20:00 Uhr	09:00 – 20:00 Uhr (Herren)
Donnerstag	06:00 – 22:00 Uhr	09:00 – 22:00 Uhr
Freitag	14:00 – 21:00 Uhr*	09:00 – 21:00 Uhr
Samstag, Sonn- & Feiertag	09:00 – 17:00 Uhr	10:00 – 17:00 Uhr

Die Öffnungszeiten gelten in der Schulzeit, während der Ferien gelten gesonderte Öffnungszeiten. Diese entnehmen Sie bitte dem Internet.

Walter-Leo-Schmitz-Bad »SAUNIEREN UND SCHWIMMEN MIT NATURFLAIR«

Ostlandstraße 32, 51688 Wippefürth
02267 887970 | dirk.osberghaus@wipperfuerth.de | wls.wipperfuerth.de

WIPPEFÜRTH
GUTSCHEINHEFT S. 21

Saunabereich und Badebereich zusammen: Alle Besucher 13,50 Euro | Mit Geldwertkarte 11,50 Euro | Die Wertkarte kann erstmalig beim Schwimmbadpersonal zum Preis vom 10,00 Euro erworben werden. | Preise nur für das Hallenbad entnehmen Sie bitte der Internetseite.

DIE PREISE

Den Besuchern steht eine Gemeinschaftsdusche mit 5 Duschen zur Verfügung. Zur Aufbewahrung Ihrer Garderobe stehen Ihnen Garderobenschränke im Umkleidebereich zur Verfügung. Wertschließfächer finden Sie in der Schwimmhalle neben dem Schwimmmeisterraum.

UMKLEIDEN | DUSCHEN

Im Inneren liegt eine der beiden holzvertäfelten Finnischen Saunen, in der die Temperatur zwischen 85 – 90 °C liegt. Wer es noch heißer möchte, der wird im Außenbereich fündig. Hier wartet die zweite Finnische Sauna, in der die Temperatur auf 90 – 95 °C steigt.

DIE SAUNEN
DIE FINNISCHEN SAUNEN
85 – 90 °C

Wallende Dampfschwaden und ein deutlich milderes Klima empfangen Sie im intern gelegenen Dampfbad. Hier können Sie Ihren Kreislauf stärken, Ihre Atemwege reinigen lassen und auch Ihrer Haut etwas Gutes tun.

DAS DAMPFBAD

Direkt neben der Finnischen Sauna im Außenbereich ist das Tauchbecken gelegen, das mit seinem herrlich frischen Wasser für einen kühlen Kopf sorgt. Schwalleimer und Duschen bieten zusätzlich Gelegenheit zur Erfrischung.

DAS ABKÜHLEN

Die wunderschöne Bergische Landschaft rund um das Walter-Leo-Schmitz-Bad macht den Aufenthalt im Außenbereich zu einem echten Naturerlebnis. Auf den insgesamt 150 qm kann man es sich entweder auf der gepflegten Liegewiese gemütlich machen oder sich auf dem Beachvolleyball- und Handballfeld so richtig austoben. Die Kinder können derweil Ihrer Kreativität beim Sandburgenbauen im großzügigen Sandkasten freien Lauf lassen.

AUSSENANLAGEN

Walter-Leo-Schmitz-Bad »SAUNIEREN UND SCHWIMMEN MIT NATURFLAIR«

Ostlandstraße 32, 51688 Wippefürth
02267 887970 | dirk.osberghaus@wipperfuerth.de | wls.wipperfuerth.de

SCHWIMMBÄDER
Wer es sportlich mag oder seiner Gesundheit etwas Gutes tun will, dem steht im Inneren des Bades ein insgesamt 25 Meter langes Schwimmbecken mit 5 Bahnen zur Verfügung. Wagemutige können sich am Drei-Meter-Brett beweisen. Gemütlicher geht es im Außenplanschbecken zu. Auch für die kleinen Gäste ist hier gesorgt: Im Lehrschwimmbecken und Kleinkinderbereich werden Schwimmflügelchen und Wasserspielzeug ausgepackt. Hier steht eindeutig die Freude am kühlen Nass im Vordergrund.

RUHEMÖGLICHKEITEN
Nach dem Saunen oder Schwimmen ist Entspannung angesagt. In den drei Ruheräumen mit ihren gemütlichen Liegen und dem Grün der Zimmerpflanzen können Sie in aller Ruhe ein Buch lesen, in einer Zeitschrift stöbern oder auch einfach nur ein wenig die Augen schließen. Bei gutem Wetter lockt der Außenbereich mit seinen Liegestühlen in das „natürliche Solarium".

WELLNESS | MASSAGEN
Eine zertifizierte Masseurin bietet den Gästen des Walter-Leo-Schmitz-Bades ein umfangreiches Angebot an Massagen und kosmetischen Behandlungen an. Information und Anmeldung bei Gabi Zacher, Tel. 0175 9449783.

ZUSATZANGEBOTE
Das Hallenbadpersonal, örtliche Vereine, die Volkshochschule und diverse Sportstudios bieten regelmäßig Schwimm-, Aqau-Aerobic-, Wassergymnastik- und Babyschwimmkurse an. Eine Übersicht zu den aktuellen Angeboten können Sie der Internetseite des Bades entnehmen.

GASTRONOMIE
Für das leibliche Wohl der Gäste in Schwimmbad und Sauna sorgt der Imbiss BEST PIZZA. Neben der obligatorischen „Currywurst Pommes" gibt es eine große Auswahl an Pizzen, Nudel- und Schnitzelgerichten, Burgern, Salaten, Burritos, Süßspeisen und alkoholfreien Getränken.

Walter-Leo-Schmitz-Bad »SAUNIEREN UND SCHWIMMEN MIT NATURFLAIR«

Ostlandstraße 32, 51688 Wippefürth
02267 887970 | dirk.osberghaus@wipperfuerth.de | wls.wipperfuerth.de

Ihre Rechnung können Sie in bar begleichen. Eine Bezahlung per EC-Karte ist nicht möglich.
ZAHLUNGSVERKEHR

Den Besuchern stehen insgesamt 100 kostenfreie Parkplätze zur Verfügung. Auch für ein Wohnmobil ist hier Platz.
PARKMÖGLICHKEITEN

298 Schwimmoper – Stadtbad Wuppertal »SCHWIMMEN – FITNESS – SAUNA«

WUPPERTAL
Südstraße 29, 42103 Wuppertal
0202 5632630 | 0202 5638057 | www.wuppertal.de

GUTSCHEINHEFT S. 21

GEBOTEN WIRD:

DAS RESÜMEE
Die »Schwimmoper« in schöner Hanglage besticht dank der riesigen Glasfront in zeitgenössischer Gestaltung. Innen zeigt sich die große Bade- und Saunalandschaft in modernem Gewand. Im 30 x 25 m großen, 27 °C warmen Schwimmerbecken ziehen Schwimmer wie Athleten im Rahmen der NRW- und der Deutschen Kurzbahnmeisterschaften ihre Bahnen. Das Lehrschwimmbecken mit Unterwasserdüsen, Wasserspeier und Bodensprudler ist mit 28 °C temperiert. Im 30 °C warmen Bewegungsbecken finden Wassergymnastik und Rehabilitationskurse statt.

Die Kleinen können sich im Kleinkinderbecken bei 32 °C erfreuen. Eine Tribüne mit 1550 Sitzplätzen gewährt den Einblick auf die herrliche Wasserlandschaft. Ein Gymnastikraum dient als Übungs- und Gesundheitsort mit Präventionskursen, Wirbelsäulengymnastik und Pilates. Der anliegende, 100 qm große Fitnessraum ist mit modernen Kraft- und Ausdauergeräten ausgestattet.

DER SAUNABEREICH
Lichtdurchflutet, modern und zeitlos – so präsentiert sich die schöne Saunalandschaft der »Schwimmoper«, die sich auf rund 400 qm über zwei Ebenen verteilt. Ausgesuchte Natursteine zieren den Boden. Die Saunen sind von außen attraktiv holzvertäfelt und mit Milchglas versehen. Der 150 qm große Saunagarten erschließt sich an der Gastronomie.

DER EMPFANG
Vom Empfang geht es über eine Treppe zum Zugangsbereich zur Saunalandschaft. Gegenüber vom Saunabereich liegen der Kraft- und der Gymnastikraum sowie der Massageraum.

Schwimmoper – Stadtbad Wuppertal »SCHWIMMEN – FITNESS – SAUNA«

WUPPERTAL

- Südstraße 29, 42103 Wuppertal
- 0202 5632630 | 0202 5638057 | www.wuppertal.de

Montag bis Freitag von 10:00 – 22:00 Uhr | Samstag und Sonntag von 9:00 – 18:00 Uhr. Mittwoch ist Damentag. Der Kartenverkauf endet 1,5 Stunden vor Betriebsschluss der Sauna. Im Sommer können eventuell eingeschränkte Öffnungszeiten gelten.

DIE ÖFFNUNGSZEITEN

Erwachsene	14,50 Euro
Kinder von 6 – 17 Jahren	10,00 Euro

Rabatt pro Besuch (Schwimmen, Sauna) 20 % bei 120 Euro-Wertkarte; 30 % bei 200 Euro-Wertkarte; 40 % bei 500 Euro-Wertkarte.

DIE PREISE

Männer und Frauen kleiden sich in separaten Sammelkabinen um. Hier finden sich auch die jeweiligen, getrennt geschlechtlichen Duschbereiche. Für die Schließfächer wird eine Ein-Euro-Münze benötigt.

UMKLEIDEN | DUSCHEN

Vier abwechslungsreiche Saunakabinen mit Temperaturen von 45 – 95 °C verteilen sich auf den ebenerdigen Saunabereich. Von hier ist auch die Außen-Sauna erreichbar. Der interessante Salzraum liegt auf der ersten Etage der Saunalandschaft.

DIE SAUNEN

Die attraktiv holzverkleidete Kabine kann bis zu 20 Personen beherbergen. Der große Ofen mit Saunasteinen, der mit schönen Natursteinen versehen ist, thront seitlich und erwärmt die Kabine auf stattliche 95 °C.

DIE FINNISCHE SAUNA
95 °C

Das rustikale »Kelo«-Holz-Ambiente macht den Aufenthalt zum reinen Vergnügen. Dezentes Licht fällt auf die gut 15 Schwitzhungrigen, die sich bei 85 °C um den großen, mit Naturstein gemauerten Ofen mit Saunasteinen schmiegen.

DIE FINNISCHE SAUNA
85 °C

Gemächlich kommen bis zu acht Personen bei Temperaturen um die 65 °C ins Schwitzen. Der Ofen weilt hinter der attraktiven Holzverkleidung.

DAS SANARIUM®
65 °C

300 Schwimmoper – Stadtbad Wuppertal »SCHWIMMEN – FITNESS – SAUNA«

WUPPERTAL

📍 Südstraße 29, 42103 Wuppertal
📞 0202 5632630 | 📠 0202 5638057 | 🌐 www.wuppertal.de

DIE AUSSEN-SAUNA
85 °C

Im Saunagarten ist die 85 °C heiße Saunakabine mit offenem, holzvertäfelten Vorraum untergebracht. Der mittige Ofen mit Saunasteinen wird von maximal 20 Personen umgeben, die sich der heimeligen Atmosphäre genussvoll hingeben können.

DAS DAMPFBAD
65 °C | 100 %

Feiner Nebel verteilt sich in der für acht Personen konzipierten, gefliesten Kabine. Die Temperatur der aromatisierten Luft liegt bei rund 45 °C mit einer Luftfeuchtigkeit von 100 %.

DER SALZRAUM

Beständig wird dem Salzraum Soledampf zugeführt, an dem sich bis zu 15 Personen erfreuen können. Der farbchangierende Sternenhimmel sowie die beleuchteten Salzsteinwände erzeugen ein angenehmes und wohltuendes Ambiente, dem man sich gerne für längere Zeit hingeben möchte. Die mittigen Hocker sind komplett aus Salzsteinen fabriziert.

DAS ABKÜHLEN

CRUSHED ICE

Der innen liegende, attraktiv gefliese Abkühlbereich ist mit einer Eckbrause, Regendruckduschen, einer Schwall- und einer Kübeldusche sowie Kneipp-Schläuchen ausgestattet. Anschließend locken das bunt beleuchtete Tauchbecken mit Frischwasserzufluss sowie der Crushed-Ice-Brunnen. Im Saunagarten warten mit Kneipp-Schlauch, Schwall- und Regendruckdusche mit Überdachung weitere Erfrischungen. Die sechs Fußwärmebecken sind im Innenbereich in einem größeren, kälteren Becken mit Frischwasserzufluss integriert und absolut zentral gelegen, sodass sich hier genügend Gelegenheit zum Plauschen ergibt.

DIE AUSSENANLAGE

Ein breiter Weg aus Holzpaneelen ebnet den Weg zur Außen-Sauna. Links wie rechts des Weges finden sich auf Kieselsteinen gemütliche Sitz- und Liegegelegenheiten, die zum Teil auch als Außengastronomie genutzt werden.

Schwimmoper – Stadtbad Wuppertal »SCHWIMMEN – FITNESS – SAUNA«

📍 Südstraße 29, 42103 Wuppertal
📞 0202 5632630 | 📠 0202 5638257 | 🌐 www.wuppertal.de

301
WUPPERTAL

Der moderne Ruheraum in kräftigen Farben ist mit acht gemütlichen Liegen mit Decken ausgestattet. Bequeme Liegen und Liegestühle mit Decken finden sich auch im offenen Ruhebereich mit zentralem Gaskamin und stilvoller Sitzecke.

RUHEMÖGLICHKEITEN

Lassen Sie sich mit Kräuterstempel-Massage, energetischer Wirbelsäulen-Massage nach Breuß sowie klassischer Massage und Gesichtsmassage verwöhnen.

MASSAGEN

In unregelmäßigen Abständen werden samstags Saunanächte mit verlängerten Öffnungszeiten und Event-Aufgüssen durchgeführt. Bitte informieren Sie sich im Internet oder im Bad.

EVENTS

Die lichtdurchflutete Cafeteria liegt direkt am Zugang zum Saunagarten. Entlang der halbrunden Holztheke mit Barhockern finden sich gemütliche Sitzmöglichkeiten. Auf der Speisekarte stehen neben Kleinigkeiten und Suppen, Salate auch Imbissgerichte.

GASTRONOMIE

Alle in Anspruch genommenen Leistungen werden unverzüglich beglichen.

ZAHLUNGSVERKEHR

Im Parkhaus der direkt anliegenden Stadthalle parken Sie mit 50 % Ermäßigung. Die Parkkarte wird am Empfangsbereich im Bad entwertet.

PARKMÖGLICHKEITEN

302 Gartenhallenbad Langerfeld »MOMENTE DER ENTSPANNUNG«

WUPPERTAL
GUTSCHEINHEFT S. 21

Am Timpen 51, 42389 Wuppertal
0202 5636112 | www.wuppertal.de/tourismus-freizeit/baeder

GEBOTEN WIRD:

DAS RESÜMEE — Ein sympathisches Hallenbad für die ganze Familie: Der Saunabereich umfasst eine finnische Aufgusssauna 90 °C, die Kräutersauna 80 °C, das Sanarium® 60 °C, Dampfbad, Eisbrunnen und einen Gaskamin. Schwimmer können bei angenehmen 28 °C im 25 m Schwimmerbecken ihre Bahnen ziehen, für alle anderen gibt es ein Nichtschwimmerbecken sowie ein 32 °C warmes Kinderplanschbecken mit Babyrutsche. Zur Stärkung nach dem Schwimmen ist eine Cafeteria vorhanden. An schönen Tagen kann die Liegewiese des Hauses genutzt werden.

DER EMPFANG — Im Eingangsbereich erwartet Sie ein Servicetelefon, über welches Sie die Mitarbeiter des Hauses rufen können, um Ihre Eintrittskarte zu erwerben. Von hier aus gelangen Sie ins Hallenbad, in die Sauna und können auch in der Cafeteria Platz nehmen. Durch eine Glaswand kann bereits ein erster Blick in das Bad geworfen werden.

DIE ÖFFNUNGSZEITEN

Montag – Freitag	08:30 – 21:30 Uhr	Di. + Do. ist Damensauna
Samstag – Sonntag	09:30 – 17:30 Uhr	gemischte Sauna
Kassenschluss	1 Stunde (Sauna 1½ Stunden) vor Betriebsschluss	

Die Schwimm- und Saunazeit endet 30 Minuten nach Kassenschluss. Die Öffnungszeiten an den gesetzlichen Feiertagen entnehmen Sie bitte den Aushängen in den Bädern, dem Internet oder der Presse. Die Schwimmhalle schließt montags und dienstags um 15:00 Uhr bzw. 14:00 Uhr.

DIE PREISE — Erwachsene 13,50 Euro | Kinder von 6 – 17 Jahren 9,00 Euro | Rabatt pro Besuch (Schwimmen, Sauna) 20 % bei 120 Euro-Wertkarte; 30 % bei 200 Euro-Wertkarte; 40 % bei 500 Euro-Wertkarte

Gartenhallenbad Langerfeld »MOMENTE DER ENTSPANNUNG«

Am Timpen 51, 42389 Wuppertal
0202 5636112 | www.wuppertal.de/tourismus-freizeit/baeder

WUPPERTAL

Der Saunabereich liegt im Obergeschoss des Bades. Über eine Treppe gelangen Sie in den von Herren und Damen gemeinschaftlich genutzten Umkleidebereich.

UMKLEIDEN | DUSCHEN

Einen ganz klassischen Saunagang können die Gäste bei 90 °C in der Aufgusssauna erleben. Auf drei unterschiedlichen Holzstufen findet jeder einen angenehmen Platz, an dem sich die Hitze gut vertragen lässt.

DIE SAUNEN
FINNISCHE AUFGUSSSAUNA, 90 °C

Bei 80 °C und ebenfalls drei Holzstufen kann ein Gang in der Kräutersauna genossen werden. Über dem Saunaofen befindet sich eine Schale mit Wasser, welches mit verschiedenen Kräutern angereichert wird. Der aromatische Duft stimuliert die Sinne und die Dämpfe sind eine gesunde und vitalisierende Inhalation, die sich positiv auf den Körper auswirkt.

KRÄUTERSAUNA
80 °C

Das Sanarium® weist eine Temperatur von 60 °C auf, ist somit eine Niedertemperatur-Sauna, und ist ideal für diejenigen, die die Hitze der Finnischen und der Kräutersauna nicht so gut vertragen. Ausgestattet ist sie mit Farblicht, welches sich je nach Farbe unterschiedlich positiv auf den Körper auswirkt.

SANARIUM®
60 °C

304 **Gartenhallenbad Langerfeld** »MOMENTE DER ENTSPANNUNG«
WUPPERTAL
Am Timpen 51, 42389 Wuppertal
0202 5636112 | www.wuppertal.de/tourismus-freizeit/baeder

DAS ABKÜHLEN

Nach den Saunagängen ist es wichtig, dem Körper ausreichend Abkühlung zu verschaffen, damit der gesunde Effekt der Sauna auch zum Einsatz kommt. Hierfür stehen ausreichend Möglichkeiten zu Verfügung: Verschiedene Duschen, darunter auch eine Kübeldusche, ein Tauchbecken, ein Eisbrunnen und ein Lichthof mit ausreichend Sitzmöglichkeiten entziehen dem Körper die Hitze der Sauna und verhelfen so zu einem gestärkten Immunsystem. Ebenfalls ist der Saunabereich mit einem Kneippschlauch und Fußbädern ausgestattet.

Gartenhallenbad Langerfeld »MOMENTE DER ENTSPANNUNG«

📍 Am Timpen 51, 42389 Wuppertal
📞 0202 5636112 | 🌐 www.wuppertal.de/tourismus-freizeit/baeder

305
WUPPERTAL

Im Ruheraum können Sie zwischen den Saunagängen komplett abschalten. Hier warten Liegen auf ihren Einsatz. Der Blick fällt durch eine Fensterglasfront in das Hallenbad. Des Weiteren sorgt ein großer Gaskamin für eine wohlige Atmosphäre. Entspannen Sie auf einer der Sitz- und Liegemöglichkeiten und beobachten das offene Feuer, welches leise vor sich hin züngelt. — RUHEMÖGLICHKEITEN

Volle Entspannung bietet das Gartenhallenbad durch verschiedene Massagen. Massagen können auf Nachfrage gebucht werden, 0202 563 6112. — WELLNESS | MASSAGEN

Alle in Anspruch genommenen Leistungen können sowohl bar als auch mit der EC-Karte beglichen werden. — ZAHLUNGSVERKEHR

Direkt an der Anlage stehen ausreichend kostenfreie Parkmöglichkeiten zur Verfügung. — PARKMÖGLICHKEITEN

306 Aquana Sauna & Freizeitbad
WÜRSELEN

»EIN URLAUBSERLEBNIS FÜR DIE GANZE FAMILIE«

Willi-Brandt-Ring 100, 52146 Würselen | 02405 411925 | www.aquana.de

GEBOTEN WIRD:

DAS RESÜMEE	Das Aquana im nordrein-westfälischen Würselen bietet ein vielfältiges Angebot von Wellness, Entspannung und Badespaß für die ganze Familie. Die stimmungsvolle Sauna lockt unter anderem mit einer Finnischen Sauna, einer Kräutersauna, einer Soft-Sauna, einer Panorama-Sauna und einer Aufgusshütte. Abkühlung und jede Menge Spaß verheißt demgegenüber die Badelandschaft, mit ihrer Vielzahl von aufregenden Attraktionen wie etwa dem Wellenbecken oder der 75 Meter langen Black Hole-Rutsche mit Zeitmessanlage. Diverse-Sportkurse und Wellnessprogramme runden das Angebot des Aquanas ab und garantieren so einen aufregenden oder wahlweise einen zutiefst entspannenden Tag.
DER EMPFANG	Gleich hinter dem Drehkreuz finden Sie die Gastronomie und die Schließfächer, wo Sie Ihre Gegenstände sicher verstauen können. Haben Sie Ihre Saunautensilien vergessen? Keine Sorge! Im Badeshop können Sie alles Notwendige käuflich erwerben.

DIE ÖFFNUNGSZEITEN

	Sauna[1]	Freizeitbad[2]
Montag		geschlossen
Dienstag	10:00 – 22:00 Uhr	13:00 – 20:00 Uhr
Mittwoch		
Donnerstag		
Freitag	10:00 – 24:00 Uhr	10:00 – 19:00 Uhr
Samstag	10:00 – 22:00 Uhr	
Sonntag & Feiertag	10:00 – 20:00 Uhr	

[1] Am ersten Freitag im Monat ist die Sauna bis 1:00 Uhr geöffnet. Wenn der erste Freitag auf

Aquana Sauna & Freizeitbad
»Ein Urlaubserlebnis für die ganze Familie«

Willi-Brandt-Ring 100, 52146 Würselen | 02405 411925 | www.aquana.de

WÜRSELEN

einen Feiertag fällt, ist es der zweite Freitag im Monat. | ² Dienstag und Donnerstag ist das Sportbecken für Vereine reserviert. | Informationen zu Ferienterminen, Feiertagen und Brückentagen entnehmen Sie bitte der Internetseite.

DIE PREISE

Sauna	Erwachsene	Ermäßigt
Montag – Freitag	19,00 Euro	17,00 Euro
Wochenende & Feiertag	20,00 Euro	18,00 Euro
Tagsübertarif¹	17,50 Euro	15,00 Euro
Familientag (Dienstag)²	15,00 Euro	
Feierabendtarif⁴	15,00 Euro	

¹ Montag bis Freitag außer feiertags 10:00 Uhr – 17:00 Uhr | ² ein Erwachsener + mindestens ein Kind, pro Person | ⁴ Feierabendtarif (ab 17 Uhr).

Freizeitbad	1,5 Stunden	3 Stunden	Tageskarte
Erwachsene	6,40 Euro	8,30 Euro	10,30 Euro
Ermäßigt	4,40 Euro	6,30 Euro	8,30 Euro
Frühschwimmer¹	3,80 Euro		
Familienkarte²	25,00 Euro		
Gruppen (ab 10 Personen)	5,70 Euro pro Person		
Kindergeburtstag	5,70 Euro pro Person (Tagesaufenthalt)		

¹ Montag bis Freitag 6:30 – 8:00 Uhr | ² bis zwei Erwachsene und drei Kinder (jedes weitere Kind 3,30 Euro).

Im Aquana gibt es nach Geschlechtern getrennte Sammelumkleidekabinen. Familien können sich darüber hinaus noch in abschließbaren Familienumkleiden umziehen. In zwei zusätzlichen Kabinen stehen Ihnen zudem noch Wickelkommoden zur Verfügung. Die Duschen sind ebenfalls nach Geschlechtern getrennt.

UMKLEIDEN | DUSCHEN

Die Kräuterstube im Aquana ist eine echte Wohltat für Ihre Atemwege im Speziellen sowie für Ihr Wohlbefinden im Allgemein. Bei einer angenehmen Temperatur von 60 °C und leise eingespielter Wellnessmusik inhalieren Sie die Düfte frischer Kräuter, deren wohltuende Wirkung für den menschlichen Körper bestens bekannt sind.

DIE SAUNEN
DIE KRÄUTERSTUBE
60 °C

In der Kräuterstube werden Eukalyptus und Lavendel bevorzugt eingesetzt. Lavendelblüten wirken beruhigend auf das Nervensystem und fördern den Schlaf. Eukalyptus ist ein bewährtes Hausmittel bei Erkältung, Husten und Heiserkeit.

Die Panorama-Sauna ist, der Name verrät es bereits, eine Sauna mit Ausblick. Ein großer Flatscreen versetzt Sie mit verschiedenen Film-Animationen live an den Strand oder an eine wunderschöne Brandung. Ein außergewöhnliches Erlebnis, bei dem echtes Urlaubsflair aufkommt.

DIE PANORAMA-SAUNA

308 Aquana Sauna & Freizeitbad
WÜRSELEN

»EIN URLAUBSERLEBNIS FÜR DIE GANZE FAMILIE«

Willi-Brandt-Ring 100, 52146 Würselen | 02405 411925 | www.aquana.de

DIE SOFTSAUNA
55 °C | 50 %

Die Softsauna ist eine Oase der Ruhe. Die Gäste des Aquanas werden deswegen gebeten, in dieser Schwitzkabine auf Unterhaltungen zu verzichten. Denn nur bei absoluter Ruhe können die Spektralfarben und die Wellnessmusik ihre volle Wirkung entfalten. Die eingesetzten Farben wirken sich dabei folgendermaßen auf Sie aus: Rot wirkt anregend, Gelb macht unbeschwert, Grün ist entspannend und Blau lädt im Zusammenspiel mit der atmosphärischen Musikuntermalung herrlich zum Träumen ein. Aufgrund der hohen Luftfeuchtigkeit von 50 % schwitzen Sie in der Softsauna bereits bei einer Temperatur von 55 °C. Sie ist somit optimal für Sauna-Neulinge.

PANORAMA-SAUNA

Im Garten des Aquana finden Sie die Panorama-Sauna im Stil einer Finnischen Sauna. Die trockene Wärme sorgt für eine wohltuende Entschlackungskur.

DIE AUFGUSSHÜTTE »LÖYLY«
90 °C

Löyly ist finnisch und bedeutet so viel wie „von den Steinen aufsteigender Dampf". In der Löyly-Sauna werden, ganz in diesem Geiste, bei einer Temperatur von 90 °C von geschulten Saunameistern zu jeder vollen Stunde diverse Aufgüsse zelebriert. Hier haben Sie die bittersüße Qual der Wahl, etwa zwischen dem erfrischenden Citrus-Aufguss, dem ätherischen Kräuter-Aufguss, dem belebenden Power-Aufguss und vielen mehr Als besonderes Highlight werden einige Aufgüsse mit Musik kombiniert, sei es nun Entspannungsmusik oder lockere Popmusik.

DAS DAMPFBAD

Das Dampfbad im Aquana ist eine weitere Möglichkeit, ihren Atemwegen etwas Gutes zu tun. Bei annähernd 100 % Luftfeuchtigkeit gerät der Körper schon bei sehr niedrigen Temperaturen tüchtig ins Schwitzen. Die häufig angewendeten Salzanwendungen stellen dabei einen ganz besonderen Höhepunkt für ihre Haut dar.

DIE INFRAROTKABINE

Die holzvertäfelte, in warme Rot- und Orangetöne getauchte Infrarotkabine stellt einen Genuss für Körper und Seele dar. Die Infrarotwärme dringt dabei tief in den

Aquana Sauna & Freizeitbad
»EIN URLAUBSERLEBNIS FÜR DIE GANZE FAMILIE«

Willi-Brandt-Ring 100, 52146 Würselen | 02405 411925 | www.aquana.de

Stoffwechsel werden positiv beeinflusst.

DAS ABKÜHLEN

Erst durch das ordnungsgemäße Abkühlen entfaltet sich die gesundheitsfördernde Wirkung des Saunierens so richtig. Denn gerade der Wechsel zwischen kalt und heiß ist es, der Ihre Gefäße trainiert, den Kreislauf anregt, ihren Stoffwechsel ankurbelt und eine ganze Reihe weiterer positiver Effekte auf den Körper hat. Im Aquana stehen Ihnen hierfür neben der Außenanlage und dem sich dort befindlichen Pool auch Eis- und Fußbecken zur Verfügung.

DIE AUSSENANLAGEN

Auf mehr als 1.000 qm erstreckt sich die gepflegte Außenanlage des Aquanas, die durch gepflegte Grünflächen und einem eigens angelegten Teich besticht.

DIE SCHWIMMBÄDER

Neben seinem großen und vielfältigen Saunagarten lockt das Aquana auch mit seinem Freizeitbad, das mit seinen zahlreichen Attraktionen sowohl Jung als auch Alt zu überzeugen weiß. Für wen der sportliche Aspekt des Schwim

Aquana Sauna & Freizeitbad
»EIN URLAUBSERLEBNIS FÜR DIE GANZE FAMILIE«

Willi-Brandt-Ring 100, 52146 Würselen | 02405 411925 | www.aquana.de

mens zentral ist, der kommt im 25 Meter langen Hallenbad mit Sprungturmanlage auf seine Kosten. Im Außenbereich befindet sich zudem noch ein weiteres 25-Meter-Becken, das bei sommerlichen Temperaturen zum Bahnenziehen einlädt. Adrenalin und Action versprechen die aufregende Black Hole-Rutsche, die Reifenrutsche Master Blaster sowie ein Wellenbecken. Richtig abenteuerlich wird es für die jüngeren Besucher auf dem Piratenschiff. Hier können kleine Freibeuter im Alter von bis zu zehn Jahren die Wasserkanonen laden und sich eine wilde Schlacht um das Aquana liefern. Im Kinderbecken geht es weniger wüst zu.

Kindergerechte Wasserspielzeuge animieren hier zu Aktivität und Bewegung. Sie ziehen es doch etwas ruhiger vor? Dann machen Sie es sich im angenehm temperierten Whirlpool gemütlich oder lassen Sie sich auf dem gemächlichen Lazy River in einem Reifen treiben.

DIE RUHEMÖGLICHKEITEN Sie möchten sich eine Zeit ganz zurückziehen und die Aussicht auf den Saunagarten genießen? Vielleicht ein halbes Stündchen schlafen oder in Ruhe in einem Buch lesen? Im rechten Ruheraum werden Sie zusätzlich durch das leise Einspielen von Wellnessmusik verwöhnt. Im linken Raum hingegen herrscht absolute Ruhe. Bitte denken Sie daran, keine Liegen zu reservieren und keine Taschen mit in das Ruhehaus zu nehmen. Das Rascheln von Zeitungen oder Zeitschriften stört andere Ruhesuchende. Gerne dürfen Sie aber in Ihrem persönlichen Buch schmökern. Hierfür wurden in der hinteren Reihe eigens Lampen installiert.

WELLNESS | MASSAGEN Zu einem gelungenen Sauna-Tag gehört für viele auch eine entspannende Massage dazu. An nahezu allen Tagen verwöhnt Sie das geschulte Massageteam des Aquanas mit seinen geübten Händen. Angeboten werden unter anderem klassische Massagen und Entspannungsmassagen. Die Uhrzeiten können sie dem weißen Board entnehmen.

ZUSATZANGEBOTE Im Aquana gibt es ein abwechslungsreiches Angebot an Sportkursen, bei der die

Aquana Sauna & Freizeitbad
»Ein Urlaubserlebnis für die ganze Familie«

📍 Willi-Brandt-Ring 100, 52146 Würselen | ☎ 02405 411925 | 🌐 www.aquana.de

WÜRSELEN

Freude an der Bewegung sowie Ihre Fitness im Mittelpunkt stehen. Neben Vereinsschwimmen und Tauchkursen gibt es z. B. auch einen Kanu-Eskimo-Kurs oder ein effektives und gelenkschonendes Ganzkörper-Aqua-Workout. Zudem können Sie an grauen Regentagen dem Winter-Blues durch die hauseigenen Solarien vertreiben.

DIE GASTRONOMIE

Ein gelungener Tag und ein gelungenes Essen gehen Hand in Hand. In der großzügig gestalteten Sauna-Gastronomie finden etwa140 Menschen Platz. Hier gibt es eine breite Auswahl an diversen Frühstücks-Büffets, kleinen Mahlzeiten und Suppen, Pitas, Pizzen und Pasta-Gerichte und vegetarischen Speisen. Daneben werden natürlich auch heiße und kalte Getränke (alkoholisch und nicht alkoholisch) gereicht. Ihre Speisen und Getränke können Sie im Freizeitbad an allen Tischen verzehren.

DER ZAHLUNGSVERKEHR

Im Aquana erhalten Sie im Saunabereich einen Transponder, mit dem Sie alle Speisen und Getränke bezahlen können. Ihre Rechnung begleichen Sie dann am Ende des Tages an der Kasse oder an einem der Automaten. Bezahlen können Sie dabei entweder in bar oder mit der EC-Karte.

PARKMÖGLICHKEITEN

Vor Ort sind mehr als 500 Parkmöglichkeiten vorhanden. Das Parken kostet bis 1,5 Stunden 0,50 Euro, ab 1,5 Stunden 2,00 Euro. Eine Zehnerkarte kostet 10,00 Euro.

Saunapark Würselen

Saunapark Würselen – Manfred Wirtz | Sebastianusstraße 27 | 52146 Würselen
02405 18686 | 02405 2097 | www.saunapark-wuerselen.de

GEBOTEN WIRD:

DAS RESÜMEE	Im »Saunapark Würselen« werden Ruhe, Entspannung und Wellness groß geschrieben. Hier können Sie Abstand vom Alltag gewinnen und Körper und Seele in Einklang bringen.
DER SAUNABEREICH	Die einladende Saunalandschaft erschließt sich über mehrere Ebenen. Die helle und freundliche mediterrane Gestaltung ist attraktiv mit vielen Holzelementen kombiniert. Ausgesuchte Fliesen zieren die Duschbereiche und den innen liegenden Saunabereich. Liebevolle Dekorationen zeigen sich an vielen Stellen.
DIE GRÖSSE	Der »Saunapark Würselen« erstreckt sich im Inneren über rund 800 qm. Die 1.500 qm große Gartenlandschaft mit großem Naturbadeteich sucht ihresgleichen.
DER EMPFANG	Vom Empfang gelangen Sie in den Umkleidebereich, der sich über zwei Ebenen erstreckt.

DIE ÖFFNUNGSZEITEN

Montag und Dienstag	14:00 – 22:00 Uhr
Mittwoch	10:00 – 22:00 Uhr
Donnerstag (Damensauna)	10:00 – 23:00 Uhr
Freitag	10:00 – 23:00 Uhr
Samstag und Sonntag	11:00 – 22:00 Uhr

Eintritt in die Sauna ab dem 14. Lebensjahr! 360 Tage im Jahr geöffnet.

DIE PREISE Tageskarte 19,90 Euro | 2 Stunden-Karte 16,90 Euro.

Saunapark Würselen

Saunapark Würselen – Manfred Wirtz | Sebastianusstraße 27 | 52146 Würselen
02405 18686 | 02405 2097 | www.saunapark-wuerselen.de

WÜRSELEN
GUTSCHEINHEFT S. 21

Es stehen zwei Umkleiden zur Verfügung. Geduscht wird gemeinsam.

UMKLEIDEN | DUSCHEN

Der »Saunapark Würselen« lädt Sie ein zu vielfältigen Möglichkeiten für ausgiebiges Saunieren. Fünf unterschiedlich gestaltete Saunakabinen mit Temperaturen von 45 °C bis an die 100 °C bieten jedem Saunagast ein tolles Plätzchen zum Schwitzen. Die zwei Außen-Saunas sind in attraktiven Häuschen aus Blockbohle mit begrüntem Dach untergebracht. Die Bio-Sauna, die Infrarot-Kabine und das Dampfbad finden sich im schönen Innenbereich. Handaufgüsse werden stündlich mit wechselnden Düften von fruchtig bis klassisch bis hin zu Partyaufgüssen wie Ouzo und Slibowitz in der Aufguss-Sauna zelebriert. Dazu werden von den Saunameistern Früchte oder Eiswürfel gereicht.

DIE SAUNEN

Die Außen-Sauna ist für bis zu 25 Personen konzipiert. Sie ist mit 90 °C temperiert und holzverkleidet. Sie haben durch diverse Fenster Ausblick in den Saunagarten. Die dezente Beleuchtung wirft Licht auf den massiven, attraktiv gemauerten Ofen mit Saunasteinen.

DIE AUFGUSS-BLOCKHAUS-SAUNA
90 °C

Bis zu 15 Personen können sich der urigen Atmosphäre der holzbefeuerten, um die 100 °C heißen Saunakabine mit kleinem Vorraum hingeben. Dank der natürlichen Befeuerung ist die Wärme gut verträglich. Leise knackt das Holz in der Kabine vor sich hin. An der Sauna lässt es sich bequem auf einer Holzterrasse überdacht sitzen.

DIE FINNISCHE HOLZBEFEUERTE SAUNA
100 °C

Milde 60 °C verbreiten sich in dem holzvertäfelten Raum mit wechselndem Farblicht. Der Ofen befindet sich hinter den Bänken. Gut zehn Personen können der leisen Entspannungsmusik lauschen.

DIE BIO-SAUNA
60 °C

Saunapark Würselen

Saunapark Würselen – Manfred Wirtz | Sebastianusstraße 27 | 52146 Würselen
02405 18686 | 02405 2097 | www.saunapark-wuerselen.de

DIE INFRAROT-KABINE
45 °C

Die Temperatur in der Kabine, die zwei Personen Platz bietet, ist bis 45 °C selbständig einstellbar. Das wechselnde Farblicht sowie die dezente Hintergrundmusik lockern den Aufenthalt auf und tragen zur weiteren Entspannung bei.

DAS DAMPFBAD
48 °C

Aromatisierte Nebelschwaden verbinden sich mit farbchangierenden Deckenlämpchen. Die exklusive orientalische Gestaltung können bis zu acht Personen bei 48 °C bewundern.

DAS ABKÜHLEN

Neben dem Tauchbecken sorgen eine Schwallbrause, eine Eckbrause, eine Kammbrause und ein Kneipp-Schlauch für die nötige Abkühlung. An vier Fußwärmebecken können Sie angenehm kneippen. Im Saunagarten erwarten Sie eine Regendruckbrause sowie ein Kneipp-Schlauch in einer herrlichen Duschnische aus Stein.

DIE AUSSENANLAGE

Die einzigartige Gartenlandschaft ist eine Oase der Erholung und Entspannung in freier Natur. Die Elemente Wasser, Holz und Stein werden auf schöne Art und Weise kombiniert, sodass sich im »Saunapark Würselen« ein Refugium der besonderen Art ergibt. Ein Highlight des Saunagartens ist sicherlich der gut 100 qm große Naturbadeteich mit genügend Platz für Abkühlung und ausgiebigen Schwimmrunden. Der Teich kann ganzjährig genutzt werden. Er ist in eine Schwimmfläche und eine bepflanzte Regenerationszone unterteilt, sodass das Wasser auf natürliche Art und Weise gereinigt wird. An den Teich schließen sich eine wunderbare Holzterrasse und inselartige Grünareale, jeweils mit gemütlichen Liegestühlen versehen, an. Abends wird der Saunagarten attraktiv beleuchtet, sodass auch die asiatische Bepflanzung mit Bambus und japanischen Bäumen noch mehr zur Geltung kommt.

Saunapark Würselen

📍 Saunapark Würselen – Manfred Wirtz | Sebastianusstraße 27 | 52146 Würselen
☎ 02405 18686 | 📠 02405 2097 | 🌐 www.saunapark-wuerselen.de

Zwei Sonnenterassen, die jeweils mit Holzböden sowie Liegen und Klappstühlen bestückt sind, runden das reichhaltige Angebot an erholsamen Plätzen angenehm ab.

Das nierenförmige, ca. 32 °C warme Schwimmbad erstreckt sich über etwa 12 m Länge und 6 m Breite. Die bunte Beleuchtung sowie die schöne Wandbemalung erzeugen ein angenehmes, warmes Ambiente. Massagedüsen besprudeln wohltuend den Körper. Entlang des Beckens stehen Liegen zur Erholung bereit.

DAS SCHWIMMBAD

SalzAmbiente – Wirkung: Wenn Sie 45 Minuten lang in diesem Raum verbringen, erzielen Sie die gleiche Wirkung wie ein ganzer Tag lang am Meer. Das besondere Klima in der Salzgrotte hilft sowohl bei Erkrankungen der Atemwege, als auch bei Herz- und Gefäßerkrankungen. Positive Wirkung ist bei Allergien, Neurosen, Stress und Depressionen genauso bekannt. Vor allem diejenigen mit Beschwerden der Atemwege, Hautkrankheiten, erhöhter Müdigkeit und Erschöpftheit, suchen im Naturreichtum der Erde nach Hilfe. Sie brauchen jetzt aber nicht zum Meer zu fahren, sondern haben den Vorteil, dass das Meer in den Saunapark Würselen gekommen ist, in Form einer Salzgrotte.

SALT-ROYAL-RUHERAUM

Im Therapiezentrum werden klassische Teil- und Ganzmassagen, Lymphdrainage und Krankengymnastik angeboten. Zwei Hochleistungsbräuner sorgen für einen schönen Teint.

MASSAGEN | SOLARIEN

Der große, zentrale Gastronomiebereich zeigt sich in warmen Farben und wartet mit gemütlichen Ecken und vielfältigen Sitzmöglichkeiten auf. Auf der Speisekarte stehen neben Suppen, Salatvariationen und Kleinigkeiten noch Nudeln sowie Fisch- und Fleischgerichte. Bei schönem Wetter kann auch auf der anliegenden Sonnenterrasse gespeist werden.

GASTRONOMIE

Die in Anspruch genommenen Leistungen werden im Nachhinein beglichen.

ZAHLUNGSVERKEHR

Parken können Sie direkt auf dem Hof der Anlage.

PARKMÖGLICHKEITEN

Tag und Nacht entspannen
Wellness- und Hotelarrangements

Sie werden diese Erfahrung sicher auch schon einmal gemacht haben: Bekannte erzählen Ihnen von einer Sauna, die Sie unbedingt auch mit einem Besuch beehren sollten. Sie hören aufgeregt zu, sehen sich vor dem inneren Auge bereits im schönen Dampfbad sitzen, am nächsten Tag schauen Sie in den Computer – und stellen enttäuscht fest: Die Sauna ist für einen Tagesausflug ungeeignet. Anfahrt, Besuch, Rückweg – das würde mehr als einen ganzen Tag beanspruchen. Traurig sinken Sie zurück in den Sessel. Schade um den schönen Saunabesuch …

Uns erging es neulich ähnlich. Aber muss das sein? Nach kurzer Beratschlagung kamen wir im Saunaführer-Team zur Antwort: Definitiv nicht! Unsere ausgesuchte Sauna war – zufälligerweise – Teil eines großen Hotelkomplexes. Und so war unsere im Saunaführer neu enthaltene Rubrik geboren. Ausgewählte Hotels – natürlich allesamt mit ausgereiftem Sauna-Angebot – bieten Ihnen nun auch die Möglichkeit, die verschiedenen Wellness-Spezialangebote, wie beispielsweise Massagen oder Kosmetikbehandlungen, in Anspruch zu nehmen. Obendrein ist eine Hotelübernachtung über einen gewissen Zeitraum natürlich mit inbegriffen. Anreise-Probleme gehören so der Vergangenheit an und der Saunaführer wird noch wertvoller für Sie.

Das Romantik Hotel Bösehof in Bad Bederkesa

GEESTLAND
Hauptmann-Böse-Straße 19, 27624 Geestland
04745 9480 | www.boesehof.de

GEBOTEN WIRD:

DAS RESÜMEE Der Besten Einer – Zuckerfabrikant, Politiker, Wohltäter: Hauptmann Heinrich Böse war ein Unikum. In jungen Jahren bereiste Heinrich Böse als Bremer Kaufmann ganz Europa und lernte dort Gastlichkeit und Genüsse zu schätzen. Nach seiner Rückkehr in die Heimat war Böse gezwungen, tapferen Widerstand gegen die französischen Besatzer zu leisten. Dafür gründete er das Freiwillige Bremer Jäger-Korps, welche er als »Hauptmann Böse« anführte.

Hohes Ansehen genoss er als Volksredner – geliebt wurde er jedoch für seine selbstlose Menschenfreundlichkeit. So ließ er etwa in Notzeiten Nahrung an Hungernde verteilen. Erst 1826 erstand der alte Böse seinen Ruhesitz in Bederkesa – heute berühmt als Bösehof. Durch seine Herzlichkeit als Gastgeber und legendäre Freundlichkeit erwarb sich Heinrich Böse seinen größten Titel: »Der Besten Einer«.

DAS HOTEL Urromantisch – Ob Einzelzimmer oder Suite: Hauptmann Böse bettet Sie himmlisch. Der Bösehof steht für die schönste Art, dem Körper und der Seele viel Raum für Genuss und Entspannung zu geben. Erleben Sie außergewöhnliche Wohlfühl-Atmosphäre in jedem der 47 Zimmer.

Das Hotel ist fest in den regionalen Traditionen des Nordens verwurzelt und fühlt sich Heinrich Böses berühmter Gastfreundschaft verpflichtet – auch nach fast 200 Jahren. Das Romantik Hotel Bösehof bietet Ihnen alle Annehmlichkeiten, die Sie sich wünschen. Mit einem kleinen, aber feinen Unterschied: dem gediegenen Ambiente im liebreizenden rot-goldenen Mantel historischer Romantik.

Das Romantik Hotel Bösehof in Bad Bederkesa

Hauptmann-Böse-Straße 19, 27624 Geestland
04745 9480 | www.boesehof.de

DER EMPFANG

Hier erreichen Sie das Hotelteam persönlich – alle Auskünfte zu Ihrer Buchung oder Reservierung.

Ihr Wunsch ist dem Personal Befehl. Ob Fragen zur Online-Buchung, zu einem Arrangement, allgemeinen Informationen über die Zimmer-Kategorien oder einer Reservierung im hauseigenen Restaurant – das Team ist für Sie da. Ein Anruf in der Rezeption genügt und Ihrer Auszeit im Romantik Hotel Bösehof steht nichts mehr im Wege. Für den Mittagstisch im Restaurant an Sonn- und Feiertagen sowie jeden Abend-Besuch bitte rechtzeitig vorab reservieren.

DAS RESTAURANT

Grandiose Gastmähler und exquisite Genüsse – reichliches vom allerhöchsten Niveau. Ob Mousse von Strauchtomaten an fangfrischen Nordseekrabben oder sanft gedünstetes Seeteufelkotelett, ob Duroc-Schweinerückensteak oder Muskat-Kürbissuppe – die Küchenchefs des Bösehof interpretieren regionale Köstlichkeiten in ihrer ganzen Vielfalt und eröffnen Ihrem Gaumen neue Horizonte.

Wenn Niveau und Plaisir Hochzeit feiern – Im Bösehof werden Ihnen erlesene Delikatessen den Jahreszeiten entsprechend serviert. Diese natürliche Landhausküche verarbeitet Produkte aus regionalen Kräutergärten und von feinheimischen Landwirten und Fischern.

RESERVIERUNG IM RESTAURANT

Das Hotel stellt sich für Sie auf Ihre individuellen Wünsche und Termine ein. Reservieren Sie einen Tisch für zwei oder einen großen Saal für die nächste Familienfeier – im Bösehof finden Sie immer den richtigen Platz mit einem perfekten Service, ganz auf Ihre persönlichen Ansprüche und individuellen Anforderungen abgestimmt. Für den Mittagstisch im Restaurant an Sonn- und Feiertagen sowie jeden Abend-Besuch bitte rechtzeitig vorab reservieren.

320 Das Romantik Hotel Bösehof in Bad Bederkesa
GEESTLAND
Hauptmann-Böse-Straße 19, 27624 Geestland
04745 9480 | www.boesehof.de

BÖSES RESTAURANT
DIE ÖFFNUNGSZEITEN

Gerichte aus der saisonal wechselnden Speisekarte von Böse's Restaurant werden täglich von 12:00 – 14:00 Uhr und von 18:00 – 21:30 Uhr gekocht. Von 12:00 – 22:00 Uhr durchgehend erhalten Sie die Gerichte der „Bauernstube". Nachmittags außerdem Kuchen aus der eigenen Konditorei. Serviert wird im Sommer auch ganztägig auf der Terrasse unter alten Linden mit Seeblick.

DER SPA-BEREICH

Jungbrunnlich – Seele erfrischen und Körper erneuern in einem berühmten Quell der Lebenskraft. Könnte es wirklich etwas Schöneres geben, als ein wohltemperiertes Bad? Genießen Sie angenehme 29 °C Wassertemperatur und flüssige Erquickungen wie sanft knetende Massagedüsen, den brodelnden Bodengeysir sowie den belebenden Whirlpool. Besinnlich – sanfter Kerzenschein, reine Elemente und wohltuende Wärme. Einfach abschalten. Stehen Leib und Seele in Einheit, ist der Mensch rundum zufrieden. Lassen Sie sich zu Ihrem neuen Körpergefühl verführen und genießen Sie von Lomi Lomi Nui bis Biosauna alle Facetten verwöhnender Entspannung und anhaltender Erholung.

Das Romantik Hotel Bösehof in Bad Bederkesa

⚲ Hauptmann-Böse-Straße 19, 27624 Geestland
☎ 04745 9480 | 🌐 www.boesehof.de

Die Badelandschaft ist täglich von 7:00 – 21:30 Uhr geöffnet. Montags (außer an Feiertagen) von 9:00 – 12:00 Uhr wegen Grund-Reinigung geschlossen.

ZEITEN SPA-BEREICH

Die Saunalandschaft ist täglich geöffnet. Vom 1. April bis 30. September von 16:00 – 21:30 Uhr. Vom 1. Oktober bis 31. März von 15:00 – 21:30 Uhr.

Romantik Natur Spa von Montag bis Samstag von 10:00 – 18:00 Uhr geöffnet. Nach Terminvereinbarung unter 04745 948170.

Die Umkleidekabinen sind mit Wertfächern ausgestattet, um Ihnen den Aufenthalt so angenehm und sicher wie möglich zu gestalten.

DIE UMKLEIDERÄUME

Genießen Sie eine Finnische Sauna bei 90 °C, eine Biosauna mit 50 °C und 80 % Luftfeuchtigkeit. Dazu ein Dampfbad mit ätherischen Ölen sowie eine Infrarotkabine für heilende Tiefenwärme. Ein Eisbrunnen sorg für die nötige Abkühlung. Der Ruheraum verfügt über einen Ausgang in den Garten mit Sichtschutz und Liegen.

DIE SAUNEN

Zeit für Entspannung! Entspannen Sie zwischen Ihren Behandlungen oder Saunagängen bei Ihrem Lieblingsbuch oder ruhen sich bei leiser Musik einfach richtig aus.

RUHEMÖGLICHKEITEN

AKZENT Hotel Saltenhof »WO MAN ENTSPANNEN KANN«

Kreimershoek 71, 48477 Hörstel
05459 80500-0 | 05459 80500-29 | info@saltenhof.de | www.saltenhof.de

HOTEL & UMGEBUNG

Mitten in grüner Idylle, in einer großen Parkanlage mit altem Baumbestand, befindet sich der Saltenhof. Für ausgiebige Radtouren auf einem der vielen Radwanderwege in Bevergern und Umgebung stehen hier auch E-Bikes zur Verfügung. Nach leckerem Frühstück können Sie in der kleinen Wellnessoase entspannen. Das Restaurant bietet kulinarische Besonderheiten und saisonale Spezialitäten, sowie Kuchen aus der eigenen Backstube.

Die kleine, reizvolle, vormalige Ackerbürgerstadt ist seit dem Jahre 1125 beurkundet und hatte seit 1366 Stadtrechte, bevor die Stadt Bevergern 1975 in die Stadt Hörstel eingemeindet wurde. Von einer um 1100 erbauten und 1680 zerstörten Burg ist leider nichts mehr vorhanden. Ein Modell dieser Burg, sowie zahlreiche Kleidungs- und Ausrüstungsgegenstände vergangener Epochen, kann der Besucher im liebevoll gepflegten Heimathaus Bevergern am Kirchplatz bestaunen.

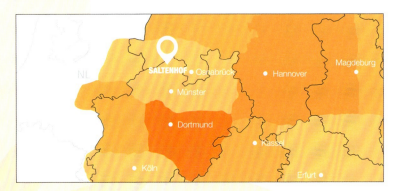

AKZENT Hotel Saltenhof »WO MAN ENTSPANNEN KANN«

📍 Kreimershoek 71, 48477 Hörstel
📞 05459 80500-0 | 📠 05459 80500-29 | ✉ info@saltenhof.de | 🌐 www.saltenhof.de

323
HÖRSTEL
GUTSCHEINHEFT S. 23

RESTAURANT

Das Hotel Saltenhof möchte Sie verwöhnen – geben Sie ihnen die Chance hierfür! Das Hotel bietet Ihnen Köstlichkeiten der Region, Deutschlands, sowie der leichten italienischen Küche. Außerdem finden Sie auf der Sonderkarte eine große Anzahl an saisonalen Spezialitäten.

Genießen Sie unvergessliche Stunden mit Freunden in gemütlicher Atmosphäre. Erleben Sie westfälische Gastlichkeit romantisch zu zweit oder gestalten Sie in den Räumlichkeiten für bis zu 120 Personen Ihre Hochzeits-, Familienfeiern oder Betriebsfeste.

DIE ZIMMER

Die individuellen und liebevollen, mit ausgewählten Möbeln, hellen Farben und viel Licht ausgestatteten Wohlfühlzimmer, bieten Ihnen Erholung und den Komfort für einen guten Start in den neuen Tag. Alle Zimmer sind mit einer gebührenfreiem W-LAN, Flatscreen-Fernseher, einen bequemen Arbeitsplatz und Regendusche ausgestattet.

DIE ENTSPANNUNG

Entspannen und Wohlfühlen ist Balsam für Leib und Seele. Genießen Sie die Gastlichkeit des Hauses, gönnen Sie sich etwas Ruhe und Erholung und entspannen Sie nach einem ausgiebigen Frühstück gemütlich in dem hauseigenen, kleinen, privaten Wellness-Landschaft mit Pool, Sauna, Infrarot, Dampfbad und Möglichkeit zur Massage durch externe Anbieter. Empfehelenswerte Kontaktvorschläge sendet Ihnen das Hotel gerne per Mail zu.

324
HÖRSTEL

AKZENT Hotel Saltenhof »WO MAN ENTSPANNEN KANN«

Kreimershoek 71, 48477 Hörstel
05459 80500-0 | 05459 80500-29 | info@saltenhof.de | www.saltenhof.de

FESTE FEIERN

Ein ansprechender Festsaal, mitten in grüner Idylle, mit Biergarten und Terrassenrestaurant, bietet Ihnen eine Location für stilvolles Feiern im gehobenen Ambiente. Hier finden bis zu 120 Personen Platz. Für die Dekoration, Menü und Getränke macht der Gastgeber Ihnen gerne Vorschläge.

1. ANGEBOT
MERCI CHERIE

2 Tage und eine Nacht. Freuen Sie sich auf einen prickelnden Aufenthalt. Sie werden mit einem Glas Prosecco Royal und einem Obstkorb auf Ihrem Zimmer begrüßt. Nach einer Ruhezeit von der Anreise, Parkplatz kostenfrei, wird für Sie die Sauna, Infrarot und das Schwimmbad auf Ihre Entspannung vorbereitet. In Ihrer Saunatasche finden Sie Kuschelbademantel, Saunatücher und Getränk. Bis zu 2 Stunden Körper und Seelenverwöhnung in der kleinen Wellnessoase.

Genießen sie die private Atmosphäre der Wohlfühloase und nutzen dabei den Blick in die Natur. Das Team bietet Ihnen Service aus Leidenschaft und dieses Angebot für 2 Personen im Doppelzimmer inkl. Frühstück zu 180,00 Euro. Bei Buchung von Samstag auf Sonntag Aufschlag 20,00 Euro.

Am Abend begrüßt das Hotel Sie gerne im Restaurant. Vom Saisonsalat bis zum 4-Gang Pärchenmenü können Sie aus einem regionalen und mediterranem Angebot wählen (exklusive). Alles frisch auf den Tisch. Das Frühstück am nächsten Morgen erhalten Sie auf Wunsch auf Ihrem Zimmer.

AKZENT Hotel Saltenhof »WO MAN ENTSPANNEN KANN«

Kreimershoek 71, 48477 Hörstel
05459 80500-0 | 05459 80500-29 | info@saltenhof.de | www.saltenhof.de

3 Tage und 2 Nächte. Freuen Sie sich auf einen köstlich natürlichen Aufenthalt. Bei der Anreise gegen 15 Uhr wird Ihnen Joghurteis auf frischem Obstsalat mit Basilikum serviert. Auf Ihrem Zimmer finden Sie allen Komfort und die Telefonnummer zu Ihrem Service aus Leidenschaft. Das Hotel kümmert sich gerne um all Ihre Wünsche. Die kuscheligen Bademäntel mit Slippern, sowie Rad-Wanderkarten mit örtlichen Tourentipps und der Obstkorb, wird Ihnen schon bereit gestellt.

Nach der ersten Nacht stärken Sie sich bei dem Gutsherrenfrühstück und entspannen für 2-Stunden in der Wohlfühloase mit Sauna, Dampfbad und Pool. Gerne können Sie bei Ihrer Reservierung eine Wunschmassage im Vorfeld buchen. Zu 14:00 Uhr haben Sie die Frische auf dem Teller. Genießen Sie den Saisonsalat mit gebratenen Apfelscheiben und hausgemachtem Baguette. Anschließend erkunden Sie die Gegend mit dem Leihrad (bitte mit vorheriger Reservierung) oder zu Fuß. Der Gastgeber zeigt Ihnen besondere Ziele in der Umgebung. Am zweiten Abend wird Ihnen ein 4-Gang regionales Menü und zum Aperitif ein prickelnder Prosecco Royal serviert. Nach der zweiten Nacht wird Ihnen gerne Ihr Wunschfrühstück auch auf dem Zimmer serviert. Bestellen Sie am Vorabend und das Hotel erfüllt Ihnen jeden Wunsch. Am 3. Tag, nach dem Frühstück lädt das Hotel Sie zu einem Besuch in das Heimathaus mit Führung ein (immer Sonntags oder nach Möglichkeit).

Ihr Auto parken Sie kostenfrei und auch das W-lan ist mit drin. Der Wert für dieses Angebot ist 498,00 Euro für 2 Personen im Doppelzimmer.

Weitere Infos finden Sie auch noch auf der Internetseite www.saltenhof.de unter dem Punkt Erlebnisse.

2. ANGEBOT
WELLNESSDAY -
NATUR PUR

IMMER FÜR SIE DA

326 **Landhaus Beckmann** »ENTSPANNUNG FÜR ALLE SINNE«

KALKAR
GUTSCHEINHEFT S. 21

Römerstraße 1, 47546 Kalkar
info@landhaus-beckmann.de | www.landhaus-beckmann.de

GEBOTEN WIRD:

DAS RESÜMEE   Das Landhaus Beckmann trägt seine Wurzeln im Namen: die Landwirtschaft. Mit ihr hat an der Kalkarer Römerstraße alles begonnen. Familie Joosten, deren Bauernhof erstmals 1850 urkundlich erwähnt wurde, legte den Grundstein des Familienunternehmens. Damals wurde nach dem Gottesdienstbesuch Schnaps auf dem Bauernhof verkauft. Als Schank- und Landwirte sowie Müller arbeitete Familie Joosten im 19. Jahrhundert auf dem Grundstück des heutigen Landhaus Beckmann. Hermann Beckmann übernahm in der zweiten Generation, bis 1969 mit der Landwirtschaft als Haupterwerb, den Hof. Das Gastronom- und Hotelier-Ehepaar Hermann und Else Große Holtforth, geb. Beckmann führte im Folgenden das Landhaus weiter. Mit ihnen kam Ende der 60er Jahre die Wende: Sie bauten das Bauernhaus um, erweiterten zum Restaurantbetrieb und erbauten im Jahre 1980 das Hotelgebäude. Seit 2005 steht Michael Große Holtforth an der Spitze des Familienhotels. Er steht gemeinsam mit seinem Team für Tradition und Qualität.

DAS HOTEL   Wenn Sie in einem der schönsten Zimmer von Landhaus Beckmann Ihre Augen aufschlagen und die Weite des Niederrheins genießen können als wäre kein Fenster zwischen Innenraum und Freiheit, dann sind auch Sie im Hotel angekommen: Zuhause am Niederrhein.

DER EMPFANG   Eines haben Beckmann's Zimmer gemeinsam: Stil und Komfort auf Vier-Sterne-Niveau. Nur ein Hauch von Luxus unterscheidet die 41 Zimmer im Landhaus Beckmann voneinander. So können Sie – individuell auf Ihre Bedürfnisse abgestimmt – im Urlaub oder während der Geschäftsreise wählen, welches Ambiente Ihnen am besten gefällt. Das Hotel setzt ganz auf die eigene Region. Aus Überzeugung und

Landhaus Beckmann »ENSTPANNUNG FÜR ALLE SINNE«

Römerstraße 1, 47546 Kalkar
info@landhaus-beckmann.de | www.landhaus-beckmann.de

KALKAR

DAS RESTAURANT

Leidenschaft. Denn der Niederrhein bietet eine große Vielfalt regionaler Produkte, welche die Küche in kulinarische Köstlichkeiten verzaubert. Gutbürgerliches Essen sowie neue deutsche Gerichte zieren die Speisekarte. Das Restaurant hat sich gerne den Grundsätzen der Vereinigung „Genussregion Niederrhein" verpflichtet, um saisonale Produkte, frisch vom Erzeuger aus der Nachbarschaft, zu verarbeiten. Die Küche lebt die Philosophie: „Liebe zum Kochen und Respekt vor den Lebensmitteln." Dies bedeutet auch der Respekt vor den Tieren. Daher wird auch eine große Auswahl veganer Gerichte angeboten.

DIE ÖFFNUNGSZEITEN RESTAURANT

Das Restaurant ist täglich von 12:00 – 22:00 Uhr durchgehend für Sie geöffnet. Sollten Sie nach 22:00 Uhr noch eine Kleinigkeit zu Abend essen wollen, serviert Ihnen das Hotel auf Vorbestellung gerne eine kalte Hausplatte zum Verzehr an der Bar oder auf Ihrem Zimmer.

DER SPA-BEREICH

Gehören auch Sie zu den Menschen, die ab und zu gerne die Zeit anhalten möchten? Die sich in manchen Momenten etwas weniger Tempo, dafür mehr Gelassenheit in Ihrem Leben wünschen? Freuen Sie sich auf das Libertine Spa – ein Ort, der Ihnen nichts anderes bietet als Ruhe und Entspannung. Das Saunaangebot reicht von einer 60 °C und 90 °C Sauna über das sanfte Dampfbad bis hin zur Solevernebelung. Eine abschließende Tiefenentspannung mit Infrarotwärme lässt keinen Wunsch mehr offen. Ein separater Ruheraum, eine Lounge und eine Außenterrasse unterstützen die Regeneration. In einem Spa, bei dem sich alles um Ihr Wohlbefinden dreht, darf eines natürlich nicht fehlen: der Genuss. So werden Ihnen in der Lounge Köstlichkeiten aus dem Restaurant serviert. Nach vorheriger Anmeldung haben Sie die Möglichkeit das Libertine Spa exklusiv für sich alleine, zu zweit oder mit Freunden in der Zeit von 8:00 – 14:00 Uhr zu nutzen.

DIE MASSAGEN

Ein Team von professionellen Masseurinnen und Masseuren bietet Ihnen Massagen und weitere kosmetische Anwendungen mit hochwertigen Pflegeprodukten. Wählen Sie aus dem Angebot und reservieren im Voraus einen Termin.

328
KALKAR

Landhaus Beckmann »ENSTPANNUNG FÜR ALLE SINNE«

Römerstraße 1, 47546 Kalkar
info@landhaus-beckmann.de | www.landhaus-beckmann.de

DIE UMKLEIDERÄUME	Die Umkleidekabinen sind mit Wertfächern ausgestattet um Ihnen den Aufenthalt angenehm und sicher zu gestalten.
DIE SAUNEN	Genießen Sie Saunagänge bei 60 und 90 °C. Erleben Sie Luxus zum Wohlfühlen und befreien Sie Ihren Körper vom Alltäglichen.
DAS DAMPFBAD	Verwöhnen Sie Ihren Körper und Ihre Haut bei 60 °C und 100 % Luftfeuchtigkeit.
DIE TIEFENWÄRME	Der Infrarot A – Tiefenwärmestrahler dringt wie durch ein Fenster direkt in die Haut ein. Dadurch wird eine unmittelbare Erwärmung der Unterhaut erreicht – ein angenehmes Schwitzen, ausgelöst vom INNEREN des Körpers tritt ein. Diese Tiefenwärme erhöht den Stoffwechsel und die gesamte Muskulatur kann sich tief entspannen. Man spürt dies SOFORT nach Inbetriebnahme der Bestrahlung.
DIE SOLEVERNEBLER	Eine Wohltat für den Körper- gesundes Meeresklima atmen. Mikrofeinste Aerosole wirken sich positiv auf Ihre Atemwege aus.
DER NASSBEREICH	Lassen Sie sich bei farbenfroher LED-Ambientbleuchtung in der Regendusche erfrischen. Nach dem Saunagang bieten Ihnen Kaltduschen erfrischende Abkühlung.
DER RUHERAUM	Time to Relax... entspannen Sie zwischen Ihren Behandlungen oder Saunagängen bei Ihrem Lieblingsbuch oder ruhen Sie sich bei leiser Musik einfach einmal richtig aus.
DIE LOUNGE	Setzen Sie Ihr Genussprogramm auf sinnliche Weise fort und erleben Sie die kulinarischen Köstlichkeiten der Küche. Der Saunabereich ist aus Hygienegründen nicht zum Essen und Trinken vorgesehen.
ZEITEN SPA-BEREICH	Täglich von 14:00 – 23:00 Uhr.	Private Spa von 8:00 – 14:00 Uhr möglich.

Landhaus Beckmann »ENSTPANNUNG FÜR ALLE SINNE«

Römerstraße 1, 47546 Kalkar
info@landhaus-beckmann.de | www.landhaus-beckmann.de

FITNESSRAUM

Sie möchten etwas tun um Ihren körperliches Wohlbefinden zu stärken? Im Fitnessraum trainieren Sie, um im Alltag leistungsfähig zu bleiben und physischen Belastungen standzuhalten.

RENT A SPA

Das Libertine Spa im Landhaus Beckmann bietet Ihnen etwas ganz Besonderes. Buchen Sie den gesamten Bereich des LIBERTINE SPA für Ihre exklusive Nutzung. Unvergessliche Stunden für Paare, Familien und Freunde! Gerne wird Ihnen die exklusive und alleinige Nutzung des Spa-Bereiches angeboten: Nach vorheriger Anmeldung haben Sie die Möglichkeit in der Zeit von 8:00 – 14:00 Uhr, den Libertine Spa alleine, zu zweit oder mit Freunden zu nutzen.

DAS ANGEBOT

Das Team vom Landhaus Beckmadann bietet Ihnen zwei Übernachung mit Frühstück im Doppelzimmer (Comfort-Kategorie) und dazu 2 Stunden „Private Spa". Im »Private Spa« haben Sie den Spa-Bereich des Landhauses Beckmann für sich ganz alleine. Die Nutzung des Spa-Bereichs ist in der Zeit von 8:00 – 14:00 Uhr möglich. Alternativ dazu ist auch ein Tausch des »Private Spa-Angebots« gegen 2 Tageskarte für den gesamten Aufenthalt möglich. Der reguläre Preis für dieses Angebot beträgt ab 334,00 Euro.

AKZENT Aktiv & Vital Hotel Thüringen

AKZENT Aktiv & Vital Hotel Thüringen, Inh. Marcel Gerber · Notstrasse 33, 98574 Schmalkalden
03683 466 570 | www.aktivhotel-thueringen.de

GEBOTEN WiRD:

HOTEL & UMGEBUNG

Das Haus befindet sich in exponierter Lage – über den Dächern der bekannten Fachwerk- & Nougat-Stadt Schmalkalden mit Blick auf die Rhön und den Rennsteig. Unweit von Eisenach mit seiner Wartburg, direkt am Naturpark Thüringer Wald. Das Wellness- und Urlaubshotel bietet Ihnen 48 komfortable Zimmer verschiedener Kategorien.

Ob Urlaub oder Geschäftsreise – hier fühlen Sie sich jederzeit zu Hause! Als privat geführtes Hotel innerhalb der AKZENT-Gruppe wird großen Wert darauf gelegt, den Aufenthalt für jeden einzelnen Gast zu etwas ganz Besonderem werden zu lassen.

Erleben Sie aktiv den über 750 qm großen Wellnessbereich, zwei Outdoor Tennisplätze, vier hauseigene Bowlingbahnen (indoor), Wander- und Nordic Walkingrouten direkt vor der Tür oder genießen Sie einfach die herrliche Ruhe im Hotel – im Thüringer Wald.

RESTAURANT

Erleben Sie Kochkunst in der Gaststube Henneberger Haus mit urigem Biergarten. In idyllischer Lage wird Ihnen regionale und internationale Küche serviert. Egal ob bei der Pause vom Wandern, bei einem Familienausflug oder beim regelmäßigen Business Lunch, hier finden Sie angenehme Atmosphäre und herzliche Gastfreundschaft. Sie wollen mal wieder einen richtig gemütlichen Nachmittag verbringen? Die hausgebackenen Blechkuchen sind ein besonderer Genuß zu jeder Jahreszeit! Der Saison entsprechend serviert das Hotel z.B. köstliche Thüringer Aprikosen-, Apfel-, Erdbeer- oder Pflaumenkuchen – alle frisch für Sie zubereitet!

AKZENT Aktiv & Vital Hotel Thüringen

📍 AKZENT Aktiv & Vital Hotel Thüringen, Inh. Marcel Gerber · Notstrasse 33, 98574 Schmalkalden
📞 03683 466 570 | 🌐 www.aktivhotel-thueringen.de

Nehmen Sie Platz im Restaurant Gräfin Anastasia. Ob Frühstück, Abendessen oder im Rahmen Ihrer privaten Feierlichkeit, in gediegenem Ambiente lassen Sie sich kulinarisch verwöhnen! Bei schönem Wetter ist die angeschlossene Terrasse für Sie geöffnet. Gibt es etwas schöneres, als an einem warmen Sommermorgen draußen zu frühstücken? Gern wird auf Ihre Ernährungsgewohnheiten Rücksicht genommen, sprechen Sie das Personal einfach an!

Ob gemütlicher Landhaus- oder moderner englischer Stil, die 48 geschmackvoll eingerichteten Zimmer & Suiten überzeugen durch Ambiente & Komfort!

DIE ZIMMER

Ausgestattet sind die Zimmer mit Landhaus- oder Boxspringbetten, Flachbild TV, Minibar, Schreibtisch, WLAN, Bad mit Dusche bzw. Badewanne (Suiten) /WC, Fön, Kosmetikspiegel, Pflegeprodukten, Sitzgelegenheit mit Tisch und Stühlen sowie teils Cocktailsitzecken. Ihre Zimmer stehen Ihnen am Anreisetag ab 14:00 Uhr und am Abreisetag bis 11:00 Uhr zur Verfügung und sind ausnahmslos Nichtraucher-Zimmer.

SCHMALKALDEN

332 AKZENT Aktiv & Vital Hotel Thüringen

AKZENT Aktiv & Vital Hotel Thüringen, Inh. Marcel Gerber · Notstrasse 33, 98574 Schmalkalden
03683 466 570 | www.aktivhotel-thueringen.de

DIE SAUNEN

Duftendes Holz und stimmungsvolles Licht – ob in der finnischen Sauna im Innen- & Außenbereich, in der Infrarot-, Dampf- oder Biosauna, hier genießen Sie aktiv & vital Ihren Wellnessaufenthalt. Der Wellnessbereich ist täglich für Sie von 7:30 – 21:30 Uhr geöffnet.

DIE FINNISCHEN SAUNEN
65 °C | 80 – 90 %

Es stehen Ihnen insgesamt zwei Kabinen der typisch Finnischen Sauna sowie eine 65 °C Biosauna zur Verfügung. Ein Schwitzgang findet in den beiden holzverkleideten finnischen Saunen bei 80 – 90 °C und einer Luftfeuchtigkeit von 10 % statt.

DAS AROMA-DAMPFBAD
45 °C | 100 %

Bei einem Raumklima von 45 °C und einer Luftfeuchte von 100 % kommen Sie hier auf komplett gegensätzliche Art zur Finnischen Sauna ins Schwitzen. Das gänzlich mit azurblauen Wänden verkleidete Bad lädt mit wohlriechenden Aromen zu einem vielversprechenden Aufenthalt ein.

AKZENT Aktiv & Vital Hotel Thüringen

📍 AKZENT Aktiv & Vital Hotel Thüringen, Inh. Marcel Gerber · Notstrasse 33, 98574 Schmalkalden
📞 03683 466 570 | 🌐 www.aktivhotel-thueringen.de

Ziehen Sie entspannt Ihre Bahnen im 12 x 5 Meter großen, beheizten Indoor-Pool mit Massagesitzbank und Gegenstromanlage.

DER POOL

Im Ruhebereich gönnen Sie Ihren Füßen eine Kneippkur im Fußbecken mit beheizter Sitzbank. Wunderbar ruhen lässt es sich im Ruheraum mit hauseigenem Gradierwerk zur Salzinhalation, Relax-Liegen und Kuscheldecken. Gönnen Sie sich Entspannung pur auf den Physiotherm-Wärmeliegen oder lassen Sie einfach den Blick ins Grüne schweifen. Zudem besteht die Möglichkeit, es sich auf der großen Liegewiese mit Sonnenschirmen und Sonnenliegen gemütlich zu machen. Hier können Sie – neben einer Pause an der frischen Luft – die wärmenden Sonnenstrahlen direkt auf der Haut spüren.

RUHEMÖGLICHKEITEN & GRADIERWERK

Das Wellness- und Day Spa-Angebot hält eine große Vielfalt wohltuender Anwendungen für Sie bereit. Von der erfrischenden Minzöl- über duftende Aromaölmas

MASSAGE- & BEAUTYCENTER

AKZENT Aktiv & Vital Hotel Thüringen

📍 AKZENT Aktiv & Vital Hotel Thüringen, Inh. Marcel Gerber · Notstrasse 33, 98574 Schmalkalden
📞 03683 466 570 | 🌐 www.aktivhotel-thueringen.de

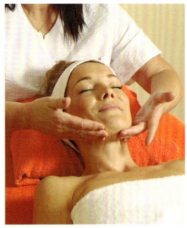
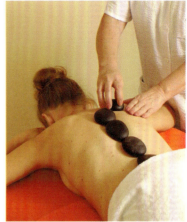

sagen bietet das Hotel zudem auch besondere Beautyanwendungen an. Tiefenentspannung ist mit der Fußreflexzonen- oder Hot-Stonemassage garantiert. Oder wie wäre es mit einer Kräuterstempelbehandlung mit Wildkräutern aus dem Garten? Probieren Sie es aus! Sie starten Ihren Tag gern aktiv? Dann heißt Sie das Wellness-Team zum Aquafitness herzlich willkommen!

Ihre Hotelrechnung können Sie in bar, mit Ihrer Euroscheckkarte, Visa- oder MasterCard begleichen. Eine Kurtaxe fällt nicht an (Änderungen vorbehalten).

PARKMÖGLICHKEITEN — Parkplätze stehen Ihnen direkt vor dem Hotel zur Verfügung.

DAS ANGEBOT — Das AKZENT Aktiv & Vital Hotel bietet Ihnen einen traumhaften Aufenthalt für zwei Personen zum Preis von 149,00 Euro, statt 298,00 Euro. Das Angebot beinhaltet zwei Übernachtungen im Vital Doppelzimmer inkl. Vital-Frühstücksbuffet

AKZENT Aktiv & Vital Hotel Thüringen

📍 AKZENT Aktiv & Vital Hotel Thüringen, Inh. Marcel Gerber · Notstrasse 33, 98574 Schmalkalden
📞 03683 466 570 | 🌐 www.aktivhotel-thueringen.de

sagen bietet das Hotel zudem auch besondere Beautyanwendungen an. Tiefenentspannung ist mit der Fußreflexzonen- oder Hot-Stonemassage garantiert. Oder wie wäre es mit einer Kräuterstempelbehandlung mit Wildkräutern aus dem Garten? Probieren Sie es aus! Sie starten Ihren Tag gern aktiv? Dann heißt Sie das Wellness-Team zum Aquafitness herzlich willkommen!